大学生时事教育参考教材

形势与政策

张红玲　闫　东　主编

人民东方出版传媒
People's Oriental Publishing & Media
東方出版社
The Oriental Press

图书在版编目（CIP）数据

形势与政策 / 张红玲，闫东主编 .—北京：东方出版社，2021.9
ISBN 978-7-5207-2216-2

Ⅰ . ①形… Ⅱ . ①张… ②闫… Ⅲ . ①时事政策教育—高等学校—教材
Ⅳ . ① G641.41

中国版本图书馆 CIP 数据核字（2021）第 172523 号

形势与政策
（XINGSHI YU ZHENGCE）

编　　者：张红玲　闫　东
责任编辑：刘　峥
出　　版：东方出版社
发　　行：人民东方出版传媒有限公司
地　　址：北京市东城区朝阳门内大街 166 号
邮　　编：100010
印　　刷：北京明恒达印务有限公司
版　　次：2022 年 9 月第 1 版
印　　次：2022 年 9 月第 2 次印刷
开　　本：710 毫米 ×1000 毫米　1/16
印　　张：19
字　　数：223 千字
书　　号：ISBN 978-7-5207-2216-2
定　　价：46.00 元
发行电话：（010）85924663　85924644　85924641

目　录

CONTENTS

专题一

国内经济社会发展形势

十八大以来，面对复杂严峻的国际环境和艰巨繁重的改革发展稳定任务，在以习近平总书记为核心的党中央坚强领导下，各地区各部门以习近平新时代中国特色社会主义思想为指导，全面贯彻党的十九大和十九届二中、三中、四中、五中全会精神，按照党中央、国务院决策部署，统筹推进“五位一体”总体布局，协调推进“四个全面”战略布局，坚持稳中求进工作总基调，深入贯彻新发展理念，落实高质量发展要求，以供给侧结构性改革为主线，着力深化改革扩大开放，坚决打好防范化解重大风险、精准脱贫、污染防治三大攻坚战，有效应对外部环境深刻变化，统筹稳增长、促改革、调结构、惠民生、防风险，做好稳就业、稳金融、稳外贸、稳外资、稳投资、稳预期工作，经济运行总体平稳、稳中有进，质量效益稳步提升，人民生活持续改善，保持了经济持续健康发展和社会大局稳定，脱贫攻坚战取得了全面胜利，朝着全面建设社会主义现代化国家的目标迈进。

2021 年是决胜全面建成小康社会关键之年，是“十四五”规划的开局之年。然而，在 2020 年这一关键年份，国内经受了新中国成立以来传播速度最快、感染范围最广、防控难度最大的新型冠状病毒肺炎，经济和社会发展也经受了巨大的冲击和挑战。在以习近平同志为核心的党中央坚强领导下，在习近平总书记的亲自领导、亲自部署、亲自指挥下，坚持人民至上、生命至上，坚持全国一盘棋，打响了疫情防控的人民战争、总体战、阻击战，有效控制住了疫情。同时，坚决保居民就业、保基本民生、保市场主体、保粮食能源安全、保产业链供应链稳定、保基层运转，不失时机推动复工复产，经济逐渐呈现恢复性增长势头，展现出中国经济的强大韧性和巨大回旋余地，彰显了中国特色社会主义制度和国家治理体系的显著优势。

一、总览与评价

1. 经济发展取得新的辉煌成就

第一，经济保持中高速增长。2020年，我国GDP达到约101.5万亿元，累计同比增长2.3%，是全球唯一实现经济正增长的主要经济实体，占世界经济的比重预计超过17%，成为推动全球经济复苏的主要力量。分季度看，一季度同比下降6.8%，二季度同比下降1.7%，三季度实现了转负为正，同比增长0.7%，四季度同比增长2.3%。在疫情的残酷现实面前，中国经济表现出较高韧性。

虽然2020年受到新冠肺炎疫情的影响，我国经济社会发展遇到了前所未有的困难，但是经过全国人民的努力，2021年取得较好的开局。2021年一季度中国经济同比上升18.3%，主要指标增长明显，经济运行整体表现比较强劲。

第二，就业形势持续稳定。2020年，全国城镇新增就业1186万人，比2019年略有下降。2020年，全国城镇调查失业率为5.2%，保持在5%~5.3%之间，低于5.5%的年度调控目标，城镇登记失业率为4.2%。2020年，农民工总量28560万人，总人数比上年下降517万人，同比下降1.8%。其中外出农民工16959万人，总人数比上年下降466万人，同比下降2.7%。可见，因新冠肺炎疫情影响2020年就业人数有所下降，但是全年国内就业形势整体相对稳定。

第三，物价保持总体稳定。2020年，CPI比上年上涨2.5%，在3%左右的调控目标范围内，[①] 物价在总体上表现为温和上涨的态势。同时，中央将加大保供应、稳价格各项措施的力度，积极采取有效的供给侧改革措

① 祝宝良：《2020年中国经济走势和经济政策》，https://www.sohu.com/a/386062871_485176。

施，采取有针对性的补贴措施等，力争物价稳定主基调保持不变。

由于受新冠肺炎疫情影响，2020 年 1 至 5 月，CPI 比去年同期上涨 4.1%。随着全面复工复产、复市复业的协同推进，物价有望延续平稳态势，持续在合理区间内运行。

第四，面对突如其来的新冠疫情和复杂严峻的国内外形势，中国外贸回稳向好，好于预期，贸易规模和国际市场份额提升，贸易结构持续优化，业态模式不断创新，服务新发展格局有力有效，为推动世界经济和全球贸易复苏发挥了重要作用。[①]2020 年，我国外贸进出口总额为 32.16 万亿元，与上年同比增长 1.9%，其中，外贸出口 17.93 万亿，增长 4%，外贸进口 14.23 万亿，下降 0.7%。贸易结构持续优化，一般贸易占比显著提升，全年跨境电商进出口金额 1.69 万亿，同比增长 31.1%。[②]

2. 民主与法治建设进一步健全

第一，确保宪法的实施，将党和人民的意志贯彻到治国理政的各个领域。宪法是国家的根本大法，是党和人民意志的集中体现，只有坚持依宪执政，确保宪法实施，才能确保人民当家做主的主体地位。其一，新中国成立 70 周年之际，全国人大常委会做出关于授予国家勋章和国家荣誉称号的决定，这是现行宪法实施以来首次集中颁授国家勋章。其二，根据宪法规定，经过严格的法定程序，特赦了九类服刑罪犯共 23593 人，这是宪法规定特赦制度的又一次重大实践。其三，2020 年 5 月 28 日，十三届全国人大三次会议以高票表决通过《全国人民代表大会关于建立健全香港特别行政区维护国家安全的法律制度和执行机制的决定》，一个月之后，6

---

① 《中国对外贸易形势报告》，载于 http://www.mofcom.gov.cn/article/gzyb/，最后访问时间：2021 年 5 月 31 日。

② 数据来源 http://www.gov.cn/xinwen/2021-01/14/content_5580036.htm。

月 30 日，十三届全国人大常委会第二十次会议表决通过了《中华人民共和国香港特别行政区维护国家安全法》，国家主席习近平签署第 49 号主席令予以公布。2021 年 3 月 30 日第十三届全国人民代表大会常务委员会第二十七次会议全票通过了新修订的《中华人民共和国香港特别行政区基本法附件一香港特别行政区行政长官的产生办法》、新修订的《中华人民共和国香港特别行政区基本法附件二香港特别行政区立法会的产生办法和表决程序》。这是坚持和完善“一国两制”制度体系、坚持依法治港和“爱国者治港”、维护宪法和基本法确定的特别行政区宪制秩序、维护包括香港同胞在内的全体中国人民的根本利益的重大举措。除此之外，还依法开展合宪性审查、备案审查，开展宪法宣传教育活动等。

第二，人民代表大会民主监督工作大力开展。坚持正确监督、有效监督，聚焦行政权、监察权、审判权、检察权的依法正确行使，关注老百姓牵肠挂肚的急事难事，让改革发展成果更多更公平惠及全体人民，更好助力经济社会发展和改革攻坚任务。依法开展计划和预算监督工作，推进人大预算审查监督重点向支出预算和政策拓展，加强国有资产管理监督。同时，扎实做好专项工作监督，加强司法工作监督，遵照法律规定开展执法检查等。

第三，人民政协专门民主协商机构的作用进一步发挥。充分利用人民政协汇聚众智、凝聚共识、集聚众力的独特优势，协商民主的实现方式在不断丰富。通过召开全国政协会议、界别协商会议、远程协商会、人口资源环境发展态势分析会、“三农”工作协商座谈会、国际形势分析会、双周协商座谈会等，以及开展视察考察调研、建设网络协商平台等丰富多彩、切实高效的协商形式，确保了协商民主的实际效果。

第四，中国特色社会主义法律体系不断完善。2020 年 5 月 28 日，十三届全国人大三次会议审议通过了《中华人民共和国民法典》，并已于

2021年1月1日起施行。《中华人民共和国民法典》是中华人民共和国成立以来第一部以法典命名的基本法律，是我国法治建设的一个标志性重大成果，被百姓亲切地称为“社会生活的百科全书”“个人权利的小宪法”，成了我国法治现代化的标志性法律文本。民法典是保障个人自由和权利、维护社会秩序的基础性制度，对于推进全面依法治国、完善中国特色社会主义法律体系具有重要推动作用，对于依法维护人民权益、提高国家治理体系和治理能力现代化水平具有重要意义。可以说，民法典开启了法治中国的权利新时代，这个权利新时代不仅是权利多样化的时代，还是权利细化、规范化、确获保障的时代，也是对国家权力机关保障个人权利提出更高法治要求的时代。除此之外，围绕“配合和促进全面深化改革，确保改革措施于法有据”，“贯彻新发展理念，以高质量立法促进高质量发展”，“把人民对美好生活的向往作为奋斗目标，加快民生领域立法”以及“提升国家治理体系和治理能力现代化水平”先后制定、修改、完善了相应法律法规，为法治中国建设提供了较为完善的法律依据。

3. 社会主义文化继续繁荣发展

第一，社会主义核心价值体系建设深入推进。社会主义核心价值体系由马克思主义指导思想、中国特色社会主义共同理想、以爱国主义为核心的民族精神和以改革创新为核心的时代精神、社会主义荣辱观四个方面内容构成。其中，社会主义核心价值观是社会主义核心价值体系的内核凝练和集中表达，是当代中国精神的集中体现，凝结着全体人民共同的价值追求。新时代，党和国家始终坚持马克思主义的指导思想，致力于推进马克思主义中国化、时代化、大众化，使全国人民在理想信念、价值理念、道德观念上紧紧团结在一起。坚定中国特色社会主义共同理想，进一步推进中国特色社会主义事业，是我们党的最低纲领在当前的要求。广大人民群众已经普遍树立了中国特色社会主义的共同理想，坚定了走中国特色社会主义道路的信念，始终坚持道路自信、理论自信、制度自信、文化自信。发展社会主义先进文化，必须弘扬中国精神，这就是以爱国主义为核心的民族精神和以改革创新为核心的时代精神。全民族的精气神不断得到振奋，团结一心的精神纽带进一步增强，更加自信更加朝气蓬勃地面向未来。人民群众普遍树立了社会主义荣辱观。社会主义核心价值观已经融入百姓生活的方方面面，群众广泛参与各种精神文明创建活动，形成了全社会培育和践行社会主义核心价值观的良好氛围。

第二，文化事业和文化产业大力发展。其一，文化事业在大力推进。在政府主导之下，以公益性、基本性、均等性、便利性为特征的文化事业在不断发展，文化基础设施建设得到加强，公共文化服务网络不断完善，人民群众基本文化需求得到相应满足。在农村，乡镇文化站、文化广场、农家书屋、广播电视村村通工程等基础设施建设不断完善；在城市社区，文化活动中心、24 小时自助图书馆、社区文化艺术节等活动丰富了群众的业余生活。文化部门还以农民、进城务工人员、老年人、下岗失业人员、低收入人群、残障人群等为目标，采取政府购买、项目补贴、定向资助等措施，推动公共文化资源向特殊利益群体倾斜。其二，文化产业在蓬勃发展。近些年来，优秀影视文化作品在不断涌现，譬如电影《战狼 2》突破了 50 亿元人民币的票房，电视剧《觉醒年代》《山海情》广受青少年的盛誉。大量优秀文艺节目既满足了群众的精神需求，又带来了巨大的经济效益，譬如《主持人大赛》《美术经典中的党史》《衣尚中国》等节目广受群众的关注和喜爱。文化事业和文化产业的大力发展，满足了人民群众对优秀文化的追求及美好生活向往的需求。

第三，“国潮”文化兴起并广泛流行。“国潮”即“中国潮流”，“国潮”文化是指中国传统与现代文化元素互相碰撞之后的重组，不仅指可以体现中华优秀传统文化的复古中国风，而且也包括展现国际时尚趋势的新时代中国风。例如，随着故宫文化创意中心的成立，以“故宫口红”为代表的故宫文创产品深受国内外大众的喜爱。在短袖、外套、裤子、鞋子等服饰上，加入刺绣元素作为装饰，已成为一种时尚，广受青年消费者的青睐。李宁的“行”系列产品，设计思路来自荀子的名句“道虽迩，不行不至”，实现了中国传统文化元素和现代运动元素的有机融合。“国潮”文化的兴起与流行是中国经济社会快速发展的必然结果，正在以其独特的魅力在当下的时尚潮流中大放异彩。

第四，中国文化软实力显著增强。文化软实力集中体现了一个国家基于文化而具有的凝聚力和生命力，以及由此产生的吸引力和影响力。伴随着中国崛起的步伐，中国文化正在快步走向世界，讲好中国故事、传播中国声音、阐释中国特色，国家形象塑造得到改善，国际话语权得到极大提高。如今，在国外举办的中国电影、展览、演出、交流年等各种形式的文化活动数不胜数，学习中文已经成了一种时尚，遍布全球的孔子学院也已成了中国的响亮品牌。新时代，中华优秀文化正在以前所未有的力度得到弘扬、创新与发展，充分展示了中华文化的魅力，夯实了国家文化软实力的根基。

4. 社会治理能力不断推进现代化

第一，民生水平得到保障、改善和提高。民生是人民幸福之基、社会和谐之本。在中国特色社会主义新时代，带领人民群众创造幸福生活，要顺应人民群众对美好生活的向往，坚持以人民为中心的发展思想，以保障和改善民生为重点，发展各项社会事业。抓民生要抓住人民最关心、最直接、最现实的利益问题。在 2020 和 2021 这两个不平凡的年份中，我们以更大的力度、更实的措施来保障和改善民生、加强和创新社会治理，坚决打赢新冠疫情防控阻击战、坚决打赢脱贫攻坚战，做到“六稳”“六保”，始终秉持人民至上、生命至上，不惜一切代价保护人民生命安全和身体健康。新冠肺炎是近百年来人类遭遇的影响范围最广的全球性大流行病，是新中国成立以来最重大的一次突发性公共卫生事件，对中国是一次危机，也是一次大考。面对前所未知、突如其来、来势汹汹的疫情天灾，习近平总书记不断强调把人民生命安全和身体健康放在第一位，提出“坚定信心、同舟共济、科学防治、精准施策”的总要求，明确坚决打赢疫情防控的人民战争、总体战、阻击战。2020 年 9 月 8 日，全国抗击新冠肺炎疫情表彰大会在北京人民大会堂隆重举行。习近平总书记在大会上宣告，我们党带领全国各族人民取得了抗击新冠疫情斗争重大战略成果，创造了人类同疾病斗争史上又一个英勇壮举。同时，我国坚持推进疫情防控国际合作，中国国药新冠疫苗和中国科兴新冠疫苗已获世卫组织紧急使用认证，截止 2021 年 6 月 1 日，中国已出口 3.2 亿剂疫苗。中国抗击新冠肺炎疫情的斗争，展现了以习近平总书记为核心的党中央的英明领导、科学决策，体现了人民至上、生命至上的理念，凸显了同舟共济、众志成城的中国精神，彰显了中国的制度优势和治理能力。中国抗疫斗争的艰辛历程，是 14 亿中国人民的共同记忆。

第二，全力以赴做好应对疫情稳就业及线上线下合力教学工作。就业和教育是民生工作中的两大重要部分。就业是最大的民生，是社会稳定的重要保障。新冠肺炎疫情发生以来，习近平总书记高度关注疫情对就业形势的影响，就统筹推进疫情防控和经济社会发展工作做出一系列重要指示，提出了全面强化稳就业举措的明确要求。随着全国疫情防控形势持续向好，生产生活秩序全面恢复，企事业单位都已复工复产，我国经济逐步回归常态，就业局势总体趋稳。同时，学习不打烊，停课不停学。受疫情影响，教育部宣布 2020 年和 2021 年春季开学延期，并提倡“停课不停学”，鼓励各地各校因地制宜积极组织开展线上教学。抗击疫情期间，网络教学给广大学生送去优质教育资源，学生们居家学习，“停课不停学”；教师们变身主播，“停课不停教”。这既是对教育系统的一次重大考验，也将有力推进教学方式改革。不少地方以此为契机促进优质教育资源共享，改进教学模式，在线教学逐渐成为与线下教学并行的教学方式。疫情防控趋稳后，线上线下合力教学成为许多学校教学的主导模式。大规模在线教育，是应对疫情的非常之举，也是促进优质教育资源共享共用、推进教育公平的重要途径。据江西省委教育工委书记叶仁荪介绍，江西建立了学校团队集体备课、市县教研部门精心指导、省教研部门审核的三级质量保证体系，同时建立了一支以特级教师、省市学科带头人为主的1047名授课教师队伍，尽心尽责做好课程录播，特别是为农村地区的学生送去了优质教育资源，受到广泛好评。

第三，凝心聚力决战决胜脱贫攻坚。2020年3月，习近平总书记在决战决胜脱贫攻坚座谈会上的重要讲话中强调，“到2020年现行标准下的农村贫困人口全部脱贫，是党中央向全国人民作出的郑重承诺，必须如期实现，没有任何退路和弹性。”虽然时间紧迫、任务繁重，但党和政府紧紧锁定目标，努力克服疫情影响，防范因疫致贫返贫。针对外出务工受阻、扶贫产品销售困难、扶贫项目停工等不同难题，分类施策、统筹推进疫情防控和脱贫攻坚。2021年2月25日全国脱贫攻坚总结表彰大会于北京人民大会堂隆重举行，习近平总书记庄严宣告：“经过全党全国各族人民共同努力，在迎来中国共产党成立一百周年的重要时刻，我国脱贫攻坚战取得了全面胜利，现行标准下9899万农村贫困人口全部脱贫，832个贫困县全部摘帽，12.8万个贫困村全部出列，区域性整体贫困得到解决，完成了消除绝对贫困的艰巨任务，创造了又一个彪炳史册的人间奇迹！”同时接续推进全面脱贫与乡村振兴有效衔接，“国务院扶贫办”转为“乡村振兴局”，推动减贫战略和工作体系平稳转型，统筹纳入乡村振兴战略。以全面实施乡村振兴战略为接续步骤，充分发挥乡村人才第一资源作用，外引内育推动乡村人才振兴，着力提高乡村人口发展致富能力，激发欠发达地区和农村低收入人口发展的内生动力，促进逐步实现共同富裕。

第四，社会治理机制创新进一步推进。社会治理是国家治理的重要方面。其一，理论方面，面对经济社会发展的新形势、新问题和新任务，我们党立足中国国情，积极构建中国特色治理理论，推进中国特色治理实践。党的十八大以来，以习近平同志为核心的党中央高度重视国家治理现代化问题，着力研究、部署并推进国家治理现代化。党的十九届四中全会进一步从党的领导制度体系、人民当家做主制度体系等十三个方面对新时代坚持和完善中国特色社会主义制度、推进国家治理体系和治理能力现代化作出全面部署。其二，实践方面，政府“放管服”改革继续推进，聚焦与人民群众生产生活联系最紧密、人民群众反映最强烈的领域和问题，把办事的“窗口”当作改革的“主场”，充分运用现代化信息技术打通信息孤岛、实现数据共享，变“群众跑”为“数据跑”，既切实保障了市场主体和社会公众的知情权、参与权、话语权和监督权，也健全了市场主体自治、行业自律、社会监督和政府监督的新时代社会治理体系，释放了巨大的社会治理效能和活力。

5. 军事文化自信得到强大凝聚

党的十九大报告指出：“文化自信是一个国家、一个民族发展中更基本、更深沉、更持久的力量。”对于一支军队而言，只有始终保持高度的军事文化自信，才能永葆向世界一流军队迈进的精神气魄，才能不断增强提升军事文化软实力的文化担当，才能最大程度地凝聚全体官兵的意志力量，为推进强军事业提供深层精神动力、有力舆论支持和强大文化支撑。

军事文化作为我国文化的一部分，必须坚持我军特色的文化发展道路，激发全军文化创新创造活力，为强军兴军凝聚强大力量。建设世界一流军队不仅是我们矢志追求的奋斗目标，更是军事文化自信的确证与展开。当前，国防和军队现代化建设进入新时代，新一轮的军事改革也接近尾声。不论是力量体系的整体重塑，还是备战打仗的狂飙突进；不论是政策制度的调整改革，还是正风肃纪的持续推进；不论是大国重器的频频亮相，还是新时代革命军人的昂扬精神，都始终蕴含着人民军队的高度文化自信，并与强军事业同频共振。

二、问题与挑战

1. 经济高质量发展外忧内困

第一，全球疫情冲击带来了经济下滑。突如其来的新冠肺炎疫情，导致我国经济增长略有减缓，生产生活秩序受到严重冲击。虽然 2020 年全年经济实现正增长，且超过百万亿大关，但是增长幅度有所回落。总体来说，中国经济发展依然面临着严峻挑战，主要表现为：复苏不平衡，投资持续恢复的基础不牢固，消费复苏存在长期制约，外需超预期不可持续。构建国内大循环，实现国内国际双循环，是我们破解上述问题的有力举措。我们必须引导各方面集中精力抓好“六稳”“六保”工作，守住“六保”底线，就能稳住经济基本盘，以保促稳、稳中求进，为全面建设社会主义现代化夯实基础。

第二，世界各经济体经济增长回落，不确定性增多。当前，国际经贸紧张局势极其严重，导致全球经贸增速显著放缓，致使经济全球化进程受挫，全球价值链遭到破坏，全球各主要经济体经济增长低迷。其中以美欧为主的发达经济体经济增速全部下降，除个别国家外，新兴经济体和东盟国家的经济增速也普遍回落、下降。虽然各国都在积极采取复苏政策刺激经济温和回升，但全球不稳定因素增多，全球经济的不确定性也随之增多。

第三，中美贸易摩擦对经济带来极大负面影响。近年来，中美贸易摩擦一直是影响中美经济合作与全球经济交往的重要障碍。中美贸易摩擦带来的影响和后果既有直接的也有间接的，既有当前的也有长远的。中美贸易摩擦的复杂性、长期性和艰巨性，使得其对中美两国和世界经济发展都必然带来硬性负面影响。中美贸易摩擦的直接影响是我国对美国出口的减少，导致国内经济增速下降。同时，随着中美贸易摩擦的升级，其所产生的影响将会进一步扩大到双边贸易、投资、技术转移、人员交流，“进而影响我国的科技创新能力和产业链、供应链安全，对我国经济产生较大的影响”①。

第四，国内经济发展形势困难重重。国内经济发展面临的困难既有外部环境因素也有内部结构因素，既是经济规律周期性作用的结果也是自身经济体制转型的结果。其一，供给体系仍有很大优化提升空间，供给体系改革不到位将限制新动能的发展壮大，进而拖累经济增长，影响经济质量提升。当前相关领域开放举措仍未落实到位，限制了发展的新活力。其二，制造业发展面临诸多困难。随着土地、劳动力、物流、环保、融资等市场要素成本的提高，企业利润被高成本抵消，严重影响了市场主体的积极性和发展信心，部分企业长期处于“苦熬”阶段。同时，全球性贸易摩擦导致外部需求减弱，加上国内传统的汽车、住房等消费需求下滑，制造业的发展更是雪上加霜，面临极大的压力。其三，部分领域就业压力上升。虽然我国就业形势总体上是平稳的，但不同领域的就业形势是极不

① 祝宝良：《2020 年中国经济走势和政策建议》，载谢伏瞻主编：《2020 年中国经济形势分析与预测》，社会科学文献出版社 2020 年版，第 47 页。

平衡的，如制造业企业招聘需求下降，互联网行业就业岗位大幅收缩，落后产能行业和地区失业人数上升等。其四，财政收支矛盾日益凸显。一方面，减税降费等措施的实施导致财政收入增速减缓；另一方面，由于提升社会治理和民生保障水平，财政支出增速较快，使得收支矛盾日益凸显，这种情况不可能再依靠更大规模的财政刺激政策来保障和实现经济的高速增长。其五，债务问题隐患重重。企业债务和地方债务都面临着巨大的风险隐患，这些隐患严重制约限制着债务主体进一步融资的可能性和债券市场的稳定性。此外，国内经济增长还面临着其他问题，诸如居民消费能力不足、基础设施投资增速放缓、宏观政策边际效应减弱等。

2. 政治与民主生态形势依然严峻

第一，人大制度有效发挥作用面临挑战。公民社会的兴起，尤其是公民权利意识的增强和政治参与意识的高涨对我国人大制度形成了挑战。其一，公民自荐竞选人大代表，形成对人大选举制度和代表制度的挑战。2003 年换届选举年，深圳首次出现了公民自荐竞选人大代表的现象，而后波及北京、湖北等省市。近几年，随着网络的普及，自荐竞选人大代表的现象越来越多，涉及律师、高校教师、记者、大学生和农民工等群体，利用微博、微信、抖音等新媒体扩大个人影响力。而全国人大法工委负责人表示：基于宪法和选举法的规定，我国的人大代表候选人，只有由各政党、各人民团体和选民依法按程序提名推荐的“代表候选人”，经讨论、协商或经预选确定为“正式代表候选人”，没有所谓的“独立候选人”。由此可见，“独立候选人”没有法律依据。其二，弱势群体意见表达和利益诉求受阻以及人大监督乏力，使人大代表结构受到质疑。比如网络上出现了全国两会“雷人”排行榜，倪萍就上过榜，她说：“在人大的会议上举手表决时，我从来没有反对过，因为我热爱这个国家。”然后就有许多网民针对这一言论进行了猛烈批评。还有人评论说："两会除了给我们带来娱乐、雷语和失望外，什么也没有。"当然这些评论也有夸大、消极的成分，然而这也恰恰表明民众对人大代表的要求在不断提高，人大代表制度面临着诸多的挑战。

第二，既得利益群体问题依旧突出。不同的利益群体从各自利益出发，对某一领域的深化改革会持有不同的立场和主张，由此有的支持、有的反对。如出台调控房地产政策时，有房的人和无房的人利益是不一致的，炒房的人和房屋自住的人利益也不一致，而在房地产产业链中获得特殊利益的人与买不起房的人利益更不一致。又如，在户籍制度改革的过程中，城市户口的人和农村户口的人利益也是不一致的。不同的利益群体会从自身特定利益的角度出发，选择支持或反对改革政策措施，这时社会风险就极易引发。特别是当他们表达利益诉求的方式超出法律界限时，就会严重影响改革继续推进的进程。既得利益群体在改革进程中获取了较大的特殊利益，在对公共资源的支配方面以及对政府政策的影响方面均处于强势地位，因而这些利益群体可以借助手中的权力或是经济政治地位的优势不断固化自身利益。一旦改革触动他们的既得利益，他们就会释放出强大的能量来阻碍改革，甚至断送改革。改革如何平衡不同利益群体之间的关系，使不同利益群体能够公平公正表达各自的利益诉求，如何使不同的利益群体制度化表达利益诉求并得到有效回应，从而避免出现街头政治等影响社会稳定的情况发生，对党的执政能力、政府的治理能力都是一个很大的考验。

第三，反腐败斗争形势依然严峻。反腐倡廉是每一个国家和政府任何时期都高度重视的问题，也是关系到一个政权和民族生死存亡的严重政治斗争问题。习近平总书记在十九大报告中指出要夺取反腐败压倒性胜利，人民群众最痛恨腐败现象，腐败是我们党面临的最大威胁。只有以反腐败永远在路上的坚韧和执着，才能确保党和国家长治久安。当前，反腐败斗争形势依然严峻复杂，各个领域诸如医疗领域、扶贫领域、商业领域、金融领域等的反腐败任务依旧很重。据中央纪委国家监委网站，2020 年执纪审查中管干部 24 人，全国纪检监察机关共立腐败案件 61.8 万件、处分 60.4 万人，其中处分金融系统违纪违法人员 9420 人。这些数字反映了当前反腐败斗争形势依然严峻，反腐败工作按照既定目标推进、高压反腐态势仍然保持，由此查处的中管干部、省管干部这些“关键少数”干部数量仍然保持高位并呈增长态势。今后，在精准反腐、强化标本兼治、深化基层反腐方面仍需大力推进，同时着力建立健全具有中国特色的监察法律体系，推动制度反腐、法治防腐。

第四，西方敌对势力对我国分化西化的挑战仍存。改革开放以来，西方敌对势力对我国进行西化分化、实施和平演变的图谋一直没有改变。其一，利用人权问题进行干扰破坏，如美国一年一度的“世界人权状况年度报告”，一直对中国政治、民主、司法、宗教、民族等方方面面进行攻击，称中国的人权状况日趋恶化。其二，利用民族问题加紧对我国实施分化，他们鼓励、支持新疆民族分裂势力和西藏达赖集团的分裂活动，推进“新疆问题”“西藏问题”国际化，在反恐问题上搞双重标准。其三，利用宗教对我国进行渗透颠覆，如美国国际宗教委员会在每年的年度报告中对我国的宗教问题进行攻击，亦有境外势力在我国进行非法传教活动，扶植地下宗教势力。其四，利用“民运”组织，精心培植颠覆力量，如美国政府给予“民运”分子永久居留权或美国国籍，向“民运”势力提供大量资助，培植“民运领袖”，支持他们组党结社、以商养政。其五，利用港澳作为反共反华的前沿阵地，支持港澳的所谓“民主派”，培养反中乱港、反中乱澳的代理人，利用各种传媒造谣惑众，挑拨港人与特区政府和中央政府的关系，破坏“一国两制”的香港稳定。2019 年下半年香港暴乱事件即是美国在中国香港地区所搞的“颜色革命”。其六，利用台独势力破坏我国和平统一，危害我国国家安全。

3. 文化建设与发展面临重大挑战

第一，文化安全依然面临挑战。西方国家始终坚持贯彻“文化霸权”政策，特别是对以中国为代表的社会主义国家，借助互联网的科技优势大肆进行思想文化渗透。随着中国改革开放的扩大和中西文化交流的深入，西方敌对势力利用网络优势通过网络水军、虚拟账号、大V助推、微信圈等种种不易让人察觉的方式，来宣扬其崇尚的价值观念、生活方式、政治观念等，进行隐秘性的意识形态渗透。他们还在不断地炮制着政治谣言、歪曲解读新闻事件、宣扬民族极端主义、煽动群体性事件，要么高唱“中国崩溃论”，要么鼓吹“中国威胁论”，以达到消解我们的民族凝聚力、执政党的号召力，分化我们的党群关系、干群关系的目的。例如，以历史虚无主义来攻击我们的党史、国史、社会主义史、改革开放史、革命领袖和革命英雄，以片面解读的方式歪曲我国当下的宗教历史政策、“一带一路”倡议、外交方针与举措，以他们所谓的“普世价值、新闻自由、民主法治”来推行其文化霸权，等等。由此可见，我国的文化安全依然面临着相当严峻的挑战。

第二，社会主义价值观面临西方消极文化的强烈冲击。20世纪80年代末90年代初，随着东欧剧变、苏联解体，世界全球化的浪潮开启，各国之间的联系不断增强，而此时西方资本主义文化也以不可阻挡之势席卷世界各国。西方文化是与商品经济发展相适应的，以个人主义为核心，宣扬极端的个人主义、自由主义、享乐主义和拜金主义等价值观念。近几年，“大老虎”落马现象频繁出现，就是因为一些党员领导干部在极强的诱惑面前失去了自我，放弃了入党时的誓言，崇尚享乐主义，做出违反党章、党规、党纪及违法的事情。西方消极文化的强烈冲击对我国青少年尤为明显，少数青少年群体已出现了价值观、人生观、世界观方面的偏差，甚至做出了过激的事情来。概言之，西方消极文化正在强烈地冲击着我国传统文化中“先义后利”、集体主义的导向及当代社会主义价值理念。

第三，中国传统文化面临着现代转型的挑战。中华民族五千年的历史文明长河，在文化、艺术、建筑、绘画、诗词歌赋等各领域都积累了丰富而宝贵的资源。这些文化资源目前还尚未得到充分的挖掘、利用和保护，优秀文化资源浪费的现象还比较严重。当今时代，文化在综合国力竞争中的地位日益重要，谁占据了文化发展的制高点，谁就能够更好地在激烈的国际竞争中掌握主动权。实现中华民族伟大复兴，迫切要求我国由一个文化大国转变为一个文化强国，这是中华民族几千年文化积淀赋予我们的历史使命。然而，我国传统优秀文化资源“量”的优势却一直未能转变为“质”的优势，甚至一些文化资源始终被他国所侵占和利用，如花木兰、熊猫等文化要素被美国拍摄成动画片、“端午节”被韩国申报为非物质文化遗产。这些都表明我国传统优秀文化资源的活力亟待被激活，进行现代转型，以充分发挥其增强国家文化软实力的显著优势。

第四，文化产业发展不足。文化产业的发展程度是衡量一个国家文化实力的重要标准，当前中国的文化建设仍然面临着文化产业发展不足的问题。其一，文化产业的创意能力不足。在加入世博会之后，日韩、欧美等发达国家的动漫产业和影视产业进入并充斥我国文化市场，受到了青少年的喜爱和追捧。可见，我国的原创动漫产业发展滞后，远落后于以上发达国家。其二，文化产业缺乏自主品牌。虽然当前我国的文化产业已有了显著发展，自主品牌的意识也在逐步增强，但文化产品的科研投入仍然不够，缺乏自主的文化品牌，在同国外文化产品的竞争中处于劣势。其三，文化产业的相关法律不健全。与文化发展配套的制度和法律体系仍然有待完善，很多创意性的文化产品遭遇了盗版的困扰。总而言之，促进文化产业的充足发展是新时代文化建设面临的挑战之一。[①]

4. 社会治理与社会建设依然面临矛盾和问题

第一，“表格治理”等形式主义难根除。此次疫情防治中，基层反映最多的问题为“表格治理”等形式主义问题突出。有的基层地方，一天收到十来个上级部门的文件，都是关于防疫工作的安排，但并没有一个文件可以帮助解决实际问题。这些文件反而成了灾，基层工作人员疲于应付，倒不如一个口罩、一瓶消毒水来得实在。有的地方要求基层填写数据、报送材料，甚至出现重复填写、重复报送，疫情防治实际上演变为了“表格防疫”“材料防疫”。一些干部只做表面文章，重布置而轻落实、口号多而行动少，工作着眼于规避责任而非切实解决问题，不仅损害了群众对政府的信任及期待，对于疫情防控也毫无实际效用。典型如，2020年3月5日，中央指导组在武汉市青山区翠园社区开元公馆小区考察时，有居民从家里的窗户向正在考察的中央指导组大喊“假的，假的”，以此反映社区物业假装让志愿者送菜送肉给业主，而实际工作不到位的情况。群众喊假，暴露的不光是疫情期间的形式主义、官僚主义问题，也从根本上显露出武汉社区，乃至全国社区，在转型过程中治理方面被遮蔽的一系列短板。

第二，基层社会治理工作矛盾愈发突出。基础不牢，地动山摇，基层社会治理是国家治理的重中之重。转型期社会的一系列新变化给基层社会治理带来了全新的挑战，工作负荷重、压力大的矛盾愈发凸显。其一，在理念认识上，地方党委政府对基层社会治理的内涵及规律缺乏深入思考，对其中隐含的问题和矛盾缺乏挖掘，对群众多样化的诉求缺乏回应，导致

---

① 于水鹏：《中国文化建设面临的问题与解决路径》，大连海事大学硕士学位论文，2014年，第17—18页。

地方政府仍然沿用以往经济发展为主的政策导向，将更多精力投入到招商引资、征地拆迁等工作上。其二，在体制机制上，条块分割的行政体制使得基层政府部门倾向于各自为政，政策执行的合力无从显现。其三，在人才队伍上，基层社会治理人才队伍不够充裕，能力素质有待提升，无法满足基层社会治理工作的新需要。由此可见，基层社会治理在专业化、标准化、精细化等方面都有待加强。[①]

第三，基本公共服务体系仍需健全完善。我国已经初步构建起覆盖全民的国家基本公共服务体系，然而总体来讲，起步晚、起点低的特点使其仍然存在一些比较突出的问题，制约了总体功能的发挥。当前，我国正处于社会转型的关键时期，随着物质需求基本得到满足，人们的权利意识、平等意识、公平意识、社会保障意识等在日益增强，对基本公共服务“量”和“质”的需求也日益强烈。但政府公共服务的财政投入增长相对来说较为缓慢，基本公共服务供给总量依旧不足。而且，基本公共服务供给发展不平衡的矛盾也十分突出。以城乡对比为例，农村基本公共服务发展严重滞后，农民享受到的基本公共服务虽然有了极大的改善，但相对城市来讲仍然数量较少、层次较低、种类也欠缺完善。面对民众日益增长的对美好生活的需求，政府提供的公共服务从规模、结构到层次都亟须提高和完善。[②]

第四，社会治理体制改革需进一步深入。在以习近平总书记为核心的党中央坚强领导下，我国积极开创社会治理创新，开启了社会治理新征程，社会治理体制改革取得了一定的成效。但是，由于社会结构深刻变迁，社会需求结构深刻变化，我国社会治理体制仍然存在许多问题，影响

---

① 倪咸林：《转型时期基层社会治理的问题与对策》，《社会治理》，2020 年第 6 期。

② 孙志华：《问题与对策：健全和完善我国基本公共服务体系的探讨》，《山东大学学报（哲学社会科学版）》，2014 年第 6 期。

了社会的稳定与发展。如公共安全体系建设存在薄弱环节，突发公共卫生事件应急管理体系存在短板，群众权益维护机制不够健全，社会管理格局有待进一步完善，等等。再如，有些社会组织主动参与社会管理与服务的积极性仍然不高，民众习惯于“有事找政府”；社会治理工作专业性较强，对从业人员的要求较高，而当前社会治理的专业人才又较为缺乏，等等，都影响了社会治理的整体水平。

5. 中国军事安全威胁多元复杂

第一，军事技术和战争形态的革命性变化带来新的严峻挑战。从军事技术发展看，世界新军事革命深入发展，武器装备远程精确化、智能化、隐身化、无人化、快速化趋势明显，太空和网络空间成为各方战略竞争新的制高点，战争形态加速向信息化战争演变。世界主要国家积极调整国家安全战略和防务政策，加紧推进军事转型，重塑军事力量体系。军事技术和战争形态的革命性变化，对国际政治军事格局产生重大影响，对中国军事安全带来新的严峻挑战。

第二，美日带来的外部阻力和潜在威胁逐步增大。美国持续推进亚太“再平衡”战略，强化其地区军事存在和军事同盟体系。美国是世界头号军事强国，其经济和军事力量均对我国形成绝对优势。近年来，美国重新把我国列为“敌性国家”和潜在作战对象，积极支持台独、港独、疆独、藏独等分裂势力和其他反华势力。目前，美在亚太地区仍有 10 万驻军，与其在整个欧洲的驻军相当，而且其军事部署有明显针对我国的一面，特别是近期加强了对中国台湾和南海地区的军事巡航挑衅，地区形势明显紧张，甚至有军事冲突危险。日本积极谋求摆脱战后体制，大幅调整军事安全政策，国家发展走向引起地区国家高度关注。近年来，日本对华政策中消极因素明显上升，随着日本经济、军事力量进一步增强和政治野心的不断膨胀，日本对我国安全构成的潜在威胁呈不断上升趋势。日本急于谋求政治大国地位，急于成为安理会常任理事国，提出修订联合国维和行动合作法，以解除日军参加维和部队的限制。日本提出对周边爆发战争将进行积极应对，其所指就是我国。日本加快扩军步伐，防务开支高居世界第二位，已成为军事技术领先的潜在军事大国，对我国的潜在军事威胁逐步增大。日本与我国存在着钓鱼岛和东海大陆架争议，不能排除在一定情况下挑起事端的可能性；日本积极插手中国台湾和南海问题，支持“台独”，追随美国推行“以台制华”，积极武装海上力量，着力引进 F-35 舰载机，将“出云”等两栖舰升级为“航母”，并积极追随美国插手南海事务。

第三，维护海洋权益和领土主权依然是重点和热点。个别海上邻国在涉及中国领土主权和海洋权益问题上采取挑衅性举动，在非法“占据”的中方岛礁上加强军事存在。一些域外国家也极力插手南海事务，个别国家对华保持高频度海空抵近侦察，海上方向维权斗争将长期存在。冷战结束后，在世界多极化趋势加速发展和近年来美国控制力下降趋势明显的大背景下，中亚地区形势发生了重大变化，中亚五国战略地位日益突出，围绕中亚的现在和未来，世界主要大国和各种势力渗透加剧，竞争激烈，形成了新的热点，使我国在政治、经济、军事安全领域都遇到了许多新的情况和挑战。

第四，国家统一和社会稳定问题更加凸显。解决台湾问题实现国家统一是中华民族伟大复兴和崛起的重要标志和历史必然。影响台海局势稳定的根源并未消除，台湾与祖国统一最大的外部阻力来自美国。近年来，美国更加明目张胆地支持“台独”活动，把台湾视为“不沉的航空母舰”，将台湾问题作为牵制中国的重要战略筹码，并连通西太平洋一线对中国达成包围态势，以图遏制中华民族复兴和崛起。美国在台湾问题上的立场和政策，是实现祖国统一的严重障碍，也是台湾政局动荡的重要根源。祖国统一，仍面临着严峻的挑战。“东突”“藏独”分裂势力危害严重，特别是“东突”暴力恐怖活动威胁升级，反华势力图谋制造“颜色革命”，国家安全和社会稳定面临更多挑战。海外能源资源、战略通道安全以及海外机构、人员和资产安全等海外利益安全问题凸显。

三、趋势与着力点

1. 贯彻落实新发展理念，推动经济稳步高质量发展

第一，更加立足持久战，加快形成经济发展新格局。新冠肺炎疫情带来的冲击和影响的客观事实不是短期可以改变的，迫使我们必须立足长远，打好经济复苏持久战。其一，加快形成以国内大循环为主体、国内国际双循环相互促进的新发展格局。发挥“中国制造 + 中国消费”的超大规模融合优势，构建完整的内需循环体系，以国内大循环带动国内国际双循环，坚持以供给侧结构性改革为主线，把握机遇、破解矛盾，更好掌握发展主动权。其二，统筹疫情防控与经济社会发展，建立疫情防控和经济社会发展中长期协调机制。着眼未来，充分估计现有困难和挑战，坚持短期应对和长期规划相结合，为经济社会长远发展奠定基础。其三，坚持结构调整的战略方向，更多依靠科技创新，完善宏观调控跨周期设计和调节，实现稳增长和防风险长期均衡。

第二，更加注重提质增效，加快推动质量变革。我国经济已由高速增长阶段转向高质量发展阶段。这意味着，盲目追求速度和以规模为重点的发展方式已经难以为继，只有实现高质量发展，才能推动经济建设再上新台阶。从国际看，国际金融危机深层次影响继续显现，新冠肺炎疫情下的世界经济复苏进程仍然曲折，只有实现我国经济的高质量发展，才能在激

烈的国际竞争中赢得主动。建设现代化经济体系，就是要主动求变，坚持变中求新、变中求进、变中突破，在新发展理念指导下，加快转变经济发展方式，推动我国经济不断提质增效升级。习近平总书记强调，建设现代化经济体系，要把提高供给体系质量作为主攻方向，显著增强我国经济质量优势。当前，我国发展不平衡不充分的问题，在经济领域主要表现为结构性问题，实体经济结构性供需失衡、金融和实体经济失衡、房地产和实体经济失衡这“三大失衡”矛盾尤为突出。面对这些问题，必须在供给侧上下功夫，向结构优化找出路，用改革的办法，着力加快建设实体经济、科技创新、现代金融、人力资源协同发展的产业体系，促进我国产业迈向全球价值链中高端，扩大优质增量供给，提高供给体系质量效率。

第三，更加注重创新驱动，加快推动动力变革。党的十九大报告明确指出，我国社会主要矛盾已经转化为人民日益增长的美好生活需要和不平衡不充分的发展之间的矛盾。尽管过去我国经济增长很快，但发展质量和效益还不高，创新能力不够强，全要素生产率和国际水平相比还有很大提升空间，资源配置效率还有待进一步提高，实体经济水平有待提高，生态环境保护任重道远，民生领域还有不少短板，城乡区域发展和收入分配差距依然较大。为有效解决不平衡不充分的发展问题，必须运用创新的思路和方法来指导经济工作，加快建设现代化经济体系，不断增强我国经济创新力和竞争力。习近平总书记强调，创新是引领发展的第一动力，是建设现代化经济体系的战略支撑。从近几年我国经济发展的实践看，低成本资源和要素投入形成的驱动力明显减弱，传统比较优势日益减弱，经济发展面临动力转换节点，依靠增加要素投入和出口拉动的粗放型发展模式已经行不通，发展动力必须转向创新驱动，形成先发新优势，实现创新引领发展，为经济持续健康发展打造新引擎、构建新支撑。为此，必须根本性转变推动发展的内生动力和活力，加快建设创新型国家，强化国家创新体系建设，加快形成以创新为主要引领和支撑的经济体系和发展模式。

第四，更加注重稳中求进，保持战略定力。从全面建成小康社会到基本实现现代化，再到全面建成社会主义现代化强国，是新时代中国特色社会主义发展的战略安排。要实现这一战略安排，必须坚定不移把发展作为党执政兴国的第一要务，坚持解放和发展社会生产力，推动经济持续健康发展。习近平总书记强调，稳中求进是治国理政的重要原则和经济工作的方法论。建设现代化经济体系既是持久战，也是攻坚战，关键是要保持战略定力，应势而谋。一方面，要把该“稳”的稳住。在国内外环境深刻复杂变化的背景下，必须维护好经济平稳运行的大局，统筹把握改革的力度、发展的速度和经济社会可承受的程度，稳定宏观政策、稳定经济运行、稳定社会预期、稳守风险底线，为更好地“进”提供稳定的宏观环境。另一方面，要在“进”上取得积极进展。建设现代化经济体系不仅需要量的积累，更注重质量和效益的提升，必须要在改革攻坚、结构调整等关键领域勇于进取，促进产业转型升级、提质增效，大力提高全要素生产率，推动我国经济向形态更高级、分工更优化、结构更合理的阶段演进。

第五，更加注重区域平衡，实施协调发展战略。要深入学习贯彻习近平新时代中国特色社会主义思想，坚持以人民为中心，坚持稳中求进工作总基调，坚持贯彻新发展理念，坚持质量第一、效益优先，坚持以供给侧结构性改革为主线，加快建设现代化经济体系，推动经济持续健康发展，为全面建设社会主义现代化、夺取新时代中国特色社会主义伟大胜利、实现中华民族伟大复兴的中国梦打下坚实基础。其一，着力实施乡村振兴战略。这是建设现代化经济体系的重要基础。按照党的十九大部署，我们要始终把解决好“三农”问题作为工作重中之重，建立健全城乡融合发展体制机制和政策体系，坚持农业农村优先发展，加快推进农业农村现代化，确保国家粮食安全。构建现代农业产业体系，发展多种形式适度规模经营，培育新型农业经营主体。促进农村一、二、三产业融合发展，支持和鼓励农民就业创业，拓宽增收渠道。其二，着力实施区域协调发展战略。这是建设现代化经济体系的内在要求。按照党的十九大部署，我们要建立更加有效的区域协调发展新机制，优化区域发展格局，逐步缩小地区差距。深入推进西部大开发、东北等老工业基地振兴、中部地区崛起、东部地区优化发展。以疏解北京非首都功能为“牛鼻子”推动京津冀协同发展，以共抓大保护、不搞大开发为遵循推动长江经济带发展。加大力度支持老少边贫地区加快发展，支持资源型地区经济转型发展，加快建设海洋强国。以城市群为主体构建大中小城市和小城镇协调发展的城镇格局，加快农业转移人口市民化。

第六，更加注重全面开放，着力发展开放型经济。提高现代化经济体系的国际竞争力，必须更好利用全球资源和市场，坚持全面开放的基本国策。要在开放的范围和层次上进一步拓展，更要在开放的思想观念、结构布局、体制机制上进一步拓展。按照党的十九大部署，我们要以“一带一路”建设为重点，坚持引进来和走出去并重，遵循共商共建共享原则，引领更高水平的对外开放。抓紧完善外资相关法律，加强知识产权保护；创新对外投资方式，促进国际产能合作；大力推动贸易和投资自由化便利化，全面实行准入前国民待遇加负面清单管理制度；形成面向全球的贸易、投融资、生产、服务网络，加快培育国际经济合作和竞争新优势。

2. 发挥中国特色社会主义制度优势，推动现代民主政治建设

第一，坚持中国特色社会主义制度，推进社会主义民主政治制度化。党的十九届四中全会审议通过了《中共中央关于坚持和完善中国特色社会主义制度、推进国家治理体系和治理能力现代化若干重大问题的决定》(以下简称《决定》),《决定》强调，我国国家制度和国家治理体系存在诸多

方面的显著优势，并将其概括为十三个方面。习近平总书记在庆祝全国人民代表大会成立60周年大会上的讲话中指出："设计和发展国家政治制度，必须注重历史和现实、理论和实践、形式和内容有机统一。要坚持从国情出发、从实际出发，既要把握长期形成的历史传承，又要把握走过的发展道路、积累的政治经验、形成的政治原则，还要把握现实要求、着眼解决现实问题，不能割断历史，不能想象突然就搬来一座政治制度上的'飞来峰'。……世界上不存在完全相同的政治制度，也不存在适用于一切国家的政治制度模式。各国国情不同，每个国家的政治制度都是独特的，都是由这个国家的人民决定的，都是在这个国家历史传承、文化传统、经济社会发展的基础上长期发展、渐进改进、内生性演化的结果。"在这次讲话中，习近平总书记还提出了"八个能否"论，即评价一个国家政治制度是不是民主的、有效的，主要看国家领导层能否依法有序更替，全体人民能否依法管理国家事务和社会事务、管理经济和文化事业，人民群众能否畅通表达利益要求，社会各方面能否有效参与国家政治生活，国家决策能否实现科学化、民主化，各方面人才能否通过公平竞争进入国家领导和管理体系，执政党能否依照宪法法律规定实现对国家事务的领导，权力运用能否得到有效制约和监督。习近平总书记还强调，中国特色社会主义政治制度之所以行得通、有生命力、有效率，就是因为它是从中国的社会土壤中生长起来的。中国特色社会主义政治制度过去和现在一直生长在中国的社会土壤之中，未来要继续茁壮成长，也必须深深扎根于中国的社会土壤。由此，我们要不断推进社会主义民主政治制度化、规范化、程序化，更好发挥中国特色社会主义政治制度的优越性，为党和国家兴旺发达、长治久安提供更加完善的制度保障。

第二，完善人大选举制度和代表制度，优化人大代表结构，有效发挥人大的监督作用。习近平总书记指出："人民民主是社会主义的生命。没有民主就没有社会主义，就没有社会主义现代化，就没有中华民族伟大复兴。”中国共产党从成立之日始，就把为人民谋解放、谋幸福作为自己的历史使命。1954年宪法开宗明义规定：“中华人民共和国是工人阶级领导的，以工农联盟为基础的人民民主国家。中华人民共和国的一切权力属于人民。人民行使权力的机关是全国人民代表大会和地方各级人民代表大会。”人民代表大会制度是人类政治制度史上的伟大创造，是深刻总结近代以后中国社会政治生活惨痛教训得出的基本结论，是中国社会百年来激越变革、激荡发展的历史结果，是中国人民翻身做主、掌握自己命运的必然选择。新中国成立以来，特别是改革开放以来，人民代表大会制度不断得到巩固和发展，日益展示出生机与活力。实践充分证明，人民代表大会制度是符合国情和实践、体现社会主义国家性质、保障人民当家做主、保障实现中华民族伟大复兴的好制度，是把国家和民族前途命运掌握在人民手中，齐心协力实现中华民族伟大复兴的根本政治制度。由此，面对挑战，新时代需进一步完善人大选举制度和代表制度，优化人大代表结构，有效发挥人大的监督作用。

第三，坚持党的领导、人民当家做主、依法治国有机统一，走中国特色社会主义政治发展道路。党的领导是人民当家做主和依法治国的根本保证，人民当家做主是社会主义民主政治的本质特征，依法治国是党领导人民治理国家的基本方式，三者统一于我国社会主义民主政治伟大实践。坚持党的领导，就要发挥总揽全局、协调各方的领导核心作用，改进党的领导方式和执政方式，保证党领导人民有效治理国家。实现人民当家做主，就要扩大人民有序参与政治，保证人民依法实行民主选举、民主协商、民主决策、民主管理、民主监督。巩固基层政权，完善基层民主制度，保障人民的知情权、参与权、表达权、监督权。坚持依法治国，就要维护国家法制统一、尊严、权威，加强人权法治保障，保证人民依法享有广泛的权利和自由。同时，健全依法决策机制，构建决策科学、执行坚决、监督有力的权力运行机制。

第四，坚持全面从严治党，大力开展反腐败斗争，形成风清气正的良好党内政治生态。进入新时代，我们党面临的执政环境是复杂的，影响党的先进性、弱化党的纯洁性的因素也是复杂的，党内存在的思想不纯、组织不纯、作风不纯等突出问题尚未得到根本解决。党面临的执政考验、改革开放考验、市场经济考验、外部环境考验具有长期性和复杂性，党面临的精神懈怠危险、能力不足危险、脱离群众危险、消极腐败危险具有尖锐性和严峻性。推进党的建设新的伟大工程要一以贯之：坚持和加强党的全面领导，坚持党要管党、全面从严治党，以加强党的长期执政能力建设、先进性和纯洁性建设为主线，以党的政治建设为统领，以坚定理想信念宗旨为根基，以调动全党积极性、主动性、创造性为着力点，全面推进党的政治建设、思想建设、组织建设、作风建设、纪律建设，把制度建设贯穿其中，深入推进反腐败斗争，形成风清气正的良好党内政治生态，不断提高党的建设质量，把党建设成为始终走在时代前列、人民衷心拥护、勇于自我革命、经得起各种风浪考验、朝气蓬勃的马克思主义执政党。

3. 坚定文化自信，建设社会主义文化强国

第一，牢牢掌握意识形态工作领导权。十九大报告指出：党政军民学，东西南北中，党是领导一切的。党领导一切，必然包括意识形态。习近平总书记在全国新闻舆论工作会议上强调："党的新闻舆论工作坚持党性原则，最根本的是坚持党对新闻舆论工作的领导。党和政府主办的媒体是党和政府的宣传阵地，必须姓党。党的新闻舆论媒体的所有工作，都要体现党的意志、反映党的主张，维护党中央权威、维护党的团结，做到爱

党、护党、为党。”其一，要旗帜鲜明坚持马克思主义指导地位。任何时候、任何情况下，坚持以马克思主义为指导不能有丝毫含糊，必须旗帜鲜明、毫不动摇。深化对马克思主义基本理论的学习和掌握，用马克思主义的科学理论武装头脑，推进马克思主义中国化、时代化、大众化，实现马克思主义与中国实际相结合，与时俱进地坚持和发展马克思主义，捍卫马克思主义在意识形态领域的指导地位。其二，要加快构建中国特色哲学社会科学。构建中国特色哲学社会科学，是掌握意识形态工作领导权的内在要求，首要的是旗帜鲜明坚持以马克思主义为指导，深化马克思主义理论研究和建设，克服马克思主义在哲学社会科学学科中“失语”、教材中“失踪”、论坛上“失声”的倾向。其三，要建设好网络空间。要本着对社会负责、对人民负责的态度，依法加强网络空间治理，建立网络综合治理体系。要加强网络舆论引导，培育积极健康、向上向善的网络文化，营造一个风清气正的网络空间。利用网络引导正确的舆论导向，以正确的舆论引导人，提高新闻舆论传播力、引导力、影响力、公信力，让主旋律更加响亮、正能量更加强劲，文化自信得到充分彰显。

第二，推动中华优秀传统文化创造性转化、创新性发展。中华文明绵延数千年，创造了博大精深的中华文化，有其独特的价值体系。中华优秀传统文化已经成为中华民族的文化基因，植根在中国人内心深处，潜移默化地影响着中国人的思维方式和行为方式。要利用好中华优秀传统文化蕴含的丰富的思想道德资源，深入挖掘中华优秀传统文化蕴含的思想观念、人文精神、道德规范，结合时代要求继承创新，推动中华传统文化创造性转化、创新性发展，让中华文化展现出永久魅力和时代风采，使其成为涵养社会主义核心价值观的重要源泉。具体来说，包括以下几个方面：坚持历史的、辩证的观点，大力推进马克思主义与中华优秀传统文化的有机融合；坚持科学社会主义和共产主义理想，深入研究和阐发传统文化中一切有价值的思想；增强传统文化的正面研究和宣传，提升民族文化自觉和自信；扎根中国文化土壤，融通中外，在马克思主义的指导下，以人类新文明、人类命运共同体为目标，建立中国现代文化。[①]

第三，坚持以人民为中心的文艺创作。社会主义文艺本质上是人民的文艺，“以人民为中心”是社会主义文艺的生命线，是繁荣发展文艺事业必须遵循的根本原则。新时代人民精神文化需求的日益增长是社会主义文艺事业繁荣发展的强劲动力。随着经济社会的发展，群众的需求类型、需求层次在日益多样化，艺术欣赏水平也在不断提高，对文艺作品的质量、品位、格调等提出了更高的要求。人民群众是文艺作品的鉴赏家和评判者，文艺创作是否成功，文艺作品的价值能否实现，关键取决于人民认同与否。只有把人民群众的文化诉求放在心上，用心、用情、用功去抒写、抒情、抒怀，才能赢得人民广泛的精神共鸣。因此，必须牢牢把握“以人民为中心”的工作导向，坚持与时代同步伐、以精品献人民、以明德领风尚的创作方向，在深入生活、扎根人民中进行无愧于时代的文艺创造。要繁荣文艺创作，坚持思想精神、艺术精湛、制作精良相统一；要加强现实题材创作，不断推出讴歌党、讴歌祖国、讴歌人民、讴歌英雄的精品力作；要发扬学术民主、艺术民主，提升文艺原创力，推动文艺创新；要倡导讲品位、讲格调、讲责任，抵制低俗、庸俗、媚俗；要培育一支心系人民、有信仰、有情怀、有担当的文艺工作者队伍，大力推动新时代文艺事业繁荣发展。电视剧《平凡的世界》《大江大河》《山海情》之所以能得到人民群众的赞赏与喜爱，正是因为他们反映了时代变迁中“小人物”的命运、奋斗历程、平凡人生，能够激起普通人的共情，呼应了现实中人民群众对

---

① 朱晓瑾:《传统文化如何实现现代转型》,《人民论坛》,2017 年第 26 期。

美好生活的向往。[①]

第四，进一步深化文化体制改革。推进社会主义文化强国建设，必须坚持文化建设和体制机制建设并重，坚持两手抓、两手都要硬。必须在扎实推进社会主义文化强国建设中深化文化体制机制改革，解放和发展文化生产力，完善党委领导、政府管理、行业自律、社会监督、依法运营的文化管理体制，完善充满活力、富有效率的文化生产经营机制，完善统一开放、竞争有序的现代文化市场体系，完善文化产品优良、文化生活丰富、文化市场繁荣、文化成果共享的公共文化服务体系，完善管人、管事、管导向、管资产有机结合的国有文化资产管理体制。建设社会主义文化强国是一项系统工程，必须不失时机地深化文化体制改革，加强完善文化管理体制和文化生产经营机制，构建科学的文化制度体系。

4. 加强和创新社会治理，促进社会治理现代化

第一，完善社会治理制度，推进社会治理制度现代化。制度建设是根本，社会治理制度是社会治理的基本依据。社会治理制度的现代化就是推进现有社会制度进一步完善，健全一系列的体制机制、法律法规和制度安排，完善社会治理制度体系，推动社会治理制度更加成熟、更加定型、更加管用。要进一步完善基本公共服务等民生制度体系，推进基本公共服务均等化；健全公共安全体系，完善安全生产责任体系，建立公共安全隐患排查和安全预防控制机制；健全统一权威的食品药品安全监管机构和覆盖全过程的监管制度；加强社会治安防控体系建设；完善社会组织法律法规，规范社会组织政府管理、内部治理、信息公开和监督评估；完善城乡

① 李屹：《坚持以人民为中心，大力推动新时代文艺事业繁荣发展》，《人民论坛》，2020 年第 1 期。

社区自治制度，加强文明和谐社区等制度建设；完善信访制度，健全人民调解、行政调解、司法调解联动的工作体系。[①]

第二，以人民为中心，大力提升政府的治理效能。以人民为中心，保障人民群众的切身利益，更好地造福于民，要求政府在施政过程中将中心放在为民众提供更好的公共服务和公共产品上。当今时代，政府在社会治理体系中依然居于主导地位，面对一系列的新问题、新挑战，当代中国社会要想取得较好的社会治理效果，就必须充分发挥并大力提高政府的治理效能。此次新冠肺炎疫情防控，暴露了政府在社会治理过程中存在的短板和问题，如疫情防控宣传不力、社会物资储备不足、应急管理能力较差等等。面对这些问题和挑战，务必要以人民为中心，以现实问题为导向，深化政府体制改革，优化政府决策制定过程，提高政府自组织协调能力，努力构建服务型政府，大力提升政府治理效能，推进社会治理现代化。

第三，加强社会保障体系建设，提高城乡居民的幸福感。按照兜底线、织密网、建机制的要求，全面建成覆盖全民、城乡统筹、权责清晰、保障适度、可持续的多层次社会保障体系。全面实施全民参保计划；完善城乡居民基本养老保险制度，尽快实现养老保险全国统筹；完善统一的城乡居民基本医疗保险制度和大病保险制度；完善失业、工伤保险制度；建立全国统一的社会保险公共服务平台；统筹城乡社会救助体系，完善最低生活保障制度；坚持男女平等基本国策，保障妇女儿童合法权益；完善社会救助、社会福利、慈善事业、优抚安置等制度，健全农村留守儿童和妇女、老年人关爱服务体系；发展残疾人事业，加强残疾康复服务；坚持房

① 刘志昌：《加快推进社会治理体系和治理能力现代化——以防控新冠肺炎疫情为例》，《中国井冈山干部学院学报》，2020年第2期。

子是用来住的、不是用来炒的定位，加快建立多主体供给、多渠道保障、租购并举的住房制度，让全体人民住有所居。

第四，坚持多元治理，打造共建共治共享的社会治理新格局。完善党委领导、政府负责、社会协同、公众参与、法治保障的社会治理体制，提高社会治理社会化、法治化、智能化、专业化水平。在社会治理过程中，政府、社会组织、人民群众发挥的作用不尽相同，是不同的社会治理主体，有着各自的职责和使命，同时，它们三者之间又是密不可分、相互支撑、相辅相成、相互牵制的。由此，在新时代社会治理过程中，要充分发挥政府、社会组织、人民群众各自的优势，整合三者相互协调的力量，形成优势互补协同治理的新格局。这一过程中，尤其要坚持合理的政府信息的公开。譬如，在此次新冠疫情防控过程中，政府必须确保信息及时公开，保证信息的真实性、有效性、公开性、透明性，让人民群众及时了解相关信息，依靠人民群众，增强社会抗击重大疫情的凝聚力、战斗力，保障打赢疫情防控的人民战争。①

5. 新军事变革利剑出鞘，建设世界一流军队

新军事变革具有共同规律，但没有普遍适用的模式。推进中国特色军事变革要求结合我国、我军实际情况，要注重质量建军和科技强军，不断改革和优化军队结构。本次新军事变革开始于 2015 年 11 月 24 日，中央军委改革工作会议在京西宾馆召开，标志着深化国防和军事改革进入实施阶段，中央军委主席习近平发出深化国防和军队改革的行动号令：全面实施改革强军战略，坚定不移走中国特色强军之路。历时五年左右的中国“史

① 郝志强：《重大疫情应对中构建新时代社会治理体系的有效路径》，《大连干部学刊》，2020 年第 6 期。

上最牛军改”的大幕徐徐拉开。

本次军改的主要目的是着力解决国防和军队建设的体制性障碍、结构性矛盾、政策性问题，于2020年实现四大目标：在领导管理体制、联合作战指挥体制改革上取得突破性进展，在优化规模结构、完善政策制度、推动军民融合发展等方面改革上取得重要成果，努力构建能够打赢信息化战争、有效履行使命任务的中国特色现代军事力量体系，完善中国特色社会主义军事制度。[①]

几年来，本次国防力量和新军事改革主要体现在以下三个方面：

第一，加强联合作战能力，确保“能打胜仗”。其一，改革从“头”改起，发起“脖子以上的改革”。从2015年12月31日开始，成立了陆军领导机构、火箭军、战略支援部队，调整组建了军委机关15个职能部门，职权划分更加科学合理，在精兵简政、解决“头重尾巴长”等问题上迈出实质性步伐。改革首战一举定乾坤，“军委—战区—部队”的作战指挥体系和“军委—军种—部队”的领导管理体系，立起了人民军队新体制的“四梁八柱”。其二，改革以“战”牵引，明确部队的主要任务就是准备打仗。将原来七大军区重新划分组建五大战区，中国军队从此进入“战区时代”。军委、战区两级联合作战指挥体制建立健全，构建起平战一体、常态运行、专司主营、精干高效的战略战役指挥体系。其三，改革从“新”开始，按照新时代军事作战要求调整组建新的军事单位。如成立陆军领导机构中国人民解放军陆军司令部，在“二炮”的基础上组建火箭军，成立中国的“信息军”战略支援部队，加强后勤综合保障能力，成立联勤保障部队，按照军是军、警是警、民是民的原则调整武装警察部队和预备役部队。部队的新构成，意味着新型作战力量建设加速发展、一体发展。其四，改革

① 国防部网：《国防部详解军改方案，公布总体要求和目标》，2015年11月28日。

向“下”延伸。“脖子以上的改革”刚刚结束，“脖子以下的改革”顺势推进。调整优化结构，发展新型作战力量，如显著增强海军陆战队和陆军航空兵，理顺重大比例关系，压减数量规模，陆军原 18 个集团军调整组建为 13 个集团军，全面启用新番号等。①

第二，加强党对军队的领导，确保“听党指挥”。习近平强军思想明确党对军队的绝对领导是人民军队建军之本、强军之魂，必须全面贯彻党领导军队的一系列根本原则和制度，确保部队绝对忠诚、绝对纯洁、绝对可靠。党对军队绝对领导是中国特色社会主义的本质特征，是党和国家的重要政治优势，是人民军队的建军之本、强军之魂。②其一，实现党在新时代的强军目标，必须全面贯彻党对军队绝对领导的根本原则和制度。军队的最高领导权、指挥权属于中共中央和中央军委，中央军委实行主席负责制。这是党对军队绝对领导的集中体现和最高要求。在党对军队绝对领导一整套制度体系中，军委主席负责制处于最高层次、居于统领地位，是坚持党对军队绝对领导的根本制度和根本实现形式。在人民军队中实行党委制、政治委员制、政治机关制，在军事单位实行党委统一集体领导下的首长分工负责制，在基层单位落实“支部建在连上”。其二，加强国防力量的统筹，确保“党指挥枪”。比如，对中国人民武装警察部队实施领导体制改革，自 2018 年 1 月 1 日零时起，中国人民武装警察部队由党中央、中央军委集中统一领导，实行中央军委—武警部队—部队领导指挥体制。再如，中共中央印发《关于调整预备役部队领导体制的决定》，自 2020 年 7 月 1 日零时起，预备役部队全面纳入军队领导指挥体系，由现行军地双重领导调整为党中央、中央军委集中统一领导。其三，加强

① 中国军网：《“史上最牛军改”塑造军队未来》，2019 年 9 月 25 日。

② 闵仕君、邵东亮：《全面贯彻党对军队绝对领导的根本原则和制度》，《解放军报》，2018 年 5 月 25 日。

军队的反腐倡廉工作，提高部队战斗力和在人民心中的形象。习近平主席在2014年全军政治工作会议强调，坚持从严治军铁律，加大军事法规执行力度，明确执法责任，完善执法制度，健全执法监督机制，严格责任追究，推动依法治军落到实处。打击军中的贪腐风气，进一步加强了对军队各方面的监督与管理。如撤销了四总部（总参谋部、总后勤部、总政治部和总装备部），提高了军队纪律检查委员会的独立地位，同时将纪律检查委员会、审计局以及军事法院置于中央军事委员会的直接监督之下。设立政治工作部，其主要职能为政治教育和军事人力资源管理；实行党委制、政治委员制、政治机关制等一系列制度；形成了多个独立的、相互制约的监督渠道。此外，继续进行反腐调查和实行干部轮岗制度，以破除党内庇护关系网。①

第三，进一步加强军民融合发展工作，有效增强国防力量。"军民融合"的具体含义是：把国防和军队现代化建设与经济社会发展结合起来。如加强军事供应链外包，并将军事规范纳入到民用运输船的设计中，以供军方在战时征用等。再有以下重要举措：组建中国共产党中央军事委员会科学技术委员会，其主要职能是负责军方与民间专家之间的协调与沟通；进行军事科研体系改革，如中国人民解放军军事科学院与多个技术研究所合并，以促进科技发展与中国军事理论创新之间的相互融合；成立中央军民融合发展委员会，习近平主席亲自担任该委员会的主要负责人。此外，为有效保障我国领土和主权完整不受侵害、海外利益不受损伤、中华民族复兴大业不被阻断，近年来我国还在以下几个方面做了大量的工作：加快武器装备现代化、科技化、信息化的研发和列装，海外基地建设和海上重要通道的维护，南海岛礁的建设，航空航天导航能力的提高，适应现代作

① 参见《美国智库是这样评估新时代的中国军改》，https://www.sohu.com/a/299751058_550967。

战军事复合型人才的培养和国防教育体制改革，军队常态化实战演练等。我国的综合国防能力和军事作战实力有了切实的提高，建设世界一流军队取得了明显成效。

习近平总书记在十九大报告中强调指出：国防和军队建设正站在新的历史起点上。面对国家安全环境的深刻变化，面对强国强军的时代要求，必须全面贯彻新时代党的强军思想，贯彻新形势下的军事战略方针，建设强大的现代化陆军、海军、空军、火箭军和战略支援部队，打造坚强高效的战区联合作战指挥机构，构建中国特色现代作战体系。确保到 2020 年基本实现机械化，信息化建设取得重大进展，战略能力有大的提升。力争到 2035 年基本实现国防和军队现代化，到本世纪中叶把人民军队全面建成世界一流军队。

继续深化国防和军队改革，深化军官职业化制度、文职人员制度、兵役制度等重大政策制度改革，推进军事管理革命，完善和发展中国特色社会主义军事制度。推进重大技术创新、自主创新，加强军事人才培养体系建设，建设创新型人民军队。全面从严治军，推动治军方式根本性转变，提高国防和军队建设法治化水平。

发展新型作战力量和保障力量，开展实战化军事训练，加强军事力量运用，加快军事智能化发展，提高基于网络信息体系的联合作战能力、全域作战能力，有效塑造态势、管控危机、遏制战争、打赢战争。深化国防科技工业改革，完善国防动员体系，建设强大稳固的现代边海空防。

6. 加快生态文明体制改革，建设美丽中国

生态环境是关系党的使命宗旨的重大政治问题，也是关系民生的重大社会问题。我们党历来高度重视生态环境保护，把节约资源和保护环境确

立为基本国策，把可持续发展确立为国家战略。我们要建设的现代化是人与自然和谐共生的现代化，既要创造更多物质财富和精神财富以满足人民日益增长的美好生活需要，也要提供更多优质生态产品以满足人民日益增长的优美生态环境需要。

自2019年7月1日起开始施行的《上海市生活垃圾管理条例》，到2020年5月1日起施行的新修订的《北京市生活垃圾管理条例》，特大城市的垃圾分类“试水”已经探出了文明之路，渐成多点开花之势。实行垃圾分类，不仅有助于改善居民生活环境，也有助于促进资源循环利用，更是提高公民文明素质的直接体现。推动垃圾分类真正落地生根，是社会治理能力的一次考验。[①]上海、北京等城市相继通过垃圾分类相关法规，由法规强制力保障其真正实施。垃圾分类不仅需要法规的相应出台，更需要社会大众的共识与习惯，才能够真正将这项举措做实做细。垃圾分类需要理念与行动的共同发力，才能提高社会的治理能力，将我们的城市建设得更好。

十三届全国人大三次会议表决通过了《中华人民共和国民法典》，其鲜明特色之一为：绿色。作为固根本、稳预期、利长远的基础性法律，《民法典》明确表达了国家的环境保护的态度，承载着新时代绿色发展的使命。《民法典》规定了绿色原则，确立了绿色制度，衔接了绿色诉讼，形成了系统完备的绿色条款体系。《民法典》中关于“环境污染和生态破坏责任”的绿色条款，是世界首创的中国方案，对于引领全球治理体系具有重大的意义。绿色能成为《民法典》的一大特色，正是政治家与法学家的默契：牢牢把握生态环境问题的本质，这是政治家的格局；理性寻找绿色理念在《民法典》中的切入点，科学界定《民法典》和《环境法》

① 赵剑：《让垃圾分类真正落地生根》，《人民政协报》，2020年7月16日。

的射程，这是法学家的智慧。政治格局加上立法智慧，形成了具有中国特色的绿色《民法典》。可以肯定，在《民法典》这一新的坐标之下，生态环境法治建设能够绽放新的蓬勃生机，为生态文明建设的伟大事业和环境治理体系的现代化建设提供更有力的法治保障。①

新时代，我们要继续加快生态文明体制改革，坚持节约优先、保护优先、自然恢复为主的方针，不能只讲索取不讲投入，不能只讲发展不讲保护，不能只讲利用不讲修复，要像保护眼睛一样保护生态环境，像对待生命一样对待生态环境，多谋打基础、利长远的善事，多干保护自然、修复生态的实事，多做治山理水、显山露水的好事，让群众望得见山、看得见水、记得住乡愁，让自然生态美景永驻人间，还自然以宁静、和谐、美丽，建设美丽中国。

① 曹俊:《绿色民法典，绿色分量有多重？——浅析民法典绿色条款的时代精神和立法智慧》,《中国生态文明》，2020年第3期。

专题二

国内政策解读

一、新时代党政机构改革问题

党的十八大以来，以习近平同志为核心的党中央，坚持党对一切工作的领导，强调问题导向，突出重点领域，深化党和国家机构改革，为党和国家事业取得历史性成就、发生历史性变革提供了有力保障。

1. 新时代党政机构改革的背景

党的十九大报告明确指出，要“深化机构和行政体制改革”，“科学配置党政部门及内设机构权力、明确职责”，“在省市县对职能相近的党政机关探索合并设立或合署办公”。十九届三中全会通过了《中共中央关于深化党和国家机构改革的决定》（以下简称《决定》）。

该《决定》对党和国家机构职能体系存在的问题进行了深入分析，列举了包括“一些领域党的机构设置和职能配置还不够健全有力，保障党的全面领导、推进全面从严治党的体制机制有待完善；一些领域党政机构重叠、职责交叉、权责脱节问题比较突出；一些政府机构设置和职责划分不够科学，职责缺位和效能不高问题凸显，政府职能转变还不到位；一些领域中央和地方机构职能上下一般粗，权责划分不尽合理；基层机构设置和权力配置有待完善，组织群众、服务群众能力需要进一步提高；机构编制科学化、规范化、法定化相对滞后，机构编制管理方式有待改进”等十一个方面的问题，涵盖了党政军群各方面组织机构，涵盖了中央和地方各级党政机构，涵盖了机构设置、职能配置、运行机制、编制管理等各个方面，概括起来，主要是机构设置不够优化、职能配置不够协调、机制运行不够高效。[①] 实际表现诸如：以往历次改革过于强调党政分开，党的领导

① 王晓晖：《坚持优化协同、高效推进党和国家机构改革》，《人民日报》，2018 年 3 月 19 日。

弱化的现象还不同程度存在；在反垄断监管上，国家发改委和国家工商总局都有涉及对市场垄断行为进行监管和处罚的权限，但分工不明确；市场监管、生态环境保护、文化市场、交通运输、农业等各领域设立的执法部门层级过多，行业划分过细，各行业执法部门之间缺乏有效的协同配合，综合执法效率不高；地方政府在职能配置和机构设置上缺乏自主权，很多带有创新性的政府机构改革做法因下改上不改而陷入被动、停滞甚至倒退等。[①] 这些问题是影响和制约党和国家事业发展的根本性体制问题，是我们长期想解决而没有解决的重大问题。

2019 年以来，党风廉政建设得到了加强，扎实开展“不忘初心、牢记使命”主题教育，严格落实中央八项规定精神，持续纠治“四风”，为基层松绑减负。“放管服”改革继续纵深推进，国资监管体制不断完善，基本完成了国企剥离办社会职能和解决历史遗留问题。然而，在此次疫情防控过程中，公共卫生应急管理体制等方面暴露出不少薄弱环节，重大疫情防控体制机制依然有待完善，政府工作不足、形式主义、官僚主义仍然较为突出。由此，党政机构改革工作必须继续深入推进。

2. 新时代党政机构改革的内容

根据决定，深化党和国家机构改革，目标是构建系统完备、科学规范、运行高效的党和国家机构职能体系，形成纵览全局、协调各方的党的领导体系，职责明确、依法行政的政府治理体系，推动人大、政府、政协、监察机关、审判机关、检察机关、人民团体、企事业单位、社会组织等在党的统一领导下协调行动、增强合力，全面提高国家治理能力和治理

---

① 陈鹏：《改革开放四十年来我国机构改革道路的探索和完善》，《浙江社会科学》，2018 年第 4 期。

水平，内容如下。[①]

（1）科学设置党和国家机构、优化职能配置

此轮深化党和国家机构改革，最根本的目的是坚持和加强党的全面领导，在这一前提下处理好党政关系，打破所谓的党政界限，增强党的领导力、提高政府执行力。

第一，优化党的组织机构，确保党的领导全覆盖，确保党的领导更加坚强有力。建立健全党对重大工作的领导体制机制，优化党中央决策议事协调机构，负责重大工作的顶层设计、总体布局、统筹协调、整体推进；加强和优化党对深化改革、依法治国、经济、农业农村、纪检监察、组织、宣传思想文化、国家安全、政法、统战、民族宗教、教育、科技、网信、外交、审计等工作领导；强化党的组织在同级组织中的领导地位；更好发挥党的职能部门作用。

新时代党政机构改革中，注重实现党的职能具体化和实体化、强化党的领导地位。如在此次疫情防控过程中，1 月 25 日，中共中央政治局常务委员会召开会议，决定党中央成立应对疫情工作领导小组，1 月 28 日，中共中央印发了《关于加强党的领导，为打赢疫情防控阻击战提供坚强政治保证的通知》，一再强调要加强党的领导。又如组建了国家监察委员会、中央全面依法治国委员会、中央审计委员会、中央教育工作领导小组，以加强党对反腐败、依法治国、审计、教育等工作的集中统一领导；由中组部统一管理中央机构编制委员会办公室；中宣部统一管理新闻出版工作，对外加挂国家新闻出版署（国家版权局）和国家电影局牌子；中央统战部负责宗教、民族、侨务工作，对外保留国家宗教事务局、国家民委、国务

① 此部分“新时代党政机构改革的内容”参考王晓晖：《坚持优化协同、高效推进党和国家机构改革》，《人民日报》，2018 年 3 月 19 日。

院侨办的牌子；等等。通过这些举措，更强化了党对重大工作的领导权和领导地位。

第二，统筹设置党政机构。根据坚持党中央集中统一领导的要求，正确理解和落实党政职责分工，理顺党政机构职责关系，科学设定党和国家机构，准确定位、合理分工、增强合力，防止机构重叠、职能重复、工作重合；将党的有关机构同职能相近、联系紧密的其他部门统筹设置，实行合并设立或合署办公，整合优化力量和资源，发挥综合效益。

广东省佛山市顺德区一直走在地方党政机构改革的前列。顺德在2009年颁布了《佛山市顺德区党政机构改革方案》，建立大部门制，扩大了党政合署的范围。例如，组建区政务监察和审计局，与区纪委合署办公，形成“大纪检”；区委政法委员会和区司法局合署办公，形成“大政法”；等等。大部门式的党政合署，使得合署的规模更大、职能范围更宽，譬如，顺德区政府文体旅游局和区党委宣传部合署后，内设机构有10个，加上挂牌机构则达到15个，承担的职能达20项。这种大部门式的党政合署，通过减少党委和政府之间的分管环节，缩减了党政部门数目和人员编制，降低了运行成本，提高了工作效率。①

第三，优化政府机构设置和职能。围绕推动高质量发展，建设现代化经济体系，加强和完善政府经济调节、市场监管、社会管理、公共服务、生态环境保护职能；调整优化政府机构职能，深入推进简政放权；完善市场监管和执法体制；改革自然资源和生态环境管理体制；完善公共服务管理体制；强化事中事后监管。切实转变政府职能，建设人民满意的服务型政府。

---

① 广东省机构编制委员会：《关于印发佛山市顺德区党政机构改革方案的通知》，2009年9月14日；傅金鹏：《党政合署：形态变迁与改革策略》，《天津行政学院学报》，2012年第1期。

如为了强化政府对市场的监管，将工商总局、质检总局和食药监总局合并组建了国家市场监管总局；为了统一医疗保障工作，组建了国家医疗保障总局，整合了人社部的城镇职工和居民基本医疗保险生育保险职责、国家卫计委的新农合医疗职责、国家发改委的药品和医疗服务价格管理职责、民政部的医疗救助职责；为了探索建立健全跨领域跨部门综合执法，整合组建了市场监管、生态环境保护、文化市场、交通运输、农业综合执法队伍；等等。

（2）加强相关机构联动配合

此轮深化党和国家机构改革一个很重要的目的，就是要解决部门职责交叉分散，对机构进行综合设置，实现职能有机统一，更好发挥机构效能和优势。

第一，强化综合部门的归口协调职能。加强党的组织、宣传、统战、政法、机关党建、教育培训等部门归口协调职能，统筹本系统本领域工作；科学设定宏观管理部门职责和权限，强化制定国家发展战略、统一规划体系的职能；完善宏观调控体系，构建发展规划、财政、金融等政策协调和工作协同机制。

为更好地落实党管干部原则，加强党对公务员队伍的集中统一领导，更好地统筹干部管理，建立健全统一、规范、高效的公务员管理体制，本轮深化改革将国家公务员局并入中央组织部统一管理，国家公务员局不再保留，中央组织部统一管理公务员录用调配、考核奖惩、培训、工资福利等事务，研究拟订公务员管理政策和法律法规草案并组织实施，指导全国公务员队伍建设和绩效管理。

第二，统筹党政军群机构改革。理顺和优化党的部门、国家机关、群团组织、事业单位的职责；深化人大、政协和司法机构改革，深化群团组织改革，推进社会组织改革，加快推进事业单位改革，深化跨军地改革，使各类机构有机衔接、相互协调；完善党政机构布局，理顺党政机构职责关系，统筹设置相关机构和配置相近职能；形成统一高效的领导体制，保证党实施集中统一领导，保证其他机构协同联动、高效运行。

黑龙江省在省级党政机构改革中推行部门内大处（室）制改革，相同或相近职责尽量由一个内设机构承担；同时全面推进事业单位改革，坚持问题导向，进一步精简压缩机构编制规模，撤并“空壳”“小散弱、虚大空”事业单位，2018 年共精简事业单位 2072 个，精简事业编制 4.9 万名等。①

第三，科学设置中央和地方事权。统筹优化地方机构设置，理顺中央和地方职责关系，构建从中央到地方运行顺畅、充满活力、令行禁止的工作体系，更好发挥中央和地方两个积极性。

决定提出，要赋予省级及以下机构更多自主权，增强地方治理能力，把直接面向基层、量大面广、由地方实施更为便捷有效的经济社会管理事项下放给地方；除中央有明确规定外，允许地方因地制宜设置机构和配置职能，允许把因地制宜设置的机构并入同上级机关对口的机构；推动治理中心下移，尽可能把资源、服务、管理放到基层，使基层有人有权有物，保证基层事情基层办、基层权力给基层、基层事情有人办。

（3）提高组织机构运行的效率效能

深化党和国家机构改革，涉及党政军群各方面，涉及经济体制、政治体制、文化体制、社会体制、生态文明体制和党的建设制度，必须在优化机构设置和职能配置的同时，更加注重各项改革协同推进，加强各方面机构配合联动，使各级各类机构相互配合、相得益彰，使整个机构职能体系

① 黑龙江省委编办：《统筹推进机构改革与重点领域改革》，《中国机构改革与管理》，2019 年第 6 期。

协同联动、运行高效。

第一，调整优化政府机构职能。加强和优化政府反垄断、反不正当竞争职能和法治职能、财税职能、金融管理职能、科技管理和服务职能、“三农”工作职能、对外经济和出入境人员管理工作职能等，全面提高政府效能。

就《国务院机构改革方案》而言，机构改革后，国务院正部级机构减少 8 个、副部级机构减少 7 个，除国务院办公厅外，国务院设置组成部门 26 个，党政的重复职能得到归并和统一。通过改革，国务院机构设置更加科学合理，有助于促进政府职能转变到位，适应市场经济的发展和宏观调控管理的要求，克服机构重叠、职能重复、职责交叉、政出多门而又权责脱节、职责缺位、管理漏洞、效率低下的弊端，机构设置更加优化协同高效，增强了政府履行职能的能力。[①]

第二，转变政府职能。深入推进简政放权，减少微观事务和具体审批事项，清理和规范各类行政许可、资质资格、中介服务等管理事项；优化政府服务，完善办事流程，规范行政裁量权；深化行政执法体制改革，整合精简执法队伍，减少执法层级，完善执法程序，加强执法监督；全面实施市场准入负面清单制度改革和理顺市场监管体制，改革重审批轻监管的行政管理方式。

目前各地转变政府职能的改革，如天津市在改善营商环境方面付出诸多努力；河南省信阳市坚持以编制“清单”划定权力红线，以规范“中介”加强市场管理，以清理“证明”优化便民服务；浙江嘉善县跨层级、跨部门、跨领域整合执法的职能与资源，建立起了简约高效的基层执法

---

① 《国务院机构改革方案》，中国政府网，2018 年 3 月 17 日；王传发：《“加减乘除”推进机构职能优化协同高效》，《社会主义论坛》，2018 年第 4 期。

体制。[①]

第三，提高行政效率。精干设置政府部门及其内设机构，减少机构数量，简化中间层次，推行扁平化治理，形成自上而下的高效率组织体系；严格绩效管理和行政问责，加强日常工作考核；打破“信息孤岛”，统一明确各部门信息共享的种类、标准、范围、流程，加快推进部门政务信息联通共用；加强作风建设，坚决克服形式主义、官僚主义、享乐主义和奢靡之风。

近年来，江苏省围绕构建“集中高效审批—分类监管服务—综合行政执法”的简约高效基层治理体系，坚持问题导向、法治理念、系统思维，统筹推进行政审批制度、综合行政执法、经济发达镇县域集成等改革，在开发区和县乡两级初步探索形成了“1+4”基层治理模式，即加强党的全面领导，基层治理“一张网”、政务服务“一窗口”、综合执法“一队伍”、指挥调度“一中心”。这些举措切实提高了行政效率，真正打通了便民服务的“最后一百米”，确保了党的领导全覆盖，建立起了简约高效的基层治理体系。[②]

3. 新时代党政机构改革的特点

新时代的党政机构改革与以往历次机构改革存在相当大的差异，更突出党的领导地位，更注重改革的全局性、系统性，更强调党政职能的优化

---

① 丛屹：《天津作为：优化营商环境就是做好政府职能转变“加减法”》，《天津日报》，2019年4月15日；雷丰源：《对推进简政放权、转变政府职能的思考——以河南省信阳市为例》，《行政科学论坛》，2019年第5期；张丙宣、郭子雯、狄涛：《简约高效：县域治理现代化的着力点——以浙江嘉善县综合执法体制改革为例》，《上海城市管理》，2018年第6期。

② 江苏省委编办：《探索构建简约高效的基层治理体系》，《中国机构改革与管理》，2019年第6期。

协同高效，更体现简约高效的价值选择。

第一，更突出党的领导地位。党的核心领导地位是中国特色党政关系的一大特点。一方面，在深化党和国家机构改革中，党中央发挥着统一领导、统筹协调、整体推进、督促落实的作用，保障了改革的整体性和系统性；另一方面，此轮深化党政机构改革，强调在重点领域更好地发挥党的领导作用，使其职能更加实体化和具体化，在组织、宣传、统战等阵地的职能能够得到更为有效的发挥。

第二，更注重改革的全局性和系统性。新时代的党政机构改革视野更广、力度更大、内容更深刻。新一轮的机构改革不限于仅对政府机构进行调整，而是把党的部门也纳入到了机构改革的一揽子方案之中，充分考虑党和国家机构职能的整体性、系统性和协同性，更为强调党的部门、国家机关、群团组织、事业单位等各类机构的有效衔接和协调，形成改革合力。[①]

第三，更强调党政职能的优化协同高效。实现社会主义现代化必须实现党政关系的现代化。十八大以来，推进党政权力配置规范化、构建中国特色的党政关系成为政治体制改革的重要内容。为了解决过度强调党政分开而带来的职数太多协调不易、职能混乱运行不畅、职位重叠执行不力的问题，党中央重新认识和调整了党政关系，强调“该分的分，该合的合”，进行党和政府机构协调性的改革。将党和政府机构作为社会治理体系的整体进行调整，对职能相近的党政机构实行合并设立或合署办公，革新了党政关系，规范了党政机构设置，减少了内耗，加强了党政之间的配合协调，确保了新时代的党政机构能够分工合理、责任明确、运转协调。[②]

① 张康之:《新时代机构改革的新探索》,《公共管理与政策评论》, 2018 年第 5 期。

② 崔言鹏、高新民:《中国特色党政关系构建的理论背景、历史进路和新趋势》,《理论导刊》, 2018 年第 8 期。

第四，更体现简约高效的价值选择。提高效率效能是新时代深化党政机构改革的重要目标之一。当前我国党政机构“双轨行政”现象的存在、党政职能错位导致的机构臃肿，都使得效率低下成为亟待解决的问题。此轮深化党和国家机构改革着力于减少“内耗”，遵循“简约高效”的原则，对职能相近的党政机关进行合并设立或合署办公，既精简了机构，又统一了职责，提高了组织机构的效率效能。[①]

二、新时代自主创新问题

党的十九大提出了建设现代化经济体系和自主创新型国家的新目标。习近平总书记强调：“不能总是指望依赖他人的科技成果来提高自己的科技水平，更不能做其他国家的技术附庸，永远跟在别人的后面亦步亦趋，我们没有别的选择，非走自主创新的道路不可。”美国在谈到中国创新的时候，第一，认为中国创新不公平，因为中国的政府参与到创新过程；第二，认为中国所有的创新都可以通过军事化，从军事的角度影响美国国防。美国当前对中国高科技创新的责难与封锁，比如对华为、TikTok 等科技公司打压、禁止中国学者到美国参与科技领域的活动或以国家安全为名逮捕在美的中国学者等，实际上就是给中国创新制造障碍与麻烦，压制中国的创新。因此，新时代中国自主创新更显得意义重大。

1. 自主创新的内涵

自主创新是指通过拥有自主知识产权的独特的核心技术以及在此基础

① 伊敬文、张志红：《新时代地方党政机构改革模式探析》，《理论导刊》，2018 年第 8 期。

上实现新产品的价值的过程。我国政府提出的自主创新主要包括：原始创新、集成创新和引进消化吸收再创新。

第一，原始创新，是指前所未有的重大科学发现、技术发明、原理性主导技术等创新成果。从理论上看，是指新理论、新概念、新方法等的发现。从技术上看，是指新技术的突破或重大发明。

第二，集成创新，是利用各种信息技术、管理技术与工具等，对各个创新要素和创新内容进行选择、集成和优化，形成优势互补的有机整体的动态创新过程，并形成一个新的产品或经营管理方式、产业等。实行集成创新的企业可以拥有一些核心技术然后再连接相关领域的技术进行创新，也可以通过购买某些核心技术或核心零部件并把它们有机地结合起来，然后再根据市场需要来集成出新产品。

第三，引进消化吸收再创新，是指引进国内外技术的结构、配方、原理、数据等进一步分析研究与实践，将引进的技术应用到同类产品或其他产品上，做到发展新产品、新技术，其技术水平与引进技术基本相当或稍有提高，或者逐步做到有所提高和创新，使产品结构、工艺方法、材料配方等有较大的改变或者性能有显著的提高，或者原理、机理有新的突破。

2. 新时代自主创新战略实施中的大国竞争问题

中国特色社会主义进入了新时代。在新的历史起点上，中国只有具备了强大的科技实力和自主创新能力，才能实现建成社会主义现代化强国的伟大目标，才能实现中华民族伟大复兴的中国梦。

2018 年 4 月 16 日，美国商务部宣布将禁止美国企业向中兴通讯销售元器件，时间有可能长达 7 年，这将会导致中兴通讯公司进入休克状态，面临停工破产窘境。中兴通讯作为全球第四大、中国第二大通信设备制造商，具有 8 万员工的国际化跨国企业，其核心器件“芯片”需要进口美国芯片公司所产才能生产通信设备。借口华为关联公司曾向伊朗出口笔记本电脑，美国先是在加拿大机场扣押了孟晚舟。2019 年 5 月 17 日，美国商务部宣布将中国企业华为列入“实体名单”。这意味着没有得到美国官方的许可，美国企业将不能与华为进行商业往来。2020 年 6 月，美国联邦通信委员会（FCC）将华为和另一家中国电信企业中兴列为对美国国家安全的威胁对象。由此，这两家公司在美国乡村地区的运营商用户必须将已经在使用的设备从网络中更换掉，同时不得使用金额为 83 亿美元的联邦通用服务基金的补贴购买华为和中兴的任何设备。并且 2020 年 5 月美国政府就已推出管制，禁止使用美国软件和技术的外国公司将半导体产品出售给华为。长期以来，华盛顿一直在向盟友施加压力，要求各国在 5G 网建设中不采用华为设备。

美国遏制中国关键领域高科技发展，核心目的是为了维护美国的全球霸权与全球利益格局。比如，华为在 5G 领域冲击美国领先地位。华为轮值董事郭平在英国《金融时报》上发文回应：华为会妨碍美国随心所欲地进行监听，这是美国打击华为的原因。

美国要扼制“中国制造 2025”。美国认为中国的创新是不公平的，是因为中国政府参与到创新的过程当中了，而美国的政府不会给创新进行投入。“中国制造 2025”是中国政府实施制造强国战略的第一个十年行动纲领。而信息技术作为产业政策“中国制造 2025”的重点项目，国家积极推进 5G 相关技术研发。华为投入 5G 的相关研发费用每年高达 100 亿美元以上。中国 5G 专利数终于走在了世界前列，超越了美国，这是中国制造崛起的标志。高端制造是利润最大的部分，也是技术垄断最强的部分，此前美国基本上把持了所有领域的最高端技术。以华为为代表的中国通信企业撕开了口子，占领了高地，美国不愿意接受这样的局面。

3. 新时代自主创新战略实施中存在的其他主要问题

第一，有效推进自主创新的体制和制度环境有待于进一步完善。现行政策体系与支持自主创新导向不协调。现行的政策体系，基本上以支持GDP增长为主，缺乏支持自主创新的明晰导向。特别是有些政府部门把有限的资源用于规模扩张、增长速度，实际操作中对自主创新是抑制性的，对技术引进却是鼓励性的。主要表现是：政策体系结构不够合理；政策设计缺乏公平性；政策制定缺乏适应形势变化的调整机制；部分政策目标支持创新的导向不明确。从整体上说在自主创新领域还没有形成公平竞争和讲究诚信的市场环境。知识产权保护制度尚不完善。许多企业缺乏创新文化氛围，培育创新人才和创新精神，尊重个性、恪守诚信、公平竞争、激励探索、提倡冒尖、宽容失败的良好的创新文化和创新环境还未完全形成。

第二，政府落实贯彻自主创新政策还存在不到位的地方。有些地方和部门并没有把技术进步和自主创新放在经济社会发展的优先地位。国家对一些重要产业缺乏对自主创新的总体部署和有效安排。部分战略性产业发展未能妥善处理好近期与远期、局部与整体的关系，难以形成统一的战略部署，也难以形成完整的创新链条。同时，共性技术的研发问题很突出，政府的重视与支持不够。相关部门之间和部门内部缺乏协调机制。在宏观管理体制上尚未形成与之相适应的新的决策体制和组织机制，影响到国家统一意志的达成和重大技术创新活动的有效组织，明显地削弱了国家科技的组织动员能力和协同集成能力。在决策体制上，部门之间缺乏协调配合，难以在国家整体目标上形成一致和分工合作的机制，存在着以部门利益代替国家利益的倾向。决策权与责任不对等。在资源配置上，竞相争取财政资金，按各自的条条块块分配，造成在很多领域国家资金的重复配置和浪费。在重大科技项目的组织上，科技政策与产业政策、投资政策、贸易政策、消费政策之间没有形成有机的衔接，甚至存在着相互矛盾和抵触的现象。

第三，企业创新能力不足，创新的动力机制有待完善。改革开放以来我国不少产业的技术水平得到了不同程度的提高，个别产业甚至在国际上已经具备了一定程度的技术竞争能力。但从整体上看，我国企业自主创新意识薄弱，研发能力不足。有些企业普遍重生产轻研究开发，重引进轻消化吸收，重模仿轻创新，创新层次低，高端发明少。除了少数几个领域例如人工智能、超级电脑、航天、生物科技等，总体上说中国工业企业缺少核心技术尤其是原创性基础，这就导致了中国的单向依附性经济体及中国依附其他经济体。

具体来说，缺少技术创新也就意味着产业的附加值低，很多产业的发展，尤其是加工业的发展，主要是依靠廉价劳动力和地方政府提供廉价的土地等，对经济的贡献很有限，因此劳动力和土地价格一变化，很多产业就开始面临危机了。技术的应用也存在着问题。中国大多数企业仍然处于工业 1.0 版和 2.0 版之间，3.0 版和 4.0 版也有，但大多是其他国家技术的应用。如果存在着容许技术自由流通的世界市场，那么企业可以从世界市场上获取技术不断升级，但这里的危险在于，一旦出现贸易保护主义和经济民族主义，世界市场不存在了，中国的工业体系就会发生即刻的危机。如互联网产业，在很长时间里，人们总认为互联网是中美两家的技术，但实际上互联网技术只属于美国一家，因为中国的大多数互联网技术只是美国技术的应用，如果美国真的中断互联网技术供应，中国就可能回到内联网时代。

有些企业对技术创新的未来走势缺乏预见和判断。有些企业认识到了自主创新的重要性，但存在着急功近利的现象。如企业“以技术换市场”的战略，但并没有换来真正的核心技术。中国企业本身创新能力不足，需依赖国际市场、服从国际市场规则，进而从国际市场获得技术。

总之，企业引进消化、吸收、再创新的能力有待提升。现阶段我国大部分企业处于国际产业价值链的中低端，消化吸收国外先进技术的难度很大。韩国、日本等国投入了相当于引进项目费 3 ~ 10 倍的资金用于消化吸收，形成了“引进—吸收—试制—自主创新”的良性循环。在这方面，我国企业存在着明显的差距。

4. 自主创新战略的举措

第一，坚持走中国特色自主创新道路，要加强基础科学研究。无论是从基础研究投入总量来看，还是从基础研究经费占研发经费的比例、企业投入占基础研究经费的比例看，我国与美国、日本等发达国家相比都有较大差距。应瞄准世界科技前沿，下好“先手棋”，既努力实现前瞻性基础研究、引领性原创成果重大突破，又加大应用基础研究力度，还要疏通应用基础研究到产业化应用的快车道，促进创新链和产业链精准对接，加快科研成果从样品到产品再到商品的转化，把科技成果充分应用到现代化建设中去。在加强基础研究方面，政府应做好两方面工作：一是制定相关法律，加强对基础科研成果的保护，加强对知识产权的保护，加大对学术腐败的治理，尊重科学家、创新者的劳动和贡献。二是在国防、公益、共性技术和产业界没有能力研发的领域，政府需要适当投入资金，通过政策扶持、专项资金支援等形式，支持相关研发工作。

第二，坚持走中国特色自主创新道路，要大力建设创新文化。我们需要通过科技发展成果的展示、政府政策的引导、全社会的努力等来营造有利于自主创新的文化氛围，要为科研人员静心创造创新、潜心科研攻关创造良好环境，为科学家发奇思妙想、敢为人先提供广阔空间。其一是创新意识的激发和培养应从小抓起。从基础教育到高等教育，都应把创新教育作为教育教学活动的主线，持之以恒地加以贯彻落实。其二是政府、企业、学校、科研院所、家庭等各类社会组织，都应鼓励那些勇于创新的人去创新，同时要容忍冒险、宽容失败，要以尽可能多的形式褒奖创新者。

第三，坚持走中国特色自主创新道路，要加强培育企业的创新主体地位。如果企业不能成为创新的主体，最直接的后果就是会拉长技术成果转化为生产力的进程；创新主体缺位，就必将会影响到创新的效果和效率，因为技术最终要为市场服务，如果仅仅是国家投入大量的人力物力得到创新成果，则很难取得理想的效果。相反，一旦企业成为自主创新的主体，可以大大缩短技术成果的转化时间，取得良好的市场效益。[①]

我们需要通过制度创新，借助完善的法律法规来提高企业的创新积极性，规范企业的创新行为，在财政补贴、税收优惠、政府采购、技术转移等各方面扶持企业，提高企业的创新能力。在自主创新的实践中，应逐步形成"市场—企业—企业家"的创新模式，即以市场需求为导向，以企业为自主创新的主体，以企业家为创新的核心。根据市场需求实施创新活动，企业要确立需求导向的创新，研发机构、研发经费、研发人才、研发成果的主体应当存在于企业中，以企业家为自主创新的核心。其中维护企业家拥有创新的决策权，技术方向的选择，形成激励机制。

第四，坚持走中国特色自主创新道路，加强对创新人才的培养，建设全球人才高地。[②]

培养创新型人才是国家民族发展的长远大计要更加重视 人才的自主培

---

① 雷家骕、秦颖、郭淡泊等：《中国的自主创新：理论与案例》，清华大学出版社 2013 年版，第 131—133 页。

② 习近平：在中国科学院第二十次院士大会、中国工程院第十五次院士大会、中国科协第十次全国代表大会上的讲话，2021 年 5 月 28 日。

养，要更加重视科学精神、创新能力、批判性思维的培养教育。要更加重视青年人才培养，努力造就一批具有世界影响力的顶尖科技人才，稳定一批创新团队，培养更多高素质技术技能人才、能工巧匠、大国工匠。我国教育是能够培养出大师来的，我们要有这个自信。

三、“一带一路”倡议构想与实施

习近平总书记在2013年9月和10月分别提出建设“新丝绸之路经济带”和“21世纪海上丝绸之路”的战略构想，强调相关各国要打造互利共赢的“利益共同体”和共同发展繁荣的“命运共同体”。2015年3月国家主席习近平在博鳌论坛发表主旨演讲时说，在有关各方共同努力下，“一带一路”建设的愿景与行动文件已经制定。随后国家发展改革委、外交部、商务部联合发布了《推动共建丝绸之路经济带和21世纪海上丝绸之路的愿景与行动》。

1.“一带一路”倡议构想的时代要求

当前如何恢复与超越古人的智慧，建设“一带一路”是一个前所未有的大挑战。中国经济的发展是一个不断开拓创新和寻求突破的过程，从沿海地区向西部内陆不断推进，“一带一路”建设将为全面深化改革和持续发展创造前提条件，在区域合作新格局中寻找未来发展的着力点和突破口。国内近年在实行西部大开发战略的形势下，中国和中亚乃至向西更多国家的经贸合作也成为发展的必然趋势。而中国的发展经验和成果，可以为中亚等各国借鉴。公路、铁路、油气管道、网络通信设施等的不断修建，正在形成古丝绸之路上的现代商队。

“一带一路”是世界上跨度最长的经济大走廊，发端于中国，贯通中亚、东南亚、南亚、西亚乃至欧洲部分区域，东牵亚太经济圈，西系欧洲经济圈。"一带一路"沿线大多是新兴经济体和发展中国家，总人口约44亿，经济总量约21万亿美元，分别约占全球的63%和29%。[①] 它是世界上最具发展潜力的经济带，无论是从发展经济、改善民生，还是从应对金融危机、加快转型升级的角度看，沿线各国的前途命运，从未像今天这样紧密相连、休戚与共。

2. "一带一路"倡议构想的主要内容

中国制定了《推动共建丝绸之路经济带和21世纪海上丝绸之路的愿景与行动》，提出了"一带一路"国家合作的主要内容，包括政策沟通、设施联通、贸易畅通、资金融通、民心相通在内的"五通"，将成为未来沿线国家间合作的重点领域。其中，加强政策沟通是"一带一路"建设的重要保障，基础设施互联互通是"一带一路"建设的优先领域。

第一，加强各国间政策沟通。加强政府间合作，积极构建多层次政府间宏观政策沟通交流机制，深化利益融合，促进政治互信，达成合作新共识。沿线各国可以就经济发展战略和对策进行充分交流对接，共同制定推进区域合作的规划和措施，协商解决合作中的问题，共同为务实合作及大型项目实施提供政策支持。

第二，实现国家间设施联通。首先，抓住交通基础设施的关键通道、关键节点和重点工程，优先打通缺失路段，畅通瓶颈路段，配套完善道路安全防护设施和交通管理设施设备，提升道路通达水平。推进建立统一的全程运输协调机制，促进国际通关、换装、多式联运有机衔接，逐步形成兼容规范的运输规则，实现国际运输便利化。推动口岸基础设施建设，畅

① 相关数据来源：中国一带一路网（BELT AND ROAD PORTAL），https://www.yidaiyilu.gov.cn/。

通陆水联运通道，推进港口合作建设，增加海上航线和班次，加强海上物流信息化合作。拓展建立民航全面合作的平台和机制，加快提升航空基础设施水平。其次，加强能源基础设施互联互通合作，共同维护输油、输气管道等运输通道安全，推进跨境电力与输电通道建设，积极开展区域电网升级改造合作。再次，共同推进跨境光缆等通信干线网络建设，提高国际通信互联互通水平，畅通信息丝绸之路。加快推进双边跨境光缆等建设，规划建设洲际海底光缆项目，完善空中（卫星）信息通道，扩大信息交流与合作。

第三，实现各国间贸易畅通。其一是努力促成沿线国家宜加强信息互换、监管互认、执法互助的海关合作，以及检验检疫、认证认可、标准计量、统计信息等方面的双多边合作，推动世界贸易组织《贸易便利化协定》生效和实施。改善边境口岸通关设施条件，加快边境口岸“单一窗口”建设，降低通关成本，提升通关能力。加强供应链安全与便利化合作，推进跨境监管程序协调，推动检验检疫证书国际互联网核查，开展“经认证的经营者”（AEO）互认。降低非关税壁垒，共同提高技术性贸易措施透明度，提高贸易自由化便利化水平。其二是拓宽贸易领域，优化贸易结构，发展跨境电子商务等新的商业业态。建立健全服务贸易促进体系，巩固和扩大传统贸易，大力发展现代服务贸易。把投资和贸易有机结合起来，以投资带动贸易发展。其三是加快投资便利化进程，消除投资壁垒。加强双边投资保护协定、避免双重征税协定磋商，保护投资者的合法权益。其四是拓展相互投资领域，开展农林牧渔业、农机及农产品生产加工等领域深度合作，积极推进海水养殖、海洋工程技术、环保产业和海上旅游等领域合作。加大煤炭、油气、金属矿产等传统能源资源勘探开发合作，积极推动水电、核电、风电、太阳能等清洁、可再生能源合作，推进能源资源就地就近加工转化合作，形成能源资源合作上下游一体化产业链。加强能源资源深加工技术、装备与工程服务合作。其五是推动新兴产业合作，按照优势互补、互利共赢的原则，促进沿线国家加强在新一代信息技术、生物、新能源、新材料等新兴产业领域的合作，推动建立创业投资合作机制。其六是优化产业链分工布局，推动上下游产业链和关联产业协同发展，鼓励建立研发、生产和营销体系，提升区域产业配套能力和综合竞争力。扩大服务业相互开放，推动区域服务业加快发展。

第四，积极探索各国间资金融通。扩大沿线国家双边本币互换、结算的范围和规模。推动亚洲债券市场的开放和发展。共同推进亚洲基础设施投资银行、金砖国家开发银行发展，加快丝路基金运营发展。深化“中国—东盟”银行联合体、上合组织银行联合体务实合作，以银团贷款、银行授信等方式开展多边金融合作。支持沿线国家政府和信用等级较高的企业以及金融机构在中国境内发行人民币债券。符合条件的中国境内金融机构和企业可以在境外发行人民币债券和外币债券，鼓励在沿线国家使用所筹资金。同时，各国间加强金融监管合作，推动签署双边监管合作谅解备忘录，逐步在区域内建立高效监管协调机制。完善风险应对和危机处置制度安排，构建区域性金融风险预警系统，形成应对跨境风险和危机处置的交流合作机制。加强征信管理部门、征信机构和评级机构之间的跨境交流与合作。充分发挥丝路基金以及各国主权基金作用，引导商业性股权投资基金和社会资金共同参与“一带一路”重点项目建设。

第五，促进各国间民心相通。扩大相互间留学生规模，开展合作办学，中国每年向沿线国家提供 1 万个政府奖学金名额。沿线国家间互办文化年、艺术节、电影节、电视周和图书展等活动，合作开展广播影视剧精品创作及翻译，联合申请世界文化遗产，共同开展世界遗产的联合保护工作。深化沿线国家间人才交流合作。加强旅游合作，扩大旅游规模，互办旅游推广周、宣传月等活动，联合打造具有丝绸之路特色的国际精品旅游线路和旅游产品，提高沿线各国游客签证便利化水平。推动21世纪海上丝绸之路邮轮旅游合作。积极开展体育交流活动，支持沿线国家申办重大国际体育赛事。强化与周边国家在传染病疫情信息沟通、防治技术交流、专业人才培养等方面的合作，提高合作处理突发公共卫生事件的能力。加强科技合作，共建联合实验室（研究中心）、国际技术转移中心、海上合作中心，促进科技人员交流，合作开展重大科技攻关，共同提升科技创新能力。充分发挥政党、议会交往的桥梁作用，加强沿线国家之间立法机构、主要党派和政治组织的友好往来。加强沿线国家民间组织的交流合作，重点面向基层民众，广泛开展教育医疗、减贫开发、生物多样性和生态环保等各类公益慈善活动，促进沿线贫困地区生产生活条件改善。加强文化传媒的国际交流合作，积极利用网络平台，运用新媒体工具，塑造和谐友好的文化生态和舆论环境。

3.“一带一路”倡议构想的作用与地位

“一带一路”建设，不仅有利于推动中国自身发展，而且惠及亚洲、欧洲、非洲乃至世界。经济全球化深入发展，区域经济一体化加快推进，全球增长和贸易、投资格局正在酝酿深刻调整，亚欧国家都处于经济转型升级的关键阶段，需要进一步激发域内发展活力与合作潜力。“一带一路”倡议构想的提出，契合沿线国家的共同需求，为沿线国家优势互补、开放发展开启了新的机遇之窗。

“一带一路”打破了原有点状、块状的区域发展模式。无论是早期的经济特区，还是2014年成立的自贸区，都是以单一区域为发展突破口。“一带一路”彻底改变了之前点状、块状的发展格局，横向看，贯穿中国东部、中部和西部，纵向看，连接主要沿海港口城市，并且不断向中亚、东盟延伸。这将改变中国区域发展版图，更多强调省区之间的互联互通，产业承接与转移，有利于加快我国经济转型升级。

“一带一路”建设几乎覆盖中国大多数省区。这是一个引领未来中国西部大开发、实施向西开放战略的升级版。西部地区拥有中国 72% 的国土面积、27% 的人口，与 13 个国家接壤，陆路边境线长达 1.85 万公里，但对外贸易的总量、利用外资和对外投资所占的比重不高。中国扩大对外开放最大的潜力在西部，拓展开放型经济广度和深度的主攻方向也在西部。未来的西部大开发，需要建立在对内对外开放的基础上，通过扩大向西开放，使中国西部地区与中亚、南亚、西亚的贸易往来和经济合作得以加强。丝绸之路经济带是中国形成全方位对外开放格局、实现东西部均衡协调发展的关键一环。

“一带一路”反映了当前中国战略利益的空间分布。一方面，中国的经济利益主要来自这里，这里分布着中国大多数的最主要贸易伙伴。“一带一路”沿线许多国家自然资源丰富，中国与其经贸合作具备坚实基础且发展迅速，使其天然地成为中国全球资源供给体系的最佳目标区和重要组成部分。从要素禀赋和技术水平看，中国与沿线国家在产业发展上具有高度的互补性。另一方面，中国的安全利益也主要分布在这里。这里是中国与外部世界发生安全冲突最为集中的地区，尤其是领土领海争端和边界冲突。是中国抗御海外势力入侵的有效防护地带。朝鲜半岛、琉球群岛、马来群岛、中南半岛、南亚次大陆以及中亚地区，都在不同程度上成为中国与世界主要势力中心的战略缓冲区。欧亚大陆周边海域分布着中国的海上生命线。中国有 90% 的货物贸易运输量需要通过海上运输完成，其中包括原油进口的 93%，粮食进口的 92% 和传统商品出口的 84%。[①] 中国海上运

① 相关数据来源：中国一带一路网（BELT AND ROAD PORTAL），https://www.yidaiyilu.gov.cn/。

输体系严重依赖四条远洋航线和众多海上战略通道，其中通往中东、非洲和西欧的货物运输严重依赖马六甲海峡、霍尔木兹海峡、曼德海峡和苏伊士运河；通往澳大利亚和东南亚的货物运输严重依赖巴士海峡、巽他海峡和龙目海峡；通往北美和拉美的货物运输严重依赖巴拿马运河等。①

“一带一路”构想通过加强政策沟通、道路联通、贸易畅通、货币流通、民心相通等新途径，以战略协调、政策沟通为主，不刻意追求一致和强制性的制度安排，与现有的区域合作机制如上合组织、欧亚经济共同体、亚太经合组织、东盟、海合组织和欧盟等合作协调发展，可谓讲求实际、高度灵活、富有弹性。中国将以带状经济、走廊经济、贸易便利化、技术援助、经济援助、经济一体化等各种可供选择的方式与沿线国家共同推进欧亚区域经贸发展，这种创新的合作模式，可以使欧亚各国经济联系更加紧密，相互合作更加深入，发展空间更加广阔。

4.“一带一路”倡议实施的困难与挑战

第一，沿线国家的制度体制差异大，政局动荡不稳。“一带一路”所涉国家大多是处于政治转型中的发展中国家，在制度体制上存在巨大差异，既有共产党领导的社会主义国家，也有实行西方式政党制度的资本主义国家，还有实行君主政体的阿拉伯国家等，特别是在东南亚、南亚、中亚和中东地区，许多国家国内政治形势复杂，政局变化频繁，政策变动性大，甚至内战冲突不断。而“一带一路”实施中的基础设施建设投资大、周期长、收益慢，在很大程度上有赖于有关合作国家的政策政治稳定和对华关系状况。两者的矛盾增加了“一带一路”建设中的政治风险。一些国

① 杜德斌等：《“一带一路”：中华民族复兴的地缘大战略》，《地理研究》，2015年第6期。

家的政治势力还可能出于自身政治目的误解或歪曲“一带一路”倡议，借机煽动新的“中国威胁论”“中国扩张论”，蓄意阻挠“一带一路”建设。近年来，中国在利比亚、伊拉克、乌克兰、叙利亚等国家遭遇的投资困境和风险损失值得高度重视。

第二，经济发展不平衡，市场开放难度大。“一带一路”联通亚欧非三大陆，连接太平洋和印度洋，包含了老牌欧洲发达国家和新兴发展中经济体，不同国家的经济发展水平和市场发育程度极为不同。有些国家法律法规比较健全，市场发育程度较高，经济环境相对稳定，为企业投资创造了便利条件；也有一些国家市场封闭，进入难度大，增加了企业投资评估的复杂性，制约了建设成果的合作共享。尽管中国在“一带一路”倡议实施中扮演着主要角色，并利用自身在资金、技术、人员等方面的优势，以优惠政策大力支持沿线有关项目建设，但中国单方面毕竟实力资源有限，也面临着摊子大、后劲不足等风险。

第三，民族宗教矛盾复杂，非传统不安全因素突出。“一带一路”涵盖 60 多个国家，44 亿人口，大多数国家民族众多，基督教、佛教、伊斯兰教、印度教等多元宗教信仰并存。中东、中亚、东南亚等地区的国际恐怖主义、宗教极端主义、民族分裂主义势力和跨国组织犯罪活动猖獗，地区局势长期动荡不安。这些非传统不安全因素的凸显，既恶化了当地投资环境，威胁企业人员和设备安全，也可能借“一带一路”建设开放之机扩散和渗透到中国国内，甚至与国内不法分子内外勾连、相互借重，破坏中国安定的国内社会环境，对“一带一路”倡议及沿线工程建设构成严峻挑战。

第四，文化繁杂多样，存在因认知偏差误判中国战略意图的可能。由于地理、历史、宗教、民族的差异，“一带一路”沿线国家的文化丰富多元，既有中国、印度等东方传统国家，也有西方传统国家，既有俄罗斯、土耳其等“欧亚国家”，还有新加坡等东西文化交融的国家。国家不同的身份定位在某种程度上塑造了国家对利益的认知，从而影响着国家行为和内外政策选择。沿线国家特别是大国从精英到民众对“一带一路”倡议的认知、理解不尽相同，对中国战略意图的不信任与猜忌将成为“一带一路”倡议长期推进面临的重要风险。目前中国与东南亚、南亚等沿线地区部分国家围绕有关领土、领海主权争端的不稳定因素短期内无法消除，倘若再遭遇美、日等战略实施区域外因素的干扰，不仅可能激化既有矛盾，引发沿线国家更多的安全疑虑，甚至还会引爆局部的地缘冲突。

第五，战略规划设计有待完善和细化。“一带一路”倡议的长远规划还有待完善和细化，特别是有关制度设计和政策安排的谈判协商还面临诸多不确定性，与相关国家的实质性对接与具体合作还没有全面展开。由于历史和现实的局限，中国政府有效供给与推行国际公共产品的能力和经验不足；中国企业大规模走出去和跨国经营管理、大范围国际拓展的经验不足，在配合战略实施的国际化专业人才的培养和相关核心技术的输出上还存在较大缺口，适应“一带一路”倡议长期推进和对外大开放所需要的国民的文明法制素养、市场诚信意识等均有待提升。

5. 新时代背景下开启“一带一路”发展新征程

“一带一路”倡议距今为止推进时间已超过七年，初期制订的诸多目标都在一一实现，而其所带来的影响力也日渐增强。国际在发展中存在整体经济增速不高、逆全球化等问题，目前需要兼具公平与高效的发展战略来推动国际的整体发展。

“一带一路”倡议在落实期间对参与诸国均带来积极影响，所以其在实施的七年中，中国与沿线国家的贸易合作不断加深，进出口贸易总额在 6 万亿美元之上，与中国对外贸易增速相比，其呈现更高的水平。中国加强对沿线国家的资金投入，投入总额达 900 亿美元，其中对外承包工程营业额在4000亿美元之上。在交通领域，多个国家告别“零突破”的窘境，通过交通建设改变贫困人口生活现状。联合国贸发会议秘书长穆希萨·基图伊提出，在新型全球化发展中，中国的“一带一路”倡议贡献出重要作用。“一带一路”倡议拓展了中国的开放程度，提高了中国开放水平，降低了诸多行业的进入门槛，是经济发展的重要推力；“一带一路”倡议坚持互联互通原则，加速了全球生产要素的流动与发展，实现了全球经济水平的整体提升。在推进的七年过程中，中国与沿线国家所构建的境外合作园区达82个，东道国所获税费超过20亿美元，为30余万人提供就业岗位，改变了各国人民的生活水平，营造了良好的发展环境。部分国家受“一带一路”倡议所影响，实现首条高速公路、现代化铁路的建设，甚至形成本土的汽车制造业，在电力资源使用上也得到大幅度提升。“一带一路”倡议的推进从各个领域与层面改变人们的生活水平与环境，同时对联合国提出的2030年可持续目标起到推进作用。世界银行则提出，全球贫困窘境因“一带一路”倡议的落实而得到改善。中国“一带一路”倡议在2020年1月末，与其达成合作的国家及国际组织分别达138个、30个。①

2020年伊始，一场突如其来的新型冠状病毒肺炎疫情席卷而来，扩散态势愈演愈烈。世界各国都受到疫情的影响，中国与“一带一路”沿线国家实现守望互助，共同抗击疫情。中国在控制疫情后，对受疫情影响的国家也给予全力帮助，向多个国家捐赠抗疫物资，如意大利、菲律宾、伊朗等，并派医疗专家组给予抗疫经验与医疗技术方面的支持。疫情对全球都产生严重影响，“一带一路”对经济所起到的积极作用也越发明显。在与意大利总理通话期间，习近平总书记提出基于“健康丝绸之路”的

① 相关数据来源：中国一带一路网（BELT AND ROAD PORTAL），https://www.yidaiyilu.gov.cn/。

构建需求，中国愿与意大利共同努力，抵抗疫情。“一带一路”为诸国经济发展提供平台，从开放、合作、协调等层面来抵抗疫情对世界危机所带来的负面影响。

四、民族发展问题

“民族”至少存在两个层面的内涵：一是对一切拥有中华人民共和国国籍之人所组成的人群共同体的称谓，也就是“中华民族”；二是指通过民族识别工程而法定的56个国内民族。而以“中华民族”和“56个民族”的历史源流、发展态势、相互关系为中心而衍展出来的问题，则为民族问题。

民族问题是社会生活中的一个极其重要而又复杂的问题。对自身民族问题的处理，直接关系到一个国家的国际地位、政治秩序、社会生活以及人民福祉。如何构建完善和谐的国家与民族意识，以及如何更好地处理各民族之间的关系与矛盾，是一项尤为重要且需长期关注的课题。

1. 统一多民族国家是中国的基本国情

我国《宪法》序言中明确写道“中华人民共和国是全国各族人民共同缔造的统一的多民族国家。平等团结互助和谐的社会主义民族关系已经确立，并将继续加强。”中华民族是以汉族为主体，融合着全国55个少数民族的多民族国家。这个多民族国家既是统一的，又具有多元性。就形态而言，中华民族是一种一体层次的国族（nation），而其概念所囊括的中国境内56个民族则是为亚层次民族（ethnic）。以历史的维度来观察，在我国历史的不同时代，一体层次民族的成分、称谓以及亚层次民族的数量、族属都是不同的。在民族史的视角下，我们可以认为中国历史是不同源头的亚层次民族自身形成、发展并在不同历史阶段加入“中华民族”的过程。[①]

马克思和恩格斯曾提出了民族的特征、特性等理论，认为民族的自然分界线即语言的分界线；地域、共同历史、经济条件作为民族的特征对民族生存具有重要意义等。综合马克思、恩格斯、列宁以及斯大林对“民族”理论的贡献。我们可以依靠社会阶级形态以及生产方式将民族简单区分为古代民族和现代民族。我国最早形成了古代民族的是汉族，其主干来自于先秦时代的华夏族或典籍中所称之“诸夏”。至汉代方有了“汉族”“汉人”之称谓。而在实名两具的汉族出现之前，诸夏即已经与诸多所谓“蛮夷戎狄”开始了民族融合的历程。[②]

中国历代王朝多为统一的多民族王朝国家，但与我们今天的这个统一多民族国家仍有区别。今日中国的基本疆域与人口沿承自清王朝。但是清的统治本质上是建立在民族压迫之上的，直到新中国成立后，一个真正的统一、平等的多民族国家才真正地组织建设起来。伴随着工业化、城镇化、生产建设兵团制度以及基于军事布局考虑的三线建设的推进，民族融合与统一进一步发展。

2. 国内民族现状

56 个亚层次民族的格局是新中国成立后的民族识别工程所直接奠定的。旧中国，民族认知是模糊且具有歧视性的。清王朝是简单地将国民划分为旗人与民人两大群体，而民国时代则是笼统地定义了汉满蒙回藏五大民族。民族认同混乱，定义模糊的情况直到新中国成立后才有所改变。1950 年，中央及地方民族事务机关组织科研队伍，对全国存在并提出的

① 陈建樾：《“建设一个中华民族的新社会和新国家”——中华人民共和国民族政策话语体系形成的历史脉络》，《中南民族大学学报（人文社会科学版）》，2020 年第 4 期。

② 王玉哲：《中华民族早期源流》，天津古籍出版社 2010 年版，第 18—34 页。

400多个民族名称进行识别。民族识别工作进展到1983年，正式确定了我们今日为人所熟知的“56个民族一家亲”的格局。

新中国成立70多年来，基于民族平等、民族团结的政策。我国各个民族事业都取得了全面发展。而且对于少数民族以及落后民族地区的政策倾斜尤为明显。迄今为止，我国已完成6次人口普查，积累了大量的动态人口数据。1953年第一次普查显示，我国少数民族总人口为3401.4万，占全国人口比重为5.89%。而到了2010年，少数民族人口为11132.5万，占全国人口比重升至8.35%。[①]

3. 我国基本民族政策

为促进少数民族政治、经济、文化等各项事业的全面发展，中国政府制定了一系列民族政策。中国政府的民族政策主要有以下几方面：

第一，坚持民族平等团结。《中华人民共和国宪法》规定：“中华人民共和国各民族一律平等。国家保障各少数民族的合法权利和利益，维护和发展各民族的平等、团结、互助关系。禁止对任何民族的歧视和压迫。”民族平等是指各民族不论人口多少，经济社会发展程度高低，风俗习惯和宗教信仰异同，都是中华民族大家庭的平等一员，具有同等的地位，在国家社会生活的一切方面，依法享有相同的权利，履行相同的义务，反对一切形式的民族压迫和民族歧视。民族团结是指各民族在社会生活和交往中平等相待、友好相处、互相尊重、互相帮助。民族平等是民族团结的前提和基础；民族团结则是民族平等的必然结果。

第二，坚持民族区域自治制度。民族区域自治制度是中国政府解决

① 薛品：《新中国70年来少数民族人口发展状况研究》，《贵州民族研究》，2020年第6期，第63页。

民族问题采取的一项基本政策。民族区域自治制度与中国共产党领导的多党合作、政治协商制度、基层群众自治制度一样，同为我国三大基本政治制度之一。民族区域自治是在国家的统一领导下，各少数民族聚居的地方实行民族区域自治，设立自治机关，行使自治权，使少数民族人民当家做主，自己管理本自治地方的内部事务。

第三，发展少数民族地区经济文化事业。中华人民共和国成立后，国家根据民族地区的实际情况，制定和采取了一系列特殊的政策和措施，帮助、扶持民族地区发展经济，并动员和组织汉族发达地区支援民族地区。

第四，培养少数民族干部。党和政府根据民族工作以及社会发展的需要，通过各级各类院校培训学习，全面提高少数民族干部素质；注重实践锻炼，各地、各部门有计划地开展干部交流、岗位轮换，选派少数民族干部到中央、国家机关和经济相对发达地区挂职锻炼，培养了大批少数民族干部，促进了少数民族地区经济社会的快速发展；在坚持德才兼备原则的前提下，同等条件优先选拔和使用少数民族干部，使少数民族干部在各级党委、政府、人大和政协等领导班子中占有适当比例。

第五，发展少数民族科教文卫等事业。党和国家积极支持和帮助少数民族发展教育事业，如赋予和尊重少数民族自治地方自主发展民族教育的权利，重视民族语文教学和双语教学，加强少数民族师资队伍建设，在经费上给予特殊照顾，积极开展内地省市对少数民族地区教育的对口支援等。在发展少数民族科技事业方面，重点培养、培训少数民族科技人员，在普通高等院校有计划地招收少数民族学生或举办民族班；帮助少数民族和民族地区引进人才和先进技术设备，改造传统产业和传统产品，扶植提高传统科技，提高经济效益等。对少数民族地区的卫生事业，国家有关政策强调，要加强少数民族地区卫生队伍的建设，切实做好防病治病和妇幼卫生工作，大力扶持发展民族医药事业等。在繁荣少数民族文化政策方面，国家扶持和帮助少数民族发展文化事业，组建民族文化艺术团体，培养少数民族文艺人才，繁荣民族文艺创作。

第六，使用和发展少数民族语言文字。中国各民族都有使用和发展自己语言文字的自由和权利。《中华人民共和国宪法》规定："各民族都有使用和发展自己语言文字的自由。""民族自治地方的自治机关在执行公务的时候，依照本民族自治地方自治条例的规定，使用当地通用的一种或者几种语言文字。"《中华人民共和国民族区域自治法》第十条规定"民族自治地方的自治机关保障本地方各民族都有使用和发展自己的语言文字的自由"，等等。

第七，尊重少数民族风俗习惯。中国各少数民族都有自己的风俗习惯，表现在服饰、饮食、居住、婚姻、礼仪、丧葬等多方面。国家尊重少数民族的风俗习惯，少数民族享有保持或改革本民族风俗习惯的权利。在社会生活的各方面，政府对少数民族保持或改革本民族风俗习惯的权利加以保护，如尊重少数民族的饮食习惯、年节习惯、婚姻习惯、丧葬习俗，同时尊重少数民族改革自己风俗习惯的自由，以及在大众传播媒介中防止侵犯少数民族风俗习惯的事情发生。

第八，尊重和保护少数民族宗教信仰自由。中国是一个有着多种宗教的国家，主要有佛教、道教、伊斯兰教、天主教、基督教等。中国少数民族群众大多有宗教信仰，有的民族群众性地信仰某种宗教，如藏族群众信仰藏传佛教。有些民族信仰同一种宗教，如我国有 10 个民族信仰伊斯兰教。我国宪法规定："中华人民共和国公民有宗教信仰自由。"宗教信仰自由，即每个中国公民有信仰宗教的自由，也有不信仰宗教的自由；有信仰这种宗教的自由，也有信仰那种宗教的自由；在一种宗教里面，有信仰这个教派的自由，也有信仰那个教派的自由；有过去不信教现在信教的自由，也有过去信教现在不信教的自由。目前，中国有清真寺 3 万座。在西藏，有藏传佛教各类宗教活动场所 1700 多处。[①]

4. 我国民族工作的成就

党的十九届四中全会《中共中央关于坚持和完善中国特色社会主义制度、推进国家治理体系和治理能力现代化若干重大问题的决定》(以下简称《决定》)强调：坚持各民族一律平等，保障少数民族合法权益，巩固和发展平等团结互助和谐的社会主义民族关系，打牢中华民族共同体思想基础，支持和帮助民族地区加快发展，不断提高各族群众生活水平。该《决定》全面总结了我国国家制度和国家治理体系 13 个方面的显著优势。在有关民族政策方面，明确指出"坚持各民族一律平等，铸牢中华民族共同体意识，实现共同团结奋斗、共同繁荣发展的显著优势"。

民族发展的成就主要体现在四个方面：各民族一律平等，不论人口多少；二是各民族在一切权利上完全平等，不仅体现在国家政治、法律上，而且也体现在经济、文化、教育、语言文字、风俗习惯等一切社会生活领域；为了各民族真正平等的实现，加速推进少数民族和民族地区各方面发展进步，国家制定切实有效的发展政策，缩小发展差距；国家保障各民族充分行使平等权利，各民族也必须承担维护国家统一、民族团结的基本义务。新中国的民族平等政策真正体现了社会主义民族平等的彻底性、整体性、真实性。[②]

具体来说，第一，少数民族和民族地区经济社会实现跨越式发展。70 年来，国家通过实施西部大开发、兴边富民行动、扶持人口较少民族、少

---

① 《中国的民族政策》，中华人民共和国国家民族事务委员会门户网站，https://www.neac.gov.cn/seac/xxgk/200511/1073909.shtml，2005 年 11 月 16 日。

② 左岫仙：《新中国民族政策优势的理论与实践基础——以民族平等为视角》，《云南民族大学学报（哲学社会科学版）》，2020 年第 2 期。

数民族特色村镇保护与发展、对口支援以及制定少数民族事业专项规划等战略举措，有力地促进了少数民族和民族地区经济社会发展。2018 年，内蒙古、广西、西藏、宁夏、新疆 5 个自治区和云南、贵州、青海 3 个省的地区生产总值达 90576 亿元，同比增长 7.2%，高于全国 0.6 个百分点；贫困人口减少到 603 万，贫困发生率下降到 4.0%。民族地区基础设施、公共服务和百姓生活日新月异。

2019 年 9 月，国务院新闻办公室发布了《为人民谋幸福：新中国人权事业发展 70 年》白皮书，全面总结了新中国成立 70 多年来我国少数民族合法权益保障取得的方方面面的具体成就。首先就是有效保障少数民族参与国家事务管理的权利。55 个少数民族均有本民族的全国人大代表和全国政协委员，十三届全国人大代表中，少数民族代表 438 名，占 14.7%。近年来全国公务员考试录用少数民族考生的比例保持在 13% 以上，高于少数民族人口占全国人口 8.49% 的比例。各民族自治地方依法享有广泛的自治权，在 155 个民族自治地方的人民代表大会常务委员会中，均有实行区域自治民族的公民担任主任或者副主任；民族自治地方政府的主席、州长、县长或旗长，均由实行区域自治民族的公民担任。

少数民族和民族地区教育事业的快速发展。通过发展各级各类民族学校，举办内地预科班、民族班，对少数民族考生升学予以照顾，在广大农牧区推行寄宿制教育，着力办好民族地区高等教育等举措，促进教育公平，保障少数民族受教育权利。目前，民族地区已全面普及从小学到初中 9 年义务教育，西藏自治区、新疆维吾尔自治区的南疆地区等实现了从学前到高中阶段 15 年免费教育。2018 年，新疆维吾尔自治区学前 3 年毛入园率已达到 96.86%，小学净入学率达到 99.94%。

第二，少数民族使用和发展本民族语言文字的自由得到保障。在中国，除回族和满族通用汉语文外，其他 53 个少数民族都有本民族语言，有22个少数民族共使用28种文字。国家依法保障少数民族语言文字在行政司法、新闻出版、广播影视、文化教育等各领域的合法使用。建设中国少数民族濒危语言数据库，设立并实施“中国语言资源保护工程”。截至2019年3月，民族自治地方共设置广播电台、电视台、广播电视台等播出机构714个。全国各级播出机构共开办民族语电视频道46套，民族语广播56套。新疆维吾尔自治区使用汉、维吾尔、哈萨克、柯尔克孜、蒙古、锡伯6种语言文字出版报纸、图书、音像制品和电子出版物，使用多语言、多文种播送电视和广播节目等。国家在民族地区实施双语教育，基本建立起从学前到高中阶段的双语教育体系。截至2018年，少数民族双语教育的中小学共6521所，接受双语教育的在校生309.3万人，双语教育的专任教师20.6万人。

第三，少数民族文化遗产、文物古迹得到有效保护。中国政府制定相关法律，设立专门机构，加大资金投入，推动少数民族文化传承发展。如拉萨布达拉宫历史建筑群、丽江古城、元上都遗址、红河哈尼梯田文化景观、土司遗址等均被列入联合国教科文组织《世界遗产名录》。中国列入联合国教科文组织非物质文化遗产名录（名册）的项目中有21项与少数民族相关；中国前4批共计1372项国家级非物质文化遗产名录中，与少数民族相关的有492项，占36%；在5批3068名国家级非物质文化遗产项目代表性传承人中，少数民族传承人有862名，约占28%；设立21个国家级文化生态保护实验区，其中有11个位于民族地区；25个省（自治区、直辖市）已建立民族古籍整理与研究机构。截至2018年，抢救、整理的散藏民间的少数民族古籍约百万种（不含馆藏及寺院藏书），包括很多珍贵的孤本和善本。组织实施《中国少数民族古籍总目提要》编纂工程，共收书目约30万种。

第四，少数民族宗教信仰自由得到保障。如西藏自治区现有藏传佛教活动场所1787处，住寺僧尼4.6万多人。颁布《藏传佛教活佛转世管理办法》，活佛转世制度作为藏传佛教所特有的信仰和传承方式，得到国家和西藏自治区各级政府的尊重。西藏自治区现有活佛358名，其中91位新转世活佛按历史定制和宗教仪轨得到批准认定。不断完善藏传佛教僧人学经制度，国家颁布了《藏传佛教学衔授予办法（试行）》，截至2018年，西藏自治区已有117名学经僧人获得了格西"拉让巴"学位，68名僧人获得了中国藏语系高级佛学院"拓然巴"高级学衔。新疆维吾尔自治区有清真寺、教堂、寺院、道观等宗教活动场所2.48万座，其中清真寺有2.44万多座，教职人员2.93万人，学生可在伊斯兰教经学院接受本科教育，《古兰经》《布哈里圣训实录精华》等出版发行达176万余册。并实行有组织、有计划的朝觐政策，加强服务保障，确保朝觐活动安全有序。①

5. 对当前我国民族问题的反思

我国民族理论及制度实践虽然取得了巨大成功，但仍然需要改革除弊、与时俱进。我国当前的民族政策得以施行的最为重要的根基是民族识别工作。民族识别是以法定形式将每一位国民的民族属性固定化，并在家族内部进行有限定的传承。民族识别主要初衷是明确民族归属，以便更好地保障各民族同胞的平等权利，以及更有针对性地开展各项帮扶工作。但这种明确的身份界定在某些情况下异化成了身份隔阂。这种身份隔阂事实上助长了某些大族民族主义情绪。这里情况既包括中国主体民族，占总人口92%以上的汉族群体针对其他少数民族的大汉族主义，大汉族主义生成的同时，相应地也就引发受到压制的少数民族的反抗情绪，也就是狭隘主

① 中华人民共和国国务院新闻办公室：《为人民谋幸福：新中国人权事业发展70年》，新华网，http://www.xinhuanet.com/2019-09/22/c_1125025003.htm，2019年9月22日。

义。大族主义与狭隘主义的情况也会出现于一些少数民族对于在民族识别后脱离本族而独立成族的民族歧视。中华民族多元一体的基本构想，其本质是基于“一体”而倡导“多元”，绝非出于“多元”而戕害“一体”。无论是大族主义还是狭隘主义均是未来党和国家以及每一个中华儿女需要警惕的问题。

中华民族所存在的客观条件——“广土巨族”，庞大的人口与空间，造就了中华文明的丰富多彩，同时也必然带来发展程度高度的差异化。为了补平这种客观的发展错位，国家形成了对“老少边穷”对象的重点帮扶。而所谓“老少边穷”地区往往也是少数民族人口比例较高地区。在当前精准帮扶切实可行的情况下，针对民族身份的普泛的诸如公务员招考倾斜、高考加分、特殊饮食补贴、自选丧葬形式等优惠政策也引起了有关“社会公平”话题的争议。在现今社会治理精细化、大数据化进程中，如何解决对于少数民族民族帮扶工作的“大水漫灌”现象，也将是一个需要深入改革的问题。

中华民族内部的多元文化丰富灿烂，传统深厚。然而在生产力快速发展的今天，传统与现代的矛盾也在较短的时间内集中出现。就整个民族的福祉而言，工业化、城镇化与现代化是坚定不移的道路。但在当前民族政策的导向下，一些地区及居民以复古、守旧为特色卖点的所谓的传统在维持当地人民低生产效率的同时，阻碍了对现代化社会生产的融入。一些必然被时代所淘汰的传统文化、生活方式在法定民族身份的自我框架或者暗示下成了改革发展的包袱。对于这种现象，我们必须认识到传统文化存在糟粕与优秀之分，优秀传统文化的本质特点是崇尚进步、鼓励发展创新。对于传统文化的坚守应立足于“知往而明未”的工具理性，而非抱残守缺的迂腐价值。

56 个民族各有各的形成机制与历史渊源，我国一些少数民族的形成、发展、自觉与识别呈现较为明显的宗教属性。这里我们需要明确一个民族形成的成因，并非是该民族发展的动因。一个人的民族身份是传承自家族成员，尤其是父母双亲的民族身份，具有一定的非自主性，但是我国《宪法》明确规定中国公民享受宗教信仰的自由。宗教在法律层面是不具有家庭继承或群体一致性的。所以将具有某种宗教信仰传统的民族天然地认为必须继承宗教，是一种错误的认知。民族与宗教不可以发生捆绑。我国一直存在的“疆独”与“藏独”，是分裂势力、宗教极端势力、暴力恐怖势力这三种极端势力勾连的产物。其煽动性话语之一就是将不可改易的民族身份强行与可自由选择的宗教信仰进行捆绑，过程中还掺杂着暴力恐怖威吓，以实现扩大其非法共同体的目的。

中国的民族问题还面临着国际局势与时代环境迅速变化的挑战。其中一个方面就是我们的民族理论是针对中国本土民族而提出的，在 56 个国内民族中，即使是最年轻的民族也至少在中国生根发展了 700 年以上，自然地融入了中华文明的肌体之中，但是面对当前全球化进程，经济、技术的交流必然带来民族、人口的交融。而在理论探索与制度实践过程中，对于在华的外源人口的民族属性与社会融合的思考显然存在缺失。这个问题目前已然存在于中国香港、澳门、台湾等地区，但由于上述三地执行特区式的人口管理，故而矛盾尚不明显。但随着中国大陆地区外源人口的增多，在华常住外籍人口的生活，或者其与中国公民婚配、生育、福利等事务的增加，这一方面的立法工作仍需推进。

五、“精准扶贫”

党的十九大报告明确指出，“让贫困人口和贫困地区同全国一道进入全面小康社会是我们党的庄严承诺”。

1.“精准扶贫”政策的提出

对中国的贫困及扶贫问题，习近平总书记始终进行着长期的关注，并提出了解决贫困的一系列措施。习近平总书记曾多次深入农村进行大量调研工作。在 2013 年 11 月习近平总书记在湖南湘西考察时，首次提出“精准扶贫”，2014 年 10 月在首个“扶贫日”之际作出重要批示时，第一次提出了扶贫应“注重精准发力”。2015 年 11 月习近平在中央扶贫开发工作会议上指出：“消除贫困、改善民生、逐步实现共同富裕，是社会主义的本质要求，是我们党的重要使命。”

根据调研中发现的典型经验，针对“大水漫灌”扶贫存在的一系列问题，为实现 2020 年全面建成小康社会的目标，以习近平为核心的党中央适时、科学地提出“精准扶贫”这一重大战略。

2.“精准扶贫”实施取得的成效

党的十八大以来，我们坚持以人民为中心的发展思想，明确了到 2020 年我国现行标准下农村贫困人口实现脱贫、贫困县全部摘帽、解决区域性整体贫困的目标任务。脱贫进度符合预期，成就举世瞩目，具体如下：①

第一，脱贫攻坚目标任务接近完成。我国从 20 世纪 80 年代开始扶贫，贫困人口从 2012 年年底的 9899 万人减到 2019 年年底的 551 万人，贫困发生率由 10.2% 降至 0.6%，连续 7 年每年减贫 1000 万人以上。截止到 2020 年 2 月底，全国 832 个贫困县中已有 601 个宣布摘帽，179 个正在进行退出检查，未摘帽县还有 52 个，区域性整体贫困基本得到解决。

① 李国祥：《2019，脱贫攻坚克难成效显著》，《北京周报》，http://www.beijingreview.com.cn/minsheng/201912/t20191227_800188574.html。

第二，贫困群众收入水平大幅度提高。在建档立卡贫困人口中，90%以上得到了产业扶贫和就业扶贫支持，2/3以上主要靠外出务工和产业脱贫，工资性收入和生产经营性收入占比上升，转移性收入占比逐年下降，自主脱贫能力稳步提高。2013年至2019年，832个贫困县农民人均可支配收入由6079元增加到11567元，年均增长9.7%，比同期全国农民人均可支配收入增幅高2.2个百分点。全国建档立卡贫困户人均纯收入由2015年的3416元增加到2019年的9808元，年均增幅30.2%。贫困群众"两不愁"质量水平明显提升，"三保障"突出问题总体解决。

第三，贫困地区基本生产生活条件明显改善。具备条件的建制村全部通硬化路，村村都有卫生室和村医，10.8万所义务教育薄弱学校的办学条件得到改善，农网供电可靠率达到99%，深度贫困地区贫困村通宽带比例达到98%，960多万贫困人口通过易地扶贫搬迁摆脱了"一方水土养活不了一方人"的困境。贫困地区群众出行难、用电难、上学难、看病难、通信难等长期没有解决的老大难问题普遍解决，义务教育、基本医疗、住房安全有了保障。

第四，贫困地区经济社会发展明显加快。特色产业不断壮大，产业扶贫、电商扶贫、光伏扶贫、旅游扶贫等较快发展，贫困地区经济活力和发展后劲明显增强。通过生态扶贫、易地扶贫搬迁、退耕还林还草等，贫困地区生态环境明显改善，贫困户就业增收渠道明显增多，基本公共服务日益完善。

总的来看，2020年脱贫攻坚任务完成后，我国将有1亿左右贫困人口实现脱贫，提前10年实现联合国2030年可持续发展议程的减贫目标，世界上没有哪一个国家能在这么短的时间内帮助这么多人脱贫，这对中国和世界都具有重大意义。脱贫攻坚取得的成效彰显了中国共产党领导和我国社会主义制度的政治优势。

3.“精准扶贫”政策的实践模式

习近平总书记在2015年减贫与发展高层论坛上强调，中国扶贫工作实施精准扶贫方略，注重六个精准，坚持精准施策，通过扶持生产和就业发展一批、易地搬迁安置一批、生态保护脱贫一批、教育扶贫脱贫一批、低保政策兜底一批，广泛动员全社会力量参与扶贫。十八大以来，精准扶贫政策在各地实践的过程中初步形成一系列成效显著的扶贫模式。

第一，基础设施建设结合生态保护扶贫模式。基础设施建设是指为社会生产、居民生活提供的保障其社会经济活动正常进行的物质设施，主要包括住房基础设施、交通设施、用水用电设施等。生态保护扶贫是指以改善和保护贫困地区的生态环境为出发点，通过实施生态工程项目促进贫困地区生态与经济健康协调发展，着力发挥基础设施建设在促进贫困地区生态保护和贫困人口脱贫的重要作用。

第二，“互联网 + 电商”助力产业扶贫模式。特色产业扶贫是指因地制宜地运用贫困地区显著的区域优势和特色资源优势，大力开发具有特殊性质和特定消费市场的特色产业，从而推动贫困地区产业结构调整升级，带动贫困人口创业、就业。随着经济社会的快速发展，电子商务通过构建互联网销售平台，拓宽线上销售渠道、快速获取商业信息，成为助力特色产业发展的新形式。

第三，教育扶贫模式。教育扶贫是通过对贫困地区的贫困人口进行教育投入和教育资助服务，使贫困家庭劳动力借助掌握的脱贫致富的知识和技能摆脱贫困。通过制定教育脱贫整体规划，加大社会公共教育资源向贫困地区倾斜力度，建立贫困地区教育脱贫对口帮扶平台，弥补贫困地区义务教育短板，提高贫困人口的基本文化素质，增强贫困人口脱贫致富的内生能力，阻断贫困的代际传递，改善贫困地区的整体面貌。

第四，社会保障兜底扶贫模式。社会保障兜底扶贫是指通过建立完善的农村社会救助制度、医疗保险制度、养老保险制度等社会保障制度，提高农村社会保险与救助水平，帮助因年老、病残、自然灾害和意外事故等原因丧失劳动能力的贫困人口摆脱贫困，提高农村贫困人口的医保报销比例和养老保险待遇，保障农村贫困人口的基本生活水平。

4.“精准扶贫”政策实施的困难和挑战

2020年年初，脱贫攻坚进入决战阶段，小康社会即将全面建成，一场新冠肺炎疫情却突如其来，给我国经济、社会的发展造成了严重的影响，脱贫攻坚工作面临着一些困难和挑战。

第一，剩余脱贫攻坚任务艰巨。全国还有52个贫困县未摘帽、2707个贫困村建档立卡贫困人口未全部脱贫。虽然同过去相比总量不大，但都是贫中之贫、困中之困，是最难啃的硬骨头。在尚未脱贫的人口中，因病、因残致贫人口占了绝大多数，剩余建档立卡贫困人口中，老年人、患病者、残疾人的比例达到45.7%。他们普遍文化程度较低，缺乏必要的劳动技能，特别是一些贫困群众“等、靠、要”思想严重，陈规陋习尚未根本转变。随着贫困人口总数减少，内生动力不足的贫困人口占比上升，越往后脱贫难度越大。

“三州三区”[①]是我国脱贫攻坚战役的主战场，其基础设施和基本公共服务发展滞后，道路交通、通信设施、教育培训、基本医疗、住房安全等还存在不少短板。在这些地区加强基础设施建设、提高基本公共服务水平的成本高、难度大，实现基础设施和基本公共服务主要领域指标接近全国平均水平难度仍然不小。

① “三区三州”是国家层面的深度贫困地区，自然条件和经济条件都较差。“三区”是指西藏、新疆南疆四地州和四省藏区，“三州”是指甘肃的临夏州、四川的凉山州和云南的怒江州。

第二，新冠肺炎疫情带来新的挑战。其一是外出务工受阻。据国务院扶贫办统计，2019 年全国有 2729 万名建档立卡贫困劳动力在外务工，这些家庭 2/3 左右的收入来自外出务工，涉及 2/3 左右建档立卡贫困人口。现在，一些贫困劳动力外出务工受到影响，如不采取措施，短时间内收入就会减少。其二是扶贫产品销售和产业扶贫困难。贫困地区农畜牧产品卖不出去，农用物资运不进来，生产和消费下降，影响产业扶贫增收。其三是扶贫项目停工。易地扶贫搬迁配套、饮水安全工程、农村道路等项目开工不足，不能按计划推进。其四是帮扶工作受到影响。一些疫情严重的地区，挂职干部和驻村工作队暂时无法到岗。

第三，巩固脱贫成果难度很大。在已脱贫的地区，有的产业基础比较薄弱，有的产业项目同质化严重，有的就业不够稳定，有的政策性收入占比高。据各地初步摸底，已脱贫人口中有近 200 万人存在返贫风险，边缘人口中还有近 300 万存在致贫风险。在有的贫困地区，“三保障”问题基本解决了，但稳定住、巩固好还不是一件容易的事情，有的孩子反复失学辍学，不少乡村医疗服务水平低，一些农村危房改造质量不高，有的地方安全饮水不稳定，还存在季节性缺水。如何保证已经脱贫的人口不返贫，任务仍然十分艰巨。

第四，脱贫攻坚工作需要加强，防止脱贫政策断崖式退出。现阶段脱贫攻坚工作最大的问题是防止松劲懈怠、精力转移。随着越来越多贫困人口脱贫、贫困县摘帽，一些地方出现了工作重点转移、投入力度下降、干部精力分散的现象。形式主义、官僚主义屡禁不止，数字脱贫、虚假脱贫仍有发生，个别地区“一发了之”“一股了之”“一分了之”的问题仍未得到有效解决。如何确保现有脱贫政策能够得到持续的贯彻执行，在实践中不走样、不变形，是目前亟待解决的问题。[1]

---

① 习近平：《在决战决胜脱贫攻坚座谈会上的讲话》，人民网，http://cpc.people.com.cn/n1/2020/0306/c64094-31621137.html。

5. **精准扶贫政策的思路与举措**

关于脱贫攻坚战最后一年的工作，《中共中央、国务院关于抓好“三农”领域重点工作确保如期实现全面小康的意见》作出了部署。

第一，攻坚克难完成任务，要在“准”上下功夫。要继续聚焦“三区三州”等深度贫困地区，落实脱贫攻坚方案，瞄准突出问题和薄弱环节狠抓政策落实。确保剩余建档立卡贫困人口如期脱贫，对52个未摘帽贫困县和1113个贫困村实施挂牌督战，国务院扶贫开发领导小组要较真碰硬“督”，各省区市要凝心聚力“战”，啃下最后的硬骨头。要巩固“两不愁三保障”成果，防止反弹。对没有劳动能力的特殊贫困人口要强化社会保障兜底，实现应保尽保。扶贫相关的优惠政策惠及了千千万万个曾经贫困的家庭，但是，每一个贫困家庭贫困的原因又不尽相同。由此，不仅需要各级扶贫帮困部门在政策上发力、把各项措施实施到位，更需要“因户施策”，在“准”字上破题。脱贫攻坚贵在精准，重在精准，成败之举在于精准。打一场攻坚战，谋一局“精准棋”，精准脱贫力求在攻坚拔寨中频道不换、方向不偏、力度不减。[①]

第二，努力克服疫情影响。要落实分区分级精准防控策略。疫情严重的地区，在重点搞好疫情防控的同时，可以创新工作方式，统筹推进疫情防控和脱贫攻坚。没有疫情或疫情较轻的地区，要集中精力加快推进脱贫攻坚。要优先支持贫困劳动力务工就业，在企业复工复产、重大项目开工、物流体系建设等方面优先组织和使用贫困劳动力，鼓励企业更多招用贫困地区特别是建档立卡贫困家庭人员，通过东西部扶贫协作“点对点”帮助贫困劳动力尽快有序返岗。要分类施策，对没有疫情的地区要加大务

① 万鹏、吴兆飞：《下一番“绣花功”，谋一局“精准棋”：精准扶贫靶心不偏》，人民网，http://theory.people.com.cn/n1/2020/0714/c40531-31782106.html。

工人员送接工作力度。要切实解决扶贫农畜牧产品滞销问题，组织好产销对接，开展消费扶贫行动，利用互联网拓宽销售渠道，多渠道解决农产品卖难问题。要支持扶贫产业恢复生产，做好农资供应等春耕备耕工作，用好产业帮扶资金和扶贫小额信贷政策，促进扶贫产业持续发展。要加快扶贫项目开工复工，易地搬迁配套设施建设、住房和饮水安全扫尾工程任务上半年都要完成。要做好对因疫致贫返贫人口的帮扶，密切跟踪受疫情影响的贫困人口情况，及时落实好兜底保障等帮扶措施，确保他们基本生活不受影响。

第三，多措并举巩固成果。要加大就业扶贫力度，加强劳务输出地和输入地精准对接，稳岗拓岗，支持扶贫龙头企业、扶贫车间尽快复工，提升带贫能力，利用公益岗位提供更多就近就地就业机会。要加大产业扶贫力度，种养业发展有自己的规律，周期较长，要注重长期培育和支持。继续坚持扶贫小额信贷对支持贫困群众发展生产发挥了重要作用。要加大易地扶贫搬迁后续扶持力度。全国易地扶贫搬迁960多万贫困人口，中西部地区还同步搬迁500万非贫困人口，相当于一个中等国家的人口规模。现在搬得出的问题基本解决了，下一步的重点是稳得住、有就业、逐步能致富。①

第四，保持脱贫攻坚政策稳定。对退出的贫困县、贫困村、贫困人口，要保持现有帮扶政策总体稳定，扶上马送一程。可以考虑设个过渡期，不应“断崖式”退出。整个“十四五”期间，扶贫政策应适当调整、逐渐过渡，不能“断崖式”终止。驻村工作队、扶贫工作队、包村责任制在2020年之后也应延续一段时间，形成一个缓冲期，做到摘帽不摘帮扶，

① 刘诗萌：《扶贫政策不应“断崖式”退出，民革中央建议脱贫攻坚政策设立过渡期》，《华夏时报》，2020年5月20日。

摘帽不摘监管。要加快建立防止返贫监测和帮扶机制，对脱贫不稳定户、边缘易致贫户以及因疫情或其他原因收入骤减或支出骤增户加强监测，提前采取针对性的帮扶措施，不能等他们返贫了再补救。将来即使驻村工作队和扶贫工作队撤出之后，也要保留相应的对口联系机制。在缓冲期内，要从根本上改变村干部和贫困户依赖心理，提升基层组织和村级两委成员的人员素质和自主治理能力，提高贫困户自我造血能力。

第五，严格考核开展普查。要严把退出关，坚决杜绝数字脱贫、虚假脱贫。国务院扶贫开发领导小组要开展督查巡查，加强常态化督促指导，今年中央将继续开展脱贫攻坚成效考核。从下半年开始，国家要组织开展脱贫攻坚普查，对各地脱贫攻坚成效进行全面检验。这是一件大事。要为党中央适时宣布打赢脱贫攻坚战、全面建成小康社会提供数据支撑，确保经得起历史和人民检验。[①]

第六，探索建立解决相对贫困的长效机制。李克强在5月28日举行的“两会”记者会上说：“中国是一个人口众多的发展中国家，我们人均年可支配收入是3万元（人民币，下同，约5900新元），但是有6亿中低收入及以下人群，他们平均每个月的收入也就1000元左右，1000元在一个中等城市可能租房都困难，现在又碰到疫情。疫情过后，民生为要。”调查发现，这6亿人中，来自农村的比率高达75.6%，分布在中部和西部的比重为36.2%和34.8%；平均受教育年限为9.05年，处于刚刚完成义务教育的阶段，其中小学及以下的比重为43.7%，文盲的比率占9.6%。概括地说，这6亿人的典型特征是，绝大部分都在农村，主要分布在中西部地区，家庭人口规模庞大，老人和小孩的人口负担重，是小学和文盲教育程

① 习近平：《在决战决胜脱贫攻坚座谈会上的讲话》，人民网，http://cpc.people.com.cn/n1/2020/0306/c64094-31621137.html。

度的比例相当高，大部分是自雇就业、家庭就业或失业，或干脆退出了劳动力市场。为了全面进入小康社会，一个也不掉队，我们必须建立起解决相对贫困的长效机制。

第七，接续推进全面脱贫与乡村振兴有效衔接。要针对主要矛盾的变化，厘清工作思路，推动减贫战略和工作体系平稳转型，统筹纳入乡村振兴战略，建立长短结合、标本兼治的体制机制。这项工作，中央有关部门正在研究。总的要有利于激发欠发达地区和农村低收入人口发展的内生动力，有利于实施精准帮扶，促进逐步实现共同富裕。有条件的地方，也可以结合实际先做起来，逐步积累经验。

专题三

新时代社会治理

社会治理就是在中国共产党领导下，由政府组织主导，吸纳社会组织等多方面社会力量参与，对社会公共事务进行的治理活动，是以实现和维护民众权利为核心，发挥多元治理主体的作用，针对国家治理中的社会问题，完善社会福利，保障改善民生，化解社会矛盾，促进社会公平，推动社会有序和谐发展的过程。社会治理是国家治理的基石。社会安定，国家祥和；社会动荡，举国遭殃。

党的十八大以来，中国社会领域改革创新的一个重大成果，实现了从“社会管理”到“社会治理”的新飞跃，并突出体现了以公平正义为核心价值的制度取向。以习近平同志为核心的党中央高度重视社会治理创新，提出了一系列重要的论断和思想，进行了全面系统部署，各地开展了形式多样的实践探索，取得了积极成效，社会治理体系更加完善，社会大局保持稳定，国家安全全面加强。近五年来，我国打破了犯罪率随着现代化推进必然升高的西方“魔咒”，严重暴力犯罪案件、群体性事件、信访总量、非正常上访量等社会秩序的关键性指标同时出现下降趋势，特别是成为世界上命案发案率最低的国家之一。同时，互联网依法治理初见成效，虚拟社会不再是法外之地。根据中国社会科学院全国社会状况综合调查的结果，2013—2017 年，我国城乡居民的总体社会安全感有所上升，特别是个人和家庭财产安全感、人身安全感明显提升。我国社会总体安全的好局面，在国际社会乱局交织、一些国家内乱不断和恐怖袭击时常发生的背景下，在我国社会结构和利益格局继续发生深刻变化的进程中，实属来之不易，也为经济社会发展创造了必要的良好环境。①

由于全球化的曲折发展，尤其是疫情的巨大影响与中美关系的持续紧

① 李培林：《用新思想指导新时代的社会治理创新》，《人民日报》，2018 年 2 月 6 日第 7 版。

张，社会结构、生活方式、行为方式和价值观念等各方面交叠变化，民众的心态、个体与组织的行为难免会产生诸多不适应、不协调，社会生活中不可避免地出现了一些问题与矛盾，这些问题与矛盾亟须正确认识并加以解决。

一、新时代社会治理的思想与实践

党的十八大以来，以习近平同志为核心的党中央高度重视社会治理创新，积极推动政府职能转变，推动与规范社会力量的发展，在社会治理实践和理论创新方面取得了一系列重要成果。

1. 新时代社会治理的思想

第一，人民中心论。坚持以人民为中心。社会治理，说到底就是对人的服务和治理。社会治理要以人为本，把人民放在心中最高位置，坚持全心全意为人民服务。继 2015 年 10 月 12 日习近平同志在中共中央政治局会议提出“以人民为中心的发展思想”之后，党的十八届五中全会审议通过的《中共中央关于制定国民经济和社会发展第十三个五年规划的建议》首次把这一表述写进了党的正式文件。以人民为中心的发展思想，是指导社会建设的根本性纲领。党的十八大以来，中国特色社会主义进入了新时代。习近平指出，经过改革开放近 40 年的发展，我国社会生产力水平明显提高；人民生活显著改善，对美好生活的向往更加强烈，人民群众的需要呈现多样化、多层次、多方面的特点，期盼有更好的教育、更稳定的工作、更满意的收入、更可靠的社会保障、更高水平的医疗卫生服务、更舒适的居住条件、更优美的环境、更丰富的精神文化生活。人民对美好生活的向往，就是我们的奋斗目标。

第二，民生为本论。要积极推动解决人民群众的基本民生问题，不断打牢和巩固社会和谐稳定的物质基础，从源头上预防和减少社会矛盾的产生。习近平强调：良好生态环境是最公平的公共产品，是最普惠的民生福祉。习近平指出：要处理好维稳和维权的关系，要把群众合理合法的利益诉求解决好，完善对维护群众切身利益具有重大作用的制度，强化法律在化解矛盾中的权威地位，使群众由衷感到权益受到了公平对待、利益得到了有效维护。

第三，公平正义论。党的十八大后，以习近平为核心的党中央，强调健全社会公平保障制度。要实现规则公平，规则面前一视同仁；实现机会公平，机会面前人人平等；实现权利公平，公民基本权利一律平等。强调走共同富裕道路。既要把“蛋糕”做大，也要把“蛋糕”分好。要避免两极分化，绝不能出现“富者累巨万，而贫者食糟糠”的现象。要更加注重对特定人群特殊困难的精准帮扶，让所有人民群众都过上好日子。强调建立共建共享社会。共享社会是全体人民共享发展成果、全面共享发展成果、共建共享发展成果。强调问题导向。习近平指出：要把促进社会公平正义、增进人民福祉作为一面镜子，审视我们各方面体制机制和政策规定，哪里有不符合促进社会公平正义的问题，哪里就需要改革。真正让全体人民群众感受到实实在在的社会公平正义。

第四，法德共治论。习近平强调：必须坚持依法治国和以德治国相结合，使法治和德治在国家治理中相互补充、相互促进、相得益彰。坚持一手抓法治、一手抓德治。法治是治国理政的基本方式，要发挥法治对社会治理的保障、服务和促进作用。习近平指出：培育和弘扬核心价值观，有效整合社会意识，是社会系统得以正常运转、社会秩序得以有效维护的重要途径。人类社会发展的历史表明，对一个民族、一个国家来说，最深厚、最持久的力量是全社会一致认同的核心价值观。

第五，体制创新论。习近平指出：加强和创新社会治理，关键在体制创新。其一是创新社会治理体制。要建立健全党委领导、政府主导、社会协同、公众参与、法治保障的社会治理体制，确保社会既充满活力又和谐有序。其二是创新社会治理方式。习近平指出：社会治理是一门科学。随着互联网特别是移动互联网发展，社会治理模式正在从单向管理转向双向互动，从线下转向线上线下融合，从单纯的政府监管向更加注重社会协同治理转变。我们要深刻认识互联网在国家管理和社会治理中的作用。其三是创新社会治理机制。要建立健全党委领导和政府主导的维护群众权益机制、社会利益协调机制、预防和化解社会矛盾机制、社会风险评估机制、突发事件监测预警机制，保证社会治理的常态化、长效化、社会化、智能化。

第六，基层重心论。习近平强调：社会治理的重心必须落到城乡社区，社区服务和管理能力强了，社会治理的基础就实了。深化拓展网格化管理，尽可能把资源、服务、管理放到基层，使基层有职有权有物，更好地为群众提供精准有效的服务和管理。

第七，总体安全论。习近平明确要树立总体安全观，强调：当前我国国家安全内涵和外延比历史上任何时候都要丰富，时空领域比历史上任何时候都要宽广，内外因素比历史上任何时候都要复杂，必须坚持总体国家安全观，以人民安全为宗旨，以政治安全为根本，以经济安全为基础，以军事、文化、社会安全为保障，以促进国际安全为依托，走出一条中国特色国家安全道路。既要重视“国土安全”，又要重视“国民安全”。既要重视“国家发展”，又要重视“国家安全”。既要重视自身安全，又要重视共同安全，打造人类命运共同体，推动各方朝着互利互惠、共同安全的目标相向而行。

第八，党的全面领导论。习近平明确指出，坚持党对一切工作的领导，社会治理要充分发挥党总揽全局协调各方的领导核心作用。牢牢把握党对社会治理的领导权。要以党风政风好转带动社会风气的好转。坚持党要管党、从严治党、从严治吏，大力开展党风廉政建设，净化党风政风，带动和促进社会风气向上健康发展。提高党领导社会治理的能力。推进社会治理现代化，关键在于提升党的执政水平。这就需要以党的执政能力建设和先进性建设推动社会领域改革发展。①

2. 新时代社会治理的深入实践

面对社会发展新形势、新任务、新要求，党的十八大以来，以习近平为核心的党中央审时度势，改革创新，以新的理念、新的方式推进社会治理创新，坚持系统治理、依法治理、综合治理和源头治理，社会治理实践成效较为显著。

第一，提升了民众教育满意度。党的十八大以来，我国教育改革发展取得了显著成就。教育发展水平步入世界中上行列。2016 年我国学前教育毛入园率为 77.4%，达到中高收入国家平均水平。小学净入学率为 99.9%，初中毛入学率为 104.0%，义务教育普及率高于高收入国家平均水平。高中阶段教育毛入学率为 87.5%，高于中高收入国家平均水平。高等教育毛入学率为 42.7%，超过中高收入国家平均水平。教育发展能力不断提升，教育生均拨款制度逐步建立，各级各类学校，特别是农村学校办学条件有了较大改善，教师队伍素质进一步提高，教育信息化全面推进。教育对经济社会发展的支撑作用进一步增强。党的十八大以来，职业学校每年为社会输送将近一千万名技术技能人才，开展培训上亿人次。普通本科高校累计

① 以上参见魏礼群：《党的十八大以来社会治理的新进展》，《社会治理》，2017 年第 5 期。

输送两千多万名专业人才。教育的公平性持续改善。健全家庭经济困难学生资助体系，构建利用信息化手段扩大优质资源覆盖面的有效机制，逐步缩小区域、城乡、校际差距。健全政府补贴、政府购买服务、助学贷款、基金奖励、捐资激励等制度。推进考试招生制度改革。城乡和区域教育发展差距进一步缩小，大中城市义务教育阶段“择校热”有所缓解，国家助学制度更加完善，农村义务教育学生营养改善计划深入实施，贫困地区学生的体质健康得到改善。

第二，不断创造高质量的就业。党的十八大以来，面对复杂严峻的国内外形势，在经济发展进入新常态、增长速度放缓的情况下，党中央、国务院推动全面深化改革，激发了经济发展内生动力和就业创业活力，就业规模不断扩大、结构持续优化，创业带动就业能力显著增强，劳动者素质明显提高，就业质量进一步提升。2013—2016 年城镇新增就业连续四年保持在 1300 万人以上，31 个大城市城镇调查失业率基本稳定在 5% 左右，农民工总量年均增长 1.8%。截至 2016 年年末，全国共有各类市场主体 8705 万户，比 2014 年年末增长 25.6%。2016 年初创企业新增招聘岗位数超过 240 万，对新增招聘岗位的贡献率达到 18.7%。大学生和返乡农民工创业就业人数大幅增加。近年来农民工返乡创业累计超过 450 万人，2016 年登记的大学生创业人数达到 61.5 万人。2016 年，城镇个体经济和私营经济就业人员为 20710 万人，比 2012 年增长 56.9%，年均增长 11.9%。

第三，城乡居民收入普遍增加。党的十八大以来，我国人均国民总收入不断迈上新台阶，居民收入与经济实现了同步增长。自 2012 年以来，我国城镇居民人均可支配收入从 2012 年的 24565 元上涨到 2020 年的 43834 元，农村居民人均可支配收入从 7917 元上涨到 17131 元；相应地，同期城镇居民人均消费支出则从 16674 元上涨到 27007 元，农村居民从 5908 元上涨到13713元。[1] 与此同时，党的十八大以来，由于习近平精准扶贫思想的普遍贯彻，中国贫困人口大幅减少，脱贫攻坚取得决定性进展，贫困人口减少6800多万，易地扶贫搬迁830万人，贫困发生率由10.2%下降到3.1%。2021年2月25日习近平在全国脱贫攻坚总结表彰大会上的讲话中指出，现行标准下9899万农村贫困人口全部脱贫，832个贫困县全部摘帽，12.8万个贫困村全部出列，区域性整体贫困得到解决，完成了消除绝对贫困的艰巨任务。

第四，国民健康水平稳步提高。习近平总书记在全国卫生与健康大会上强调：要把人民健康放在优先发展的战略地位，重点普及健康生活、优化健康服务、完善健康保障、建设健康环境、发展健康产业，加快健康中国建设。随后中办、国办转发了《国务院深化医药卫生体制改革领导小组关于进一步推广深化医药卫生体制改革经验的若干意见》，以促进新医改的继续实施。与此同时，新出台的《“健康中国2030”规划纲要》，把健康中国建设上升为国家战略。

党的十八大以来，我国医疗卫生事业得到进一步发展。基本医疗保障制度覆盖全民。我国基本医保覆盖95%以上人口，世界卫生组织称赞“中国的医改成就举世瞩目”。完善了大病保险和医疗救助制度。全面开展重特大疾病医疗救助，基本医保、大病保险、医疗救助、疾病应急救助、商业健康保险和慈善救助有效衔接。深化医药卫生体制改革，实行医疗、医保、医药联动，推进医药分开，实行分级治疗。推动破除公立医院以药养医机制。全面推进公立医院改革，优化医疗卫生机构布局。全面推进“健康中国”建设。全民医保制度建立健全，医疗保障能力不断提高，促使居民服务利用率增速回升。公立医院改革在控制病人费用

---

① （国家统计局：《中国统计年鉴2020》，http://www.stats.gov.cn/tjsj/ndsj/2020/indexch.htm。）

方面取得积极进展，医疗费用涨幅明显下降。城市公立医院改革试点扩大，90.9% 试点公立医院取消全部药品加成，大医院药费的下降带动了医疗费用整体涨幅的下降。与此同时，人民健康水平不断提高。2016 年婴儿死亡率降低到 7.5‰，远远低于世界平均水平，也显著低于中等偏上收入国家平均水平。2016 年我国预期寿命达到 76.3 岁，超过世界平均水平 4.6 岁。[①]

第五，在人口发展方面，完善计划生育制度和应对人口老龄化。实施人口发展战略，促进人口均衡发展。2021 年 5 月 31 日，中共中央政治局召开会议并指出，为进一步优化生育政策，实施一对夫妻可以生育三个子女政策及配套支持措施，有利于改善我国人口结构、落实积极应对人口老龄化国家战略、保持我国人力资源禀赋优势。同时，积极开展应对人口老龄化行动，构建以生育政策、就业制度、养老服务、社保体系、健康保障、人才培养、环境支持、社会参与等为支撑的人口老龄化应对体系，积极研究制定渐进式延迟退休年龄政策。人口政策的创新，是近五年社会治理实践创新的重大标志。在户籍管理方面，建立全国城乡统一的户口登记制度。取消了农业户口与非农业户口性质区分，统一登记为居民户口，稳步推进城镇基本公共服务常住人口实现市民化。“居住证”取代“暂住证”，并据此享受所在城市各类基本公共服务和各项便利。户籍制度改革是我国社会治理基础性制度的重大创新。[②]

第六，社会保障体系更加完善。近五年我国社会保障制度在实现广覆盖、保基本、可持续的框架基础上，进一步打破城乡分割、单位双轨的

---

① 以上参见杨宜勇、黄燕芬：《十八大以来中国社会建设的新思路、新成就》，《社会学研究》，2017 年第 6 期。

② 魏礼群：《党的十八大以来社会治理的新进展》，《光明日报》，2017 年 8 月 7 日第 11 版。

坚冰，更多地体现了公平公正的原则。建立了全国统一的城乡居民基本养老保险制度，合并新型农村社会养老保险和城镇居民社会养老保险。实施养老金并轨改革，实行了 20 多年的养老金双轨制正式废除，机关事业单位与企业都实行社会统筹与个人账户相结合的基本养老保险制度，养老金待遇与缴费而非职级挂钩。统筹推进社会救助，特别是慈善法的颁布与实施，是我国整个社会保障体系建设中具有里程碑意义的重大事件，将开启中国现代慈善事业的新时代。“十三五”期间，我国加大资金投入和改革力度，建成了世界上规模最大的社会保障体系，基本医疗保险覆盖超过 13 亿人，基本养老保险覆盖近 10 亿人，让人民群众更多地分享到经济社会发展成果。我国在社会保险扩大覆盖面方面取得的成绩得到国际社会认可。2016 年 11 月国际社会保障协会第 32 届全球大会授予中国政府“社会保障杰出成就奖”。

第七，基本社会服务不断改进。党的十八大以来，基本社会服务取得了四个方面的主要成就：社会救助标准与时俱进；社会福利水平逐步提高；社会服务更加便捷；优抚安置进一步加强。国家统计局发布的《中华人民共和国 2020 年国民经济和社会发展统计公报》显示，2020 年末全国共有 805 万人享受城市最低生活保障，3621 万人享受农村最低生活保障，447 万人享受农村特困人员救助供养，全年临时救助 1341 万人次。全年资助 8990 万人参加基本医疗保险，实施直接救助 7300 万人次。全年国家抚恤、补助退役军人和其他优抚对象 837 万人。

第八，社会组织健康发展。党的十八大以来，中央有关部门制定和实施一系列清理、规范和支持社会组织发展政策，如中办印发了《关于加强社会组织党的建设工作的意见（试行）》，中办、国办联合印发了《关于改革社会组织管理制度促进社会组织健康有序发展的意见》。具体来看，按照政策规定，有计划地推动行业协会商会与行政机关真正脱钩，促进和引导行业协会商会自主运行、有序竞争、优化发展。近些年来，从中央到地方各级政府都积极探索实行购买服务机制，重视发挥社会组织在引导社会成员参与风险评估、矛盾调解、社区矫正、青少年教育管理等方面的作用，取得了积极效果。社会组织运作管理日益规范，政府引入了社会组织信息公开、年度检查、随机抽查、工作约谈和重大事项报告等监管措施；社会组织在机构设置、内部管理、业务活动等方面的规范性不断增强。与此同时，各类社会组织能力显著提高。在政府开展的等级评估、购买服务、公益创投等一系列举措的长期培育和支持下，社会组织资源募集、服务供给、政策倡导等能力稳步提升，综合影响力不断增强，在促进经济发展、繁荣社会事业、创新社会治理、扩大对外交往等方面发挥了积极作用。“十三五”期间，社会组织工作坚定走中国特色社会组织发展之路，在各个维度都取得了显著进展。全国社会组织从 2015 年 66.2 万家增加到 2020 年末 89.7 万家，较“十二五”增长 35.5%；社会组织发展实现了从规模扩张向健康、有序、高质量发展的根本性转变；社会组织服务国家、服务社会、服务群众、服务行业意识大幅增强；社会组织工作领域发生了历史性变革；政社分开、权责明确、依法自治的社会组织制度基本建立起来。

第九，构建国家安全体制与健全公共安全体系。为了落实总体国家安全观，党中央决定建立集中统一、高效权威的国家安全体制，采取了一系列重大举措。设立了国家安全委员会；制定了《国家安全战略纲要》和《关于加强国家安全工作的意见》；修订并通过了新的国家安全法。近 5 年“平安建设”被提到了一个新的历史高度。围绕深入推进平安建设，健全公共安全体系，推出食品药品安全、安全生产、防灾减灾、社会治安防控和网络安全等方面的体制机制改革举措。成立了统一权威的食品安全监管机构，建立了严格的覆盖全过程的监管制度，出台了一系列食品药品安全、质量安全的政策措施。持续深化安全生产管理体制改革，建立隐患排查治理体系和安全预防控制体系，努力遏制重大安全生产事故。健全防灾减灾救灾体制。应急管理体系不断健全，应对危机与风险的能力明显提高。加强社会治安综合治理，创新立体化社会治安防控体系。完善网络和信息化管理领导体制，制定和实施网络安全战略，加强网络市场监管。①

第十，加强城乡社区治理。城乡社区是社会治理的基本单元，是社会治理的重心所在。近五年来，党和政府更加重视城乡社区在社会治理中的重要作用。习近平指出，基层是一切工作的落脚点，社会治理的重心必须落实到城乡、社区。为全面提升城乡社区治理法治化、科学化、精细化水平和组织化程度，促进城乡社区治理体系和治理能力现代化，2017年6月，中共中央、国务院颁布了《关于加强和完善城乡社区治理的意见》。党的十九大报告提出，加强社区治理体系建设，推动社会治理重心向基层下移，发挥社会组织作用，实现政府治理和社会调节、居民自治良性互动。各地普遍推行民主化、网络化、网格化、精细化管理，创新城乡居民全面服务管理新模式。畅通民主渠道，开展基层协商，推进城乡社区协商制度化、规范化和程序化。坚持因地制宜，突出特色，推动各地立足自身资源、条件、人文特色等实际，完善社区治理模式。完善市民公约、乡规民约等行为准则。许多城乡重视传播优秀传统文化，大力开展乡风、村风、家风建设，通过加强古村落保护，编写族谱、家训等，传承向上向善的正能量。中央有关部门制定和实施一系列历史文化名城名镇名村和传统村落保护措施，推动了中华优秀传统美德与文化的保护和创新发展，促进了平

① 魏礼群：《党的十八大以来社会治理的新进展》，《光明日报》，2017年8月7日第11版。

安社会、和谐社会建设。[①]

第十一，创新社会治理方式，提高了社会治理社会化、法治化、智能化、专业化水平。以信息化建设为基础，不断提升社会治理的网络化与智能化。《国家信息化发展战略纲要》规范和指导未来10年国家信息化发展。北京、上海和深圳等特大城市积极探索符合超大城市特点和规律的社会治理新路子，强化网络化、智能化管理，提高城市管理标准，大力推行基层治理信息化，打造“智慧社区”，不断提高城市社会治理精细化、智能化、现代化管理水平。以推进全面依法治国为契机，不断推进社会治理的法治化与制度化。党的十八大以来，中国特色社会主义法律体系日益完备，高效的法治实施体系、严密的法治监督体系、有力的法治保障体系建设取得显著成效。行政执法体制改革深入推进，公正文明执法水平明显提升。新一轮司法体制改革主体框架基本确立。司法责任制改革全面推开，以审判为中心的刑事诉讼制度改革深入推进，省以下地方法院、检察院人财物统一管理逐步推行。制定实施干预司法记录、通报和责任追究制度，设立知识产权法院、最高人民法院巡回法庭、跨行政区划法院检察院，实行立案登记制，废止劳教制度，一批重大冤假错案得到坚决纠正，司法职权配置不断优化，执法司法规范化建设进一步加强。

第十二，全面加强党对社会治理的领导。党的十八大以来，以习近平同志为核心的党中央坚持治国必先治党、治党务必从严，坚持党要管党、从严治党、从严治吏，大力开展党风廉政建设和反腐败斗争，“老虎”“苍蝇”一起打，惩治了一大批腐败分子，净化党风政风，赢得了党心民心，

① 江必新:《以党的十九大精神为指导加强和创新社会治理》,《国家行政学院学报》,2018年第1期。

极大地带动了政风、社风、民风好转，也推动了社会治理创新发展。针对群团组织存在的突出问题，大刀阔斧地改革群团组织，使群团组织更有效发挥党和政府联系人民群众的桥梁和纽带作用。这几年，还大力加强基层服务型党组织建设，使党的建设覆盖到各类企事业单位、各种社会组织、各个城乡基层，强化党组织的领导核心作用。这些措施，对全面加强党对社会治理的领导起到了重要作用。①

二、新时代社会治理面临的新问题、新挑战

中国特色社会主义进入新时代。一方面，我国社会主要矛盾已经转化为人民日益增长的美好生活需要和不平衡不充分的发展之间的矛盾。我国社会主要矛盾的变化是关系全局的历史性变化，对党和国家工作提出了许多新要求，使我国社会治理面临一系列新问题、新挑战。另一方面，2020年伊始，一场突如其来的新冠肺炎疫情成为新中国成立以来在我国发生的传播速度最快、感染范围最广、防控难度最大的一次重大突发性公共卫生事件，至今疫情仍在全球不断蔓延。这场疫情也给今后的经济社会发展带来了多方面挑战，如习近平总书记指出，“这次抗击新冠肺炎疫情，是对国家治理体系和治理能力的一次大考”，“要加强社会治理，妥善处理疫情防控中可能出现的各类问题”。

1. 深刻的经济社会变革对社会治理提出新问题、新挑战

改革开放以来，随着经济体制变革和经济持续增长，我国社会也发

① 魏礼群：《党的十八大以来社会治理的新进展》，《光明日报》，2017年8月7日第11版。

生巨变，主要表现在：阶层结构和利益格局复杂化，财富和收入差距较大；职业选择和劳动就业市场化，社会流动加快；处于原有单位体制之外的“社会人”成为就业主体；社区社会化，在原有的熟人街道社区、单位大院社区之外，出现大量商品房陌生人社区，还有城乡结合部的杂居社区；家庭小型化，单身家庭、单亲家庭、空巢家庭等不断增多，家庭的教化功能有所弱化；价值观念发生深刻变化，需要重塑道德约束和社会信用；等等。这些深刻的社会变化加大了社会治理难度，对社会治理体系和治理能力提出新问题、新挑战。

2. 人民日益增长的美好生活需要对社会治理提出新问题、新挑战

随着基本物质生活需要得到满足，人们对生活质量有了更高的要求。用于改善民生的财政负担会不断加大，可持续性令人担忧。一方面，基本公共服务体系需要不断扩编；另一方面，基本公共服务的水平和质量需要不断提升。而随着经济增长的减速，财政增长的减速也十分明显，如何达到财政收支平衡会成为越来越大的问题，比如，目前各省职工养老保险基金入不敷出的问题越来越突出，城市公共交通成本快速上升，环境保护引发闭厂行为导致失业增加，等等。比如，更需要多样化、个性化、高性价比的消费产品，不再满足于大批量、排浪式的大众消费；更加重视与健康有关的食品安全和医疗安全，食品安全感和医疗安全感已经成为影响总体安全感的重要因素；更加渴望看得见蓝天、呼吸清新的空气、饮用清洁的水，生态环境污染和恶化成为社会关注的焦点问题；等等。这些社会生活层面的新变化，也对以解决民生问题为重点的社会治理提出新问题、新挑战。

3. 人们对主观感受和价值追求的重视对社会治理提出新问题、新挑战

随着物质需要逐步得到满足，人们有了更高的社会心理需要。面对快节奏、工作压力大、存在未知风险、由陌生人构成的现代社会，人们的心理孤独、抑郁、压力、焦虑需要疏导和释放渠道，也更希望有获得感、幸福感、安全感、公平感。而且，随着经济发展和社会进步以及教育文化水平普遍提高，人们的民主意识、法治意识、权利意识、社会参与意识都在日益增强。这些社会心态层面的变化，也对社会治理提出新问题、新挑战。

4. 网络社会的兴起对社会治理提出新问题、新挑战

网络社会的特征是去中心化。互联网的快速发展造成无限扩展的虚拟社会空间，在给人们生活带来无数方便的同时也带来新的社会治理问题和挑战。特别是以手机为基本平台的网络社会，使人们的生活步入实时、交互、快捷、高频的“微时代”，自主开放的自媒体话语权，隐蔽性的信息源，交互快速的传播方式，碎片化、泛娱乐化、真假难辨的海量信息等等，使网络社会与现实社会高度互动。这使社会舆论、社会情绪甚至社会行为以新的机制形成，负面信息传播特别迅速，传统的社会管理已难以奏效。尤其是网络犯罪已成为第一大犯罪类型，“暗网”成为毒品、色情、暴力泛滥的黑色空间。要做到既有效维护网民的话语权，又避免少数人在网络上兴风作浪，就需要进一步完善网络社会建设的技术规范和制度规范。网络社会治理成为考验社会治理体系和治理能力的热点、焦点和难点问题。

5. 新型社会风险对社会治理提出新问题、新挑战

现代化的推进特别是新科技不断产生，在推动经济社会发展的同时，

也使人类社会进入现代“风险社会”。现代风险不同于传统风险的最大特征就是不确定性和难以预测性，其迅速而广泛的传播可能造成大范围社会恐慌。比如，恐怖主义袭击带来的普遍社会紧张和社会不安；未知流行病和生态环境危机引发的社会恐慌；股灾、银行倒闭、债务危机等金融风险可能导致的大规模社会恐慌传导；等等。新型社会风险带来的新问题、新挑战，考验着各国的社会治理。

2020 年年初的新冠病毒肺炎疫情不同程度暴露出社会治理存在的短板和不足。特别应当引以为戒的有两件事：一是向公众通报疫情不够及时；二是武汉“封城”为时稍晚。据官方透露，此前已有约 500 万武汉市民或疫情暴发时已在武汉的外地居民离汉，他们中的不少人成为新冠肺炎二次传播的潜在感染源。这也暴露了我国公共卫生制度的改革存在的问题：未能建成强有力的疾病防控体系以及“医卫割裂”①。同时，疫情防控中还存在部分地方干部的治理能力有待提高、社会组织参与程度不够、社区急需资源下沉和提升工作人员的专业能力、应急医疗物资储备体系存在短板②以及风险防控理念出现偏差、疫情预警机制不灵敏、治理主体关系未理顺、危机应对能力不足、依法行政出现扭曲等③。

---

① 医疗和卫生是两个不同的概念。我国医疗卫生体系包含四个不同部分：公共卫生服务体系（疾病防控、健康教育、妇幼保健、卫生监督等）、医疗服务体系（医院、卫生院、卫生室等）、医疗保障体系（基本医疗保障、补充医疗保险、商业健康保险等）和药品供应保障体系（药品生产、流通、管理等）。而在上述四大部分中，公共卫生服务体系是公益性、福利性的，只有依靠政府或社会的扶持才能健康发展。但在近年深化改革开放的过程中，医疗改革与卫生改革未必同步；而在资源分配和经费支撑方面，作为上游环节、应当体现预防在先的卫生体系却远远不如医疗体系受惠多。李嘉曾：《防控疫情呼唤提升社会治理水平》，《群言》，2020 年第 4 期。

② 杨清哲：《疫情防控中社会治理制度之完善》，《行政与法》，2020 年第 4 期。

③ 朱力：《在疫情防控中提升社会治理能力》，《人民论坛》，2020 年第 Z1 期。

三、正确看待当前社会问题

当前我国正处于全面深化改革的攻坚期、关键期、深水期，空前的社会变革给中国发展进步带来巨大活力，同时也带来各种矛盾和挑战。物质财富增长了，贫富差距扩大了，拜金主义、急功近利的行为增多了。经济发展中忽视了诸如民众对公平正义、民主法治、生态环境的要求正在迅速提高。城乡、区域、经济社会发展不平衡，人口资源环境压力巨大；就业、社会保障、收入分配、教育、医疗、住房、安全生产、社会治安等方面的问题还需要常抓不懈；社会成员诚信缺失、道德失范，一些领导干部的素质、能力和作风与新时代社会治理实践不相适应等。美国著名学者亨廷顿在《变动社会的政治秩序》一书中指出：现代性孕育着稳定，而现代化过程滋生着动乱，从传统到现代的过渡时期就是一个社会动荡和政治衰朽的历史阶段。新时代社会治理仍需加大工作创新力度，持续完善收入分配体系、基本公共服务体系、社会保障体系、社会安全体系、社会矛盾预防与化解体系等，以加强解决相关的重大社会问题。

1. 贫富差距与阶层分化依然存在

当前贫富差距扩大问题日益受到社会广泛关注，尤其是新冠疫情造成经济的停摆与失业群体，会不同程度地恶化贫困群体的生活。《新零售业态下奢侈品市场的未来》这一报告鲜明指出：2016 年中国人在境外消费的奢侈品已高达6300亿元人民币，全球46%的奢侈品被中国人买走。[1]数据显示，中国已成为全球最为庞大的奢侈品消费市场。然而，我国目

---

① 财富品质研究院：《零售业态下奢侈品市场的未来》，http://lady.people.com.en/n1/2017/0310/c1014-2935765.html，2017-03-10。

前仍有几千万人没有脱贫，生活在贫困线以下。据国家统计局数据显示，从2007年的0.487到2017年的0.479，近10年中国的居民收入基尼系数虽有所放缓但依然超过了国际公认的警戒线0.4。基尼系数在一定程度上说明了我国当前居民收入分配方面存在的问题，贫富差距依然存在。贫富差距的存在既有历史原因，如新中国成立后长期实行优先发展重工业，农业支持工业，农村支持城市的政策，导致农村发展明显落后于城市。另外，社会体制改革滞后也是造成贫富差距较大的原因。如经济转轨过程中，有些领域改革不到位，造成机会不均等、资源分配不合理，比如说劳动力市场不统一，户籍制度导致农民工和城镇职工在收入、社会保障等方面在很长一段时间内双轨制运行，这些都属于体制因素造成的贫富差距。

国家之间、国家内部之间，地区之间、地区内部之间，甚至个人之间不可能不存在贫富差距，而且适当的贫富差距还有利于经济社会的发展，但是我们还应清楚地认识到贫富差距扩大到一定程度时，也必然会威胁到社会经济的发展，滋生社会不和谐因素。

在贫富分化加剧的基础上，我国阶层分化与流动也呈现出新的特点。首先，曾经在中国历史上长期占据多数地位的农民在未来几年中将明显减少，在社会中不再拥有举足轻重的多数地位。其次，第二产业的停滞甚至下降，在就业结构上表现出来的就是第二产业工人规模的下降，在第三产业就业的服务业人员不仅增长速度最快，而且在规模上也将逐渐超过第二产业就业的工人。第三，与上述两大阶层萎缩的趋势相反，所谓中产阶层将不仅是增长最快的阶层，而且会逐渐在社会中占据主导地位，成为规模最大的就业群体。中国社会未来成功的经济转型，会有力地助推这个转变的实现，整个社会的阶层结构将逐渐“中产阶层化”，企业家和管理人员、专业技术人员将在社会中发挥越来越重要的作用，具有越来越大的影响力。[1]

阶层分化是社会发展过程中的必然现象，但目前我国阶层流动存在受阻问题，阶层利益日益凸显，物质财富和教育机会的分配越来越显示出代际传递的特点，同时当下的阶层分化与户籍、地域等差异因素交叉、混杂时，形成了更为碎片化的利益群体。现在被社会广泛关注的以“穷二代”“富二代”“官二代”为代表的“二代”现象足以说明阶层流动受阻这一现象。

2. 社会冷漠和焦虑现象

阶级社会的推动力可以用一句话来概括：我饿！风险社会的驱动力则可以用另一句话来概括：我怕！“我怕”成了精神危机下“安全焦虑”的典型反映。当代社会，人们的物质生活水平日益提高，但精神领域却出现了诸如社会冷漠和心理焦虑的现象，并影响着社会的健康发展。当代社会也被称为消费社会，这正是当代人精神危机的体现，享乐主义的欲望使人们更加求诸外物，人们寻求安全感往往以追求金钱、消费的方式来进行，人们总是以消费美学的方式来看待这个世界。当代社会是媒介社会，有什么样的媒介就有对世界、对社会、对人生什么样的看法。面对突如其来的媒介影响力，整个社会并不具备与之匹配的约束、管理对策，这就导致媒介力量几乎以一种失控的状态极度膨胀，在媒介给人类提供海量信息的同时，其巨大的安全隐患和危机埋藏其中。媒介在激烈的竞争中生存发展，适应大众的消费需求是必然的现实选择，而部分大众消费需求是一种虚假需求，是大众化、社会化的需求，是一种“眼球”需求，其特征是娱乐性、猎奇性的消费需求。因此，大众消费的热点都是非规范化的、非常态化的

---

① 李路路：《从阶层分化到阶层结构化：我国社会阶层结构有哪些新变化》，《人民论坛》，2016 年第 18 期。

媒介信息，那些社会中的负面信息乃至破坏性信息都被媒介集中化、海量化、夸张化地搜罗到大众眼前。而这样的信息会在有着互联网身份的“大众主体”之间传递，负面信息被一再放大，社会危机被一再加剧，大众心理被人为放大的“危机”所左右，大众行为被失范的“媒介”所左右。这种破坏性信息在媒介传导下，真实的、客观的信息被媒介人为过滤、屏蔽，而精心设计、筛选甚至“制造”出来的非主流信息成为大众交往的“中介”在主体之间传递。这样使处于次要矛盾的危机在群体性的“安全焦虑”中转化为现实的危机，给社会安全造成极大的危害。①

社会焦虑既是当代中国转型期典型的社会心理状态，又是无法回避的社会心理问题。当前社会焦虑现象以各种形态表现出来，弥漫并散发着一种比较普遍的焦虑情绪，几乎覆盖了中国整个社会的各个领域、各类群体。人民论坛社会调查中心对社会焦虑程度进行调研，调查显示，65.5% 的受调查者选择“4—5 分”，自认焦虑程度较深；25.6% 的受访者选择“3 分”，认为自己比较焦虑；7.2% 的人认为自己“不太焦虑”；仅有 1.7% 的人认为自己“不焦虑”。②不同的社会群体和社会成员的经济地位和社会地位发生了巨大变化，社会结构失衡，贫富差距问题，社会保障制度不够完善，社会不确定性因素增加，社会风险增大，致使社会成员普遍产生了“被剥夺感”、不公正感、缺乏安全感等社会心理特征，这均是社会焦虑的根源。③具体来看：一是社会利益格局发生全方位、大幅度而且是急剧的调整，这对社会成员形成了巨大的压力。二是社会不确定因素空前增加，现代化发展过程

① 翟安康：《社会治理视域下“安全焦虑”的化解》，《云南大学学报（社会科学版）》，2016 年第 1 期。

② 张潇爽、徐艳红：《当前中国人为何焦虑，焦虑程度几何？》，《人民论坛》，2013 年第 9 期。

③ 王丽萍：《转型期的文化多元、文化冲突对社会焦虑的影响》，《山东社会科学》，2018 年第 2 期。

中，机遇与风险共存。三是信仰缺失，没有信仰的人身处变局之中时会缺乏安全感，患得患失，容易被焦虑所困扰。四是民众自我意识觉醒。在经济转型过程中，人们观点发生变化，逐渐关注自我，当现实与理想出现较大差距时，就容易陷入焦虑之中。五是信息不公开与信息不对称问题。事关公众切身利益的事，你越不说，公众就越想知道。相关信息尤其是权威信息披露得越不充分，谣言就传播得越快，社会焦虑情绪可能越发蔓延。[①]

3. 群体性事件

近年来我国群体性事件发生呈现出了一些新的特点或趋向，如参与主体渐显多元、无直接利益冲突事件增加、事件发生"燃点"降低、网络对事件发生的推波助澜作用日益增强等。每年因各种社会矛盾而发生的群体性事件多达数万起甚至十余万起。规模较大并在社会上造成较大影响的，如 2011 年的乌坎事件，2012 年的启东事件，2014 年的海口三江镇群体事件等。当前群体性事件是我国经济和社会变革过程中各种矛盾和问题的综合反映，从深层次社会原因看，主要有以下几个方面：一是社会贫富差距加大，社会公正原则遭到破坏。当弱势群体的利益受到损害或忽视时，不满和对抗情绪往往以群体性事件的形式表现出来。二是官僚主义作风和腐败现象造成干群关系紧张。有些领导干部坚持上层路线，不关心群众疾苦；脱离具体实际，大搞政绩工程，忤逆民意，劳民伤财；有些干部工作方式方法粗暴，仍然习惯于行政命令，甚至强迫群众，导致矛盾激化。三是人们的思想意识和价值观念日趋多元化、复杂化。一些人法制观念淡薄，在遇到矛盾纠纷时，不善于通过正当手段理性地维护自身合法权益，往往采取一些极端甚至违法手段。四是公民权利意识增强，但社会管理方式落

① 宋广玉：《用信息公开缓解社会焦虑》，《南京日报》，2018 年 7 月 18 日第 A10 版。

后，群众利益诉求渠道不畅通，群众无法有效地表达自己的心声。无论这些群体性事件采取了何种激烈的形式，是何种诱因引发的，归根结底还是群众的利益问题，是在经济发展的过程中百姓的利益没有得到根本保证，各种诉求没有得到满足。因此解决群体性事件关键是要了解群众的需求，不断建立健全利益表达渠道与满足合理诉求。

4. 医患关系与公共安全问题

2013 年 10 月温岭一患者刺伤医生并导致一医生死亡，2014 年 2 月 25 日，因住院床位纠纷，病人家属暴打护士致使其瘫痪……当下我国社会医患关系较为紧张，尽管硬医闹有所控制，但“软医闹”仍然存在，构建和谐的医患关系迫在眉睫。医患关系紧张的原因主要有以下几点：医疗卫生资源的配置不合理，城乡医疗卫生资源在配置方面差距过大；医疗费用过高，以药养医的医疗机制刺激医生为利益而诱导患者过度消费，遭遇的潜规则更令民众无奈而痛恨；医疗保障水平有待提高，尽管我国的医疗保险体系已初步建立，但保障水平仍较低，弱势群体在遇到极端事件诸如花了钱而病又没好，较易产生医疗纠纷；医患之间存在认知差距，有些医生态度较为粗暴，也容易引发医患纠纷；有些医疗机构管理不规范，不健全。

2016 年“魏则西事件”，引起了强烈的社会关注。魏则西听信了百度搜索中关于“滑膜肉瘤”的广告信息，在武警北京市总队第二医院尝试了一种号称与美国斯坦福大学合作的肿瘤生物免疫疗法。在花费了 20 多万医疗费后，才得知这个疗法在美国早已宣布无效被停止临床。在此期间，肿瘤已经扩散至肺部，魏则西终告不治。国家网信办会同国家工商总局、国家卫生计生委成立联合调查组进驻百度公司，对此事件及互联网企业依法经营事项进行调查并依法处理。同时，国家卫生计生委、中央军委后勤保障部卫生局、武警部队后勤部卫生局联合对武警北京市总队第二医院进行调查。根据凤凰网调查，多数网友认为政府对网络平台与医疗主体监管缺位。“魏则西事件”反映了网络推广与“莆田系”民办医疗机构承包公办医院所产生的腐败与虚假治疗以及政府监管责任问题，实际上这就涉及了社会治理问题，即公民、企业、政府与社会组织等在关系到民众身心健康的医疗发展中，各方应该担负何种职责以及如何参与。

2018 年长生生物的疫苗事件引爆舆论焦点。因内部员工举报，长生生物遭药监部门立案调查并收回药品 GMP 证书，责令停止生产狂犬疫苗。而这不过是掀开了黑幕的一角，很快长生生物又被曝出更大的丑闻：2017 年生产的 25 万支“吸附无细胞百白破联合疫苗”检验不符合规定，这 25 万支疫苗几乎已经全部销售到山东，库存仅剩 186 支。狂犬病一旦病发百分百致死，人被猫狗等动物咬伤或抓伤后，及时接种狂犬病疫苗，是唯一有效的预防办法。2017 年中国狂犬病疫苗批签发数据显示，长生生物的狂犬病疫苗批签发数量是 355 万人份，约占全国 1/4 的销量。疫苗已经成为人们预防疾病的一种有效手段，从出生起就开始按计划接种多种疫苗。疫苗出现问题，意味着人们的健康得不到有效保障，从而引发公众对于疫苗的不信任，产生社会焦虑。

从 2008 年的三鹿奶粉事件到长生生物劣质疫苗事件，再到新冠肺炎疫情的暴发。我们不仅是要反思怎么加强制度建设，怎么加强监管，怎么加强国家安全与国际合作，建设人类命运共同体，还要追问人的问题，人的价值观问题。

四、以习近平新时代中国特色社会主义思想为指导加强社会治理创新

面对我国社会治理形势的新变化以及出现的新问题、新挑战，尤其

是新冠肺炎疫情所造成的多方面的重大影响，一方面，不断推进完成党的十九大对社会治理制度以及重点领域的工作部署，“打造共建共治共享的社会治理格局。加强社会治理制度建设，完善党委领导、政府负责、社会协同、公众参与、法治保障的社会治理体制，提高社会治理社会化、法治化、智能化、专业化水平。加强预防和化解社会矛盾机制建设，正确处理人民内部矛盾。树立安全发展理念，弘扬生命至上、安全第一的思想，健全公共安全体系，完善安全生产责任制，坚决遏制重特大安全事故，提升防灾减灾救灾能力。加快社会治安防控体系建设，依法打击和惩治黄赌毒黑拐骗等违法犯罪活动，保护人民人身权、财产权、人格权。加强社会心理服务体系建设，培育自尊自信、理性平和、积极向上的社会心态。加强社区治理体系建设，推动社会治理重心向基层下移，发挥社会组织作用，实现政府治理和社会调节、居民自治良性互动。”另一方面，紧密联系当前疫情发展特点，解决如何创新社会治理，补短板、堵漏洞、强弱项，妥善处理疫情防控中出现的各类问题，统筹推进疫情防控和经济社会发展。

1. 坚持不断深化从社会管理走向社会治理

党的十八届三中全会将“社会管理”改为“社会治理”，由“管理”到“治理”，只有一字之差，但含义更深刻、内容更丰富、要求更明确。与社会管理相比，社会治理具有以下几个比较突出的特点：

第一，虽然社会管理包括政府作为主体的管理行为和公民社会组织作为主体的管理行为两个主要方面内容，但社会管理仍然侧重于政府对社会进行管理，政府是社会管理合法权力的主要来源；而社会治理则强调合法权力来源的多样性，社会组织、企事业单位、社区组织等也同样是合法权力的来源。社会治理的主体是多元的，任何一个单一主体都不能垄断规范和管理的实践过程。

第二，社会管理很容易表现为政府凌驾于社会之上，习惯于包揽一切社会事务，习惯于对社会进行命令和控制，习惯于扮演“全能型选手”；而社会治理更多的是在多元行为主体之间形成密切的、平等的网络关系，它把有效的管理看作各主体之间的合作过程，它表明在现代社会，原先由国家和政府承担的责任正在越来越多地由各种社会组织、私人部门和公民自愿团体来承担。

第三，社会管理更多的是表现为从自身主观意愿出发管控社会，想当然地自上而下为民做主；而社会治理是当代民主的一种新的实现形式，它更多地强调发挥多主体的作用，更多地鼓励参与者自主表达、协商对话，并达成共识，从而形成符合整体利益的公共政策。

第四，社会管理的实践主要依靠政府的权力，依靠发号施令；而社会治理则在运用权力之外，形成了市场的、法律的、文化的、习俗的等多种管理方法和技术。社会治理行为者有责任使用这些新的方法和技术来更好地对公共事务进行控制和引导。例如，政府应更多地引导和更少地管制，社会组织及公民社会更多地承担社会治理的责任，市场力量在社会治理创新中发挥日益重要的作用，社会创新和社会企业成为改善社会治理的重要因素，等等。

2. 建立共建共治共享的多元化社会治理格局

在国家十三五规划中，提出加强和创新社会治理，并提出要建立共建共享的社会治理格局。党的十九大在此基础上，增加了“共治”，更加充分地体现了治理的核心思想。中国的改革开放和体制转型，出现了多种多样的所有制形式，除了国有经济、集体经济，民营经济、个体经济、外资经济、股份制经济等快速发展，这就意味着中国的经济资源、技术资源、人才资源等不是都集中在党委政府手上，其他的经济主体也掌握着大量的资源。对社会成员的服务和管理，也不能完全由政府大包大揽，而是社会多个主体共同参与服务和治理。在社会主义市场经济的快速发展过程中，我国有 80% 的劳动力在非公经济组织就业。这就意味着中国的政府已经不是计划体制下的全能政府，而是一个有限型政府，需要以开放的心态，平等地对待各类社会主体，整合社会各种资源、动员社会多个主体来共同参与对群众的服务和对国家社会公共事务的管理，形成社会治理人人有责、人人尽责的局面，努力实现社会共建共治，才能共享和谐稳定的社会发展环境。

构建多元化的社会治理格局，理顺国家与社会的关系，明晰政府与社会的责任边界，使政府在社会建设过程中既到位又不缺位错位。由于社会事务纷繁复杂，社会需求又千差万别，政府不可能包打天下，而应更多地承担起服务保障的职责，将目标集中在公共服务和社会基本建设等方面，如教育、基本住房、医疗、养老等领域。在社会治理实践中，政府要积极转变传统的行政观念，彻底根除各种形式的行政傲慢，努力建设服务性政府，为其他社会治理力量科学有效地治理社会保驾护航。

构建多元化的社会治理格局，最重要的是促进各种社会力量参与社会治理，这是我国建立多元化社会治理必须要努力解决的根本问题。现代国家多元化的社会治理需要三大主体，即政府、企业和社会组织。目前我国这三大部门力量极其不均衡，国家非常强大，市场不是很健全，社会很弱小。要实现多元化社会治理，必须使这三大部门得到平衡发展。在社会治理过程中，政府、市场与社会组织要携手共赢，共同承担社会责任。

因此，我们应该深入推进社会治理变革，首先应该进一步解放思想，促进观念的转变。解放思想，就是不墨守成规，不瞻前顾后，要有胸怀容差异、有勇气干事业、有智慧闯新路，要敢于摆脱僵化的、教条的思想，路线和政策要根据实际的需要来决定，而不仅依靠前人的言论、已有的经验和固有的模式。社会治理变革，要求执政党必须充分认识到，国家和社会治理，是由多元主体共同构成的治理结构来完成的，应重新树立“社会本位”的理念和原则。在政府与社会的力量对比中，重心必将向社会倾斜，原来政府控制和管理社会的观念必须让位于调控、引导、服务和整合社会的观念，政府对社会的统治观念必须让位于政府与社会的合作治理。

深入推进社会治理变革，必然要求在政府、社会、市场、公民个人之间的合作与良性互动，形成新型的伙伴关系。政府必须放下身段，学会尊重，懂得平等对待合作伙伴、管理对象；善于放权，学会“弹钢琴”，学会为自己减负；同时，政府必须增强自信，信任社会，理解社会，为社会组织创造良好的制度环境，鼓励社会组织的发展，努力为其能力提升创造条件。

深入推进社会治理变革，需要最广泛的公民参与，以及最主动的、最自觉的参与精神。改革开放，社会进步，靠的是公众的参与；今后的发展、全方位的发展，同样需要公众广泛地参与到政治、文化、社会建设的各个方面。进一步改革发展的动力，就存在于民众之中。有序的和有效的公民参与，需要相应的制度保障，需要有足够的合法渠道。与公民政治参与的需求相比，我们的制度建设明显滞后，参与渠道还有待大力拓宽。应当尽快建立和完善公共参与的制度框架，让更多的公民通过合法的方式、制度化的渠道有序地参与公共生活的管理。

深入推进社会治理变革，必须坚持民主、法治的原则。民主和法治是人类社会治理的基本路径，是推进社会治理发展的制度性保障。缺乏民主的法治，容易走向集权与专制，而没有法治的民主，则容易走向混乱和无序。不坚持民主和法治，社会治理变革就无法有效地规范社会秩序，无法积极促进社会和谐发展。

深入推进社会治理变革，必须将学习借鉴现代文明的优秀成果与尊重自身实际结合起来。在社会管理、社会治理、公民社会发展等方面，人类已经创造了诸多好的经验，我们应该有勇气和智慧从中学习和借鉴其适合我国国情的要素，同时，结合本土的经验，在实践中创造社会治理变革的中国路径。“摸着石头过河”，就是要从“此岸”到“彼岸”，从“必然王国”到“自由王国”。

3. 深入推进新时代社会治理的基本举措

第一，完善社会治理体制机制。习近平指出：加强和创新社会治理，关键在体制创新。在治理体制方面，在实践中不断加强和完善“党委领导、政府主导、社会协同、公众参与、法治保障”的社会治理体制，这是中国特色社会主义国家治理体系的重要组成部分，是我国社会治理的基本体制。我们要善于把党的领导和我国社会主义制度优势转化为社会治理优势，提高社会治理的社会化、法治化、智能化、专业化水平。所谓社会化，就是要坚持党的群众路线，组织和动员各方面群众积极参与社会治理，做到共建共治共享。所谓法治化，是指领导干部维护群众利益、处理社会问题、化解社会矛盾，要树立法治思维、运用法治方式，广大群众也必须依法有序理性维护自身的合法权益。智能化是指利用现代科技手段，特别是大数据和信息化等手段提高社会管理和服务的精确性和便利性。专业化要求社会治理的手段和方法符合社会治理内在规律和特点，从业人员在科学理论指导下经过专门的训练，掌握必要的知识和技能。

在社会治理机制方面，建立健全党委领导和政府主导的维护群众权益机制、社会利益协调机制、预防和化解社会矛盾机制、社会风险评估机制、突发事件监测预警机制，保证社会治理的常态化、长效化、社会化、智能化。按照推进社会治理现代化的要求，以现代科技为抓手，以社会治理队伍为力量，推动国家治理体系和治理能力的现代化。

第二，积极回应人民的新期待。适应人民群众对平安生活的新要求，加快社会治安防控体系建设，依法打击和惩治黄赌毒黑拐骗等违法犯罪活动，依法保护人民人身权、财产权、人格权。弘扬生命至上、安全第一的思想，健全公共安全体系，完善安全生产责任制，坚决遏制重特大安全事故。维护国家法制统一、尊严、权威，加强人权法治保障，保证人民依法享有广泛权利和自由。适应人民日益增长的美好生活需要，不断促进社会公平正义，形成有效的社会治理、良好的社会秩序、和谐稳定的社会环境，使人民的获得感、幸福感、安全感更加充实、更有保障、更可持续。

第三，推动社会治理重心向基层下移。加强社区治理体系建设，推动社会治理重心向基层下移。社区组织的原则要考虑社会效益最大化和居民自身利益最大化的有机统一，坚持以人为本、互助互利、民主自治、安居乐业。生活在社区里的人追求生活环境、生活质量的不断提高和人的素质的不断提高。要对基层社会建设精心设计，很好地解决基层体制缺乏活力和灵活性、居委会自治功能不能有效发挥，居民积极性得不到充分调动、居民参与经济社会发展和解决自身问题的能力得不到提升、基层工作人员待遇不高和职业前景不乐观等问题。社区建设的现实意义在于，人们通过社区互动形成相互认知和熟悉的安全网络，以此来维护自己的安全和邻里的安全，并在此基础上形成社会信任和严格社会监督，把居民，尤其是把孩子们纳入社区生活中，让未来一代在充满活力和生机的社区生活中得到成长和发展。①要围绕乡村振兴战略“产业兴旺、生态宜居、乡风文明、治理有效、生活富裕”的总要求，加强农村基层基础工作，健全自治、法治、德治相结合的乡村治理体系。

① 丁元竹：《习近平新时代中国特色社会主义社会治理思想研究》，《国家行政学院学报》，2018 年第 3 期。

基层建设和基层治理，就是要努力建设人民生活的共同体，让居民对社区形成归属感、认同感。治理好社区必须依靠社区居民，因此，要完善基层民主制度，保障人民知情权、参与权、表达权、监督权，推进基层协商以及社会组织协商。

第四，大力推进依法社会治理。社会治理的主体要遵法学法守法用法，依法进行社会治理，保证人民依法通过各种途径和形式管理国家事务，管理经济文化事业，管理社会事务。善于运用法治思维、法治方式解决社会治理问题、社会矛盾和社会冲突，保证人民依法享有广泛权利和自由。

完善社会主义法治体系建设，使社会治理运行在法治的轨道上。要加强推进社会治理领域的科学立法，“对涉及完善社会治理的法律抓紧制订、及时修改”，确保立法的精细化和可操作性，解决社会治理法律依据不足的问题。社会治理的各个主体履行治理职能，要求具备法律的授权，而法律授权主要是通过立法层面来解决。各个主体的社会治理职能边界和履职方式由法律确定。同时，在赋予国家足够的治理能力时，还应限制公权力对法律的僭越，进而侵害私权，以实现国家治理能力与公民权利保护之间的理性平衡。严格执行社会治理相关法律，建立各级政府权力清单制度，加强执法监督工作。把严格执行社会治理相关法律放在重中之重，要在严格执法程序、建立健全高效的执法体制方面着力，切实抓好落实工作，增强执法效果，提升社会治理法治化水平。深化司法体制改革，加快建设公正、高效、权威的司法制度，增强人民群众对法治的信任。要创新普法教育机制，建立政府、社会组织、群众各方积极参与的“大普法”机制，在全社会树立法律至上的信仰，培育全民法治意识。[①]

---

① 王国斌：《近年来党的社会治理思想创新》，《红旗文稿》，2018 年第 7 期。

实现法治实现多元化社会治理的顶层设计。第一要加强协商民主建设。《中共中央关于全面推进依法治国若干重大问题的决定》（以下简称《决定》）明确提出，要加强社会主义协商民主制度建设，推进协商民主广泛多层制度化发展，构建程序合理、环节完整的协商民主体系。尤其应当强化政协的协商民主实践功能，更好地发挥其沟通政府与公民的中介作用。第二要建立多元化的治理构架。通过制度性设计，保障多元社会主体有序参与社会治理。第三要加强立法。该《决定》提出要加强社会组织立法，规范和引导各类社会组织健康发展。应借此契机，加快推进《社会组织法》的制定，通过《社会组织法》简化社会组织设立程序，赋予社会组织在社会治理中的作用，使社会组织参与到社会治理当中来。同时应在法律中明确公民在社会治理体系中的主体地位，赋予公民主体性表达权、主体性创设权、主体性参与权以及主体性监督权，增进公民主体性地位保障设计，以法治推进以公民为主体的社会治理体系进程。

通过法治引导社会走向成熟与稳定。成熟与稳定的社会能够为社会组织的发展提供必要的土壤，也能为公民个人权利意识的提高，参与公共事务能力的提升提供必要的条件。从某种程度上说，多元化社会治理的成败，最终取决于公民个人的参与能力和参与水平。要促进社会的成熟与稳定，首先应保障平等与自由，实现社会的良性、有序竞争，同时应合理差别对待，加强对弱者的保护，防止两极分化；其次应简政放权，减少政府的审批权，赋予市场更大的自主性，以释放更多的活力；最后需要提升法治教育水平，提高公民权利义务意识。①

在加强依法治理的同时，也要发挥德治的作用，推动乡规民约、城市公约、家教家训等“软法”发挥作用，形成“法治”与“德治”功能互补、

① 张红、王世柱：《通过法治的社会治理》，《中国高校社会科学》，2016 年第 2 期。

刚柔相济、协调融贯的运行机制，更好地引领和规范社会生活，努力达到法安天下、德润人心。

第五，营造清朗的互联网空间与提高社会治理智能化水平。维护国家互联网主权，加强互联网内容建设，建立网络综合治理体系。依法加强网络社会治理，加强对网络新技术新应用的管理，确保互联网可管可控。健全基础管理、内容管理、行业管理以及网络违法犯罪防范和打击等工作联动机制，健全网络突发事件处置机制。建立法律规范、行政监督、行业自律、技术保障、公众监督、社会教育相结合的互联网管理体系。推动互联网全球治理体系变革，深化网络空间国际合作，携手构建网络空间命运共同体。打造统一规范、运行高效的云中国、云城市、云社区等大数据平台，开发与制定统一开放、共享应用的数据标准体系。完善促进数据开放共享的政策、法律法规和配套措施，明确数据的开放边界、开放程序、管理方式、考核标准等，建立健全数据资源收集、开发、应用、服务的现代管理体制。

第六，加强人才培养和制度建设，提高社会治理专业化水平。制定支持社会治理专门化、职业化、规范化队伍建设的政策法规体系，建立健全社会治理专门人才的培养、考评和激励机制，制定合理的薪酬政策，打造一支数量充足、结构合理、素质优良、熟悉法律、掌握治理方法、善于做群众工作的专业化队伍，为社会治理提供人才保障。要树立群众在社会治理中的“主人翁”地位，支持基层组织多培养热情正义、眼睛雪亮的“朝阳群众”，使社会治理形成一种齐抓共管的局面。

第七，全面深化社会保障制度改革，为全民提供稳定的安全预期。我国需要全面深化社会保障制度改革，主要包括社会保险、社会救助、社会福利和慈善事业等内容。社会保障制度建设关乎基本民生改善和社会公平正义，是实现基本公共服务均等化的重要体现。

借鉴新加坡经验，构建具有激励性的社会保障体系。新加坡的社会保障体系主要由社会保障和社会福利两大块组成。在构建社会保障和社会福利政策上新加坡政府坚持以民为本，注重民生导向，政府在确保不会有任何人被社会所遗弃的同时，协助人们自力更生，不推行无限制的福利制度。按照“效率优先，机会平等”的价值理念而设计的，在以关注公平为主的传统社会保障模式中增加了更多的效率机制。在社会福利政策上，政府推行了以工作福利导向的社会福利政策而非福利救济，例如“就业入息补助计划”，鼓励就业自力更生，收入越低，年龄越大，补助就越高。对低收入家庭不以救济金的形式补助，而是在水电费、就业等方面予以补助和帮扶。在社会保障政策上，政府实施以“预防为主”的社会保障政策。包括新加坡的立国之本，即“中央公积金制度和居者有其屋”计划，除此之外还有就业奖励花红和培训计划，并称新加坡社会保障的四大支柱。以社会福利政策托底，社会保障政策支撑，构建起新加坡完善的、全方位的、可持续的社会保障体系。在极具特色的社会保障体系的成功实施之下，民众的生活环境有了极大的保障和改善，同时客观上起到了鼓励和激发民众自力更生勤奋工作的作用，是新加坡实现社会和谐的内在稳定器。①

与此同时，建设社会保障体系要注重完善以下四个方面：一是扩大社会保险覆盖面。社会保险是国家为失业、年老、疾病或死亡等原因造成损失的社会成员提供补偿的一种社会安全制度。社会保险是社会保障的核心内容，包括失业保险、工伤保险、医疗保险、养老保险等。二是进一步完善医疗保险转移支付，推进跨省异地就医即时结算等方式，进一步完善医疗保险转移支付。三是推进流动人口子女在城市享有平等的受教育权利。

① 曾巧：《新加坡社会治理的经验及其对重庆的启示》，《重庆行政（公共论坛）》，2016 年第 1 期。

四是推进廉租房的“同城同待遇”等住房政策的实施。

第八，加快形成政府主导、覆盖城乡、可持续的基本公共服务与安全体系。基本公共服务范围，一般包括保障基本民生需求的教育、就业、社会保障、医疗卫生、计划生育、住房保障、文化体育等领域的公共服务，广义上还包括与人民生活环境紧密关联的交通、通信、公用设施、环境保护等领域的公共服务，以及保障安全需要的公共安全、消费安全和国防安全等领域的公共服务。

要形成政府主导、覆盖城乡、可持续的基本公共服务体系，首先应该缩小城乡公共服务水平差距，努力实现城乡基本公共服务均等化。要健全农村公共服务投入机制。在充分发挥市场配置资源基础性作用的同时，更好地发挥政府在农村基本公共服务供给方面的主导作用。要调动民间资本、社会组织参与农村公共产品供给的积极性，加大农村公共财政投入力度，增强农村公共产品供给能力。其次，建立健全以医疗保险和养老保险为主的农村社会保障制度，消除农民的后顾之忧，这也是农村公共服务发展的重点。目前，中国人口老龄化加速发展，老年人口基数大、增长快并日益呈现高龄化、空巢化趋势，而老龄问题的重心和难点又在农村。因此要逐步提高新型农村合作医疗保险和新型农村养老保险的水平和标准，并逐步与城镇基本医疗和养老保险制度相衔接；根据农村不同群体的实际，设定不同的保障标准，让务农农民、农民工、失地农民、城镇非正规就业群体等均可依据自身筹资能力和保障意愿选择参保档次；完善城乡社会保险的转移接续制度，促进劳动力自由和有序流动。

要加强公共安全体系建设。随着经济社会发展和人民生活水平的提高，人们对公共安全提出了更高的要求。从某种意义上讲，公共安全是最大的民生。针对新冠肺炎病毒疫情，2020 年 5 月习近平总书记参加湖北代表团审议时强调，“要加快构建系统完备、科学规范、运行高效的公共卫生法律法规体系，健全权责明确、程序规范、执行有力的疫情防控执法机制，普及公共卫生安全和疫情防控相关法律法规，提高全民知法、懂法、守法、护法、用法意识和公共卫生风险防控意识。”这就要求树立安全发展理念，弘扬生命至上、安全第一的思想，改革完善安全生产管理、防灾减灾救灾体制机制，全面加强和完善公共卫生法律法规体系建设，尽快推动出台生物安全法，加快构建国家生物安全法律法规体系、制度保障体系，修改完善传染病防治法、突发公共卫生事件应对法、野生动物保护法等法律法规。要健全公共安全体系，加强预测预警预防，建立生产安全事故风险防控体系，强化公共卫生危机社会动员机制，大力开展爱国卫生运动，重塑公共卫生防控体系，疾病预防控制机构和卫生监督执法机构整建制划入国家应急管理机构。要加大投入，不断提升防灾减灾救灾能力。要着力解决突出环境问题，构建政府为主导、企业为主体、社会组织和公众共同参与的环境治理体系。要健全国家安全体系，推动全社会形成维护国家安全的强大合力。

要加强社会治安防控体系建设。随着工业化、城镇化、信息化的持续推进，我国社会治安形势出现了新情况新特点。必须深入推进平安中国建设，严密防范和坚决打击暴力恐怖活动，依法开展扫黑除恶专项斗争，惩治盗抢骗黄赌毒等违法犯罪活动，整治电信网络诈骗、侵犯公民个人信息、网络传销等突出问题，切实保护人民的人身权、财产权、人格权，维护国家安全和公共安全。

要加强社会心理服务体系建设。加强社会心理服务，培育自尊自信、理性平和、积极向上的社会心态，是加强和创新社会治理的重要任务，也是建设和谐社会的重要方面。针对现代社会容易产生的各种情感、心理、精神性疾患，必须高度重视开展心理疏导、心理干预等手段，培训心理知识，指导心理健康，调节社会情绪，构筑社会心理防线，有效维护社会稳定。同时，要切实找准解决我国现实存在的社会心理问题之突破口，依托专业团体和专业人士，搭建社会心理综治工作平台，建设和完善社会心理服务、疏导、危机干预机制，不断提高社会心理服务的针对性和有效性。

第九，发挥专家与社会组织作用。就疫情领域而言，医生和其他专业人员的权力应该得到切实保障，主要是要从制度上切实保障：其一是专业人员的独立性，重点维护他们从专业出发而作出的决策或者判断，保障各个领域的专家从不同的专业角度提出看法。其二是专业人员在决策与执行过程中具有实质性的权力，这种权力是来自知识和经验，而非“选票”或上级的委任，使其形成社会中的多元化认识，进而形成一种知识间的互相制衡，减少甚至避免知识上的错误。

疫情的社会治理需要切实加强社会组织作用，发挥社会组织收集真实信息与提供服务的优势。在这次疫情扩散过程中，社会组织在这方面的作用出现了很多问题，如红十字会等官办社会组织能力不足以及社会组织得不到政府的及时“授权”等问题。因此，要正确处理政府和社会关系，不断加快实施政社分开，推进社会组织明确权责、依法自治、发挥作用。适合由社会组织提供的公共服务和解决的事项，交由社会组织来承担。政府向社会力量购买公共服务已成为社会治理体制创新的一种新形式。政府在社会治理中主要负责的是宏观方面的公共事务：国家安全、社会安全，为老百姓提供基本的公共服务，建立法律法规协调各方面关系。社会组织负责的是微观层面的，有些社会事务是政府无权或无力完成，就需要由社会组织去做。社会组织能做的就要放权给它去做，市场能做的就让市场来做，而政府承担的社会事务即市场和社会都无法承担的。政府和社会组织在社会治理过程中还要实现良性互动。政府对社会组织有服务监管的义务，要为其创造较好的发展环境，同时社会组织对政府也起着敦促和监督作用，促使政府对社会的各种需求负责，提高其公共服务的能力。政府与社会组织之间要加强了解，增强信任，双方均在法律制度框架内进行社会治理。

党和政府重视社会组织的引导与培育以及相互合作。党委及政府应明确自身的领导与负责关系，并进一步完善双方的沟通与联系机制，推动完善评估机制、第三方监督，推动信息透明和公开。党和政府需要从经费、项目、政策、引导等方面给予帮助，加大政府购买公共产品和直接投资的力度，支持社会组织参与公共服务项目，鼓励企业和地方政府建立社会组织的孵化基地，扩大优惠政策的种类。党和政府要引导民众加深对社会组织的了解，使民众积极参与社会组织活动。社会组织要建立健全内部治理体系，形成独立自主、规范有序的运作机制，吸引更多的企业和民众直接投资与其他帮助，就要与社会进行有效对接，通过面向市场推介项目、交流沟通、募集善款等方式，促进与社会的互动，强化联系。

专题四

国际形势总体概览

一、世界经济形势概览

COVID-19在全球范围爆发且至今未结束，加之国际关系地缘政治化甚至对抗化等因素，使得世界经济形势早已超越经济范畴，与全球卫生安全和国际秩序紧密挂钩，未来发展趋势充满不确定性。联合国、世界银行等国际组织、各国政府和大量权威智库对此进行了专门研究。

1. 世界经济开始复苏，但预期仍不明

（1）世界整体经济形势开始好转

2020年至今，COVID-19都是影响全球经济走势极为重要的因素。COVID-19在不到三个月的时间里，已经蔓延到几乎所有国家。至2020年4月中旬，各国为控制疫情的进一步传播和扩散，近90%的世界经济受到某种形式的封锁措施，多达100个国家关闭了国界。COVID-19使全球经济大面积瘫痪，经济活动受到严重制约，不确定性增加，引发大萧条以来最严重衰退。不仅如此，COVID-19使得全球失业率和贫困人口数量上升，社会矛盾增加。例如，2020年7月30日，美国商务部显示，美国4–6月份GDP按年率计算下滑32.9%，创上世纪40年代以来最大降幅。这使得美国的失业率一度升至20%以上。[①] 随着美国出台的《关怀法案》（2020年3月）中的多项疫情救助措施的停止，特别是停止发放对失业人群至关重要的每周600美元联邦补助，这影响了2500万美国人的生计，美国国内矛盾进一步激化。就全球贫困人口而言，联合国《世界经济现状与展望中期报告-2020》预计，受疫情影响，2020年全球将有约3430万人跌入“极

① 新浪财经，美国第二季度GDP按年率计算下滑32.9%，创上世纪40年代以来最大降幅，http://finance.sina.com.cn/roll/2020-07-30/doc-iivhuipn5959788.shtml。

端贫困”，其中 56% 生活在非洲，这对全球消除极端贫困和饥饿的努力是一个“巨大打击”。[①]

现今，全球疫情并未结束，不少国家经济发展还受到变异毒株的影响。据世卫组织 2021 年 8 月 19 日公布的数据显示，全球新冠肺炎累计确诊病例 2.09 亿例，累计死亡病例 440 万例以上，其中美国新冠肺炎累计确诊病例 3802.3 万例以上，累计死亡病例 64.1 万例。但是，随着疫苗的持续推广，全球疫情整体的控制，以及经济活动持续对人员流动下降做出调整和适应，部分国家开始出现经济恢复趋势，世界整体经济开始好转。2021 年 4 月，国际货币基金组织发布《世界经济展望》报告，报告预计 2021 年全球增速为 6%，2022 年则将放缓至 4.4%。与 2020 年 10 月《世界经济展望》的预测值相比，报告上调了对 2021 和 2022 年的增长预测值。同时指出，2021 年增长率最高的是来自亚洲新兴市场和发展中经济体。然而，世界经济的好转和复苏并不代表恢复甚至超过疫情水平。尽管我国经济已在 2020 年恢复到疫情之前的水平，但许多其他国家预计得将到 2023 年才能回到疫情前水平。[②]

世界经济在进一步企稳的同时，也面临通货膨胀的压力。2020 年，世界各国政府推出各种财政刺激措施——总额约相当于全球 GDP 的 10%——以抗击疫情。[③] 发达国家的金融市场还因此经历了极端的波动。美国十天发生了四次熔断（2020.3.9、2020.3.12、2020.3.16、2020.3.18），而美国历史上仅在 1997 年 10 月 27 日经历过一次熔断。然而影响至今的是，各国大量的资本投放市场，使得本国和资本流入国爆发通货膨胀，影响人民生活水平。

---

① United States: World Economic Situation and Prospects as of mid-2020, 2020.

② 国际货币基金组织，《世界经济展望》，2021 年 4 月。

③ 国际货币基金组织，《世界经济展望》，2021 年 4 月。

就世界经济发展趋势而言，依旧预期不明。经济发展趋势整体仍旧受到新冠疫情的未来发展路径、政策支持帮助实现、疫苗驱动复苏的效果以及融资环境的影响。目前变异毒株的出现和病亡人数的不断增加引发各界的担忧，未来经济发展趋势仍旧充满不确定性。

（2）区域经济形势概述

北美地区：

在全球经济复苏进程中，美国经济复苏更是独占鳌头。根据国际货币基金组织2021年7月的最新预测，预计2021年美国经济增速将达到7.0%，2022年将达到4.9%。仅2021年7月，美国非农就业人数就增加94.3万人，创下近一年来最大增幅。与此同时，失业率降至5.4%，就业市场的复苏正在朝着美联储的目标进一步发展。然而，这并不意味着美国经济的复苏之路将是一片坦途。一是美国供应链问题并没有缓和的迹象。特朗普时期，美国实施逆经济全球化，与中国经济脱钩。2021年，拜登政府也旨在减少对中国的依赖，重构产业供应链，然而至今依旧遭受供应链对经济造成的冲击；二是美国新冠肺炎疫情防控形势依然严峻。根据彭博社的大流行应对能力排名，美国在应对大流行方面只排在第18位，远远落后于中国。当前，德尔塔变异毒株正在美国国内广泛传播，如若疫情再度恶化，将对来之不易的经济复苏成果造成负面冲击。在疫情的阴霾下，美国服务业的复苏强度也要明显低于制造业；三是美国的货币以及财政支持政策或将逐步退潮。2020年，美国实施"无上限"量化宽松货币政策，推出了总额超过2.5万亿美元(占GDP的11.4%)的刺激计划。今年，美联储正准备收紧货币政策、缩减购债。同时，美国不断攀升的财政赤字以及债务水平，正在制约着财政政策的支持空间。数据显示，2021年7月，美国联邦政府财政预算赤字达到3020亿美元，创下历史同期最高水平，财政收入同比大幅下降成为预算赤字攀升的主要原因。美国联邦政府7月收入总额为2620

亿美元，同比下降 54%；支出为 5640 亿美元，同比下降 10%。

欧洲：

2020 年，为抗击疫情对经济的冲击，欧洲机构和各国政府已采取了重大的财政政策措施，其规模几乎相当于该地区 GDP 的 10%。作为一项紧急措施，欧盟委员会触发了《稳定与增长公约》(SGP) 中的免责条款，该条款通常将各国财政赤字限制在 GDP 的 3% 以内，公共债务限制在 GDP 的 60% 以内。[①] 然而，直到 2021 年第一季度，欧元区和欧盟经济仍处于下滑之中，环比下滑降幅分别为 0.3% 和 0.1%。2021 年，由于疫苗接种的推进和防疫封锁措施的解除，欧元区经济在第二季度重回复苏轨道。2021 年 7 月 30 日，欧盟统计局公布的初步统计数据显示，欧元区今年第二季度国内生产总值（GDP）环比增长 2%，同比增长 13.7%；欧盟 GDP 环比增长 1.9%，同比增长 13.2%。欧元区和欧盟失业率也略有下滑。欧盟统计局 7 月 30 日公布的数据还显示，今年 6 月，欧元区失业率为 7.7%，低于 5 月的 8%；欧盟失业率为 7.1%，低于 5 月的 7.3%。欧洲央行行长拉加德曾预计，欧元区经济将在 2022 年第一季度恢复至新冠疫情前的水平。

然而，欧洲复苏前景仍面临不确定性风险。一是多国经济数据向好，通胀大幅走高。目前，欧元区主要经济体中，意大利和西班牙第二季度经济反弹最为强劲，法国经济增长略高于预期。最大的意外是德国经济复苏乏力，产出增长仅为 1.5%，低于 2% 的预期中值。同时，虽然欧洲面临通货膨胀大幅走高，但为了经济复苏，欧洲央行仍坚守货币宽松政策立场。欧洲央行还表示，将可能会有一个允许通胀略微高于 2% 目标之上的过渡时期。二是疫情的影响。2021 年 7 月 22 日，欧洲央行行长拉加德表示：疫情持续为经济增长带来阴影，尤其是新冠变异病毒德尔塔毒株引起的感

① 国际货币基金组织，《世界经济展望》，2021 年 4 月。

染病例的迅速增加给欧元区经济带来了不确定性。有经济学家甚至认为，当前欧元区极为宽松的货币和财政政策，加上一系列负面的供应冲击以及新冠变异病毒的冲击，可能会导致上世纪70年代的滞胀危机重演。

俄罗斯被定义为欧洲国家，且日益获得德法的支持。2020年，由于美国页岩气的成功开发，美俄石油战爆发，石油价格下跌，能源收入大幅下降，以及受新冠疫情的影响，经济活动严重中断，俄罗斯联邦的经济预计将收缩4倍以上。俄罗斯联邦通过了一项价值200多亿美元的财政一揽子计划，用于公共开支和减税。由于防疫限制措施的取消、石油和大宗货物价格的上涨，俄罗斯经济恢复强劲，仅2021年第二季度GDP就增长了10.3%。

亚洲：

随着疫情的整体控制、《区域全面经济伙伴关系协定》（Regional Comprehensive Economic Partnership）的签订等因素，亚洲经济开始好转。2021年7月，亚洲开发银行发布《2021年亚洲发展展望》增刊，预测东亚地区2021年的经济增长预期为7.5%，2022年的增长预期为5.1%。其中我国经济增长预期高于区域水平，2021年的增长预期仍将保持在8.1%，其中上半年GDP增长了12.7%，2022年的增长预期为5.5%。韩国和中亚地区的2021年经济增长预期都得以上调。日本央行下调了增速。除此之外，由于疫情卷土重来，南亚、东南亚地区2021年的增长预期均已下调。

然而，新冠肺炎疫情依然是本地区经济增长前景的最大风险。亚行首席经济学家泽田康幸认为，亚洲疫后复苏仍在继续，但由于疫情卷土重来、病毒变异以及疫苗接种不均衡，复苏之路依然充满不确定性。除疫情防控和疫苗接种等措 施外，分阶段和战略性重启贸易、制造业和旅游业等经济活动，将成为确保绿色、韧性和包容性复苏的关键。

拉丁美洲和加勒比地区：

在全球新冠疫情爆发之前，该区域大多数国家就已经出现经济乏力状况，债台高筑，外部融资需求巨大，增长前景黯淡。2020 年，该区域同样受大流行病的影响，虽然各国央行通过降低政策利率和提供紧急流动性支持，迅速应对危机。

但受新冠肺炎疫情影响，拉美地区还是遭受了严重经济危机，随着失业率的急剧上升，大量的人陷入贫困，社会不满和政治动荡也普遍存在。然而，随着各国疫情逐步得到缓解，疫苗接种加速、复工复产逐步展开、国际大宗商品价格上涨和全球主要经济体复苏等因素带动下，拉美地区近期复苏势头亮眼。联合国拉丁美洲和加勒比经济委员会（拉加经委会）预测该地区今年经济将增长 5.2%，阿根廷、巴西、墨西哥等多国经济增速有望超过 5%。

非洲：

许多非洲国家——尤其是严重依赖商品出口的经济体——在受到疫情冲击之前，就已经面临经济危机的冲击。新冠疫情的爆发，外部需求严重收缩、融资条件更加不利。旅游业的崩溃也将严重影响佛得角、埃及、摩洛哥、圣多美和普林西比以及南非。高水平的公共债务、有限的财政空间、外部流动（特别是出口收入、官方发展援助和汇款）急剧下降、若干非洲经济体的储备水平低，再加上政治不稳定和安全薄弱，使该区域特别容易出现健康和经济危机。①2021 年，随着其他地区复苏的溢出效应、大宗商品价格上涨及新冠肺炎疫情防控取得进展等，非洲经济开始好转。2021 年 6 月，世界银行发布《全球经济展望》报告，预计 2021 年该地区经济增速将达 2.8%，2022 年有望升至 3.3%。世行表示，尼日利亚、南非和安哥拉等国经济活动已有所恢复，但疫情将继续给该地区卫生、教育、

① 国际货币基金组织，《世界经济展望》，2021 年 4 月。

投资和经济增长带来不利影响，一些国家还面临较大的通胀压力。但是，该地区经济相对脆弱、对外依赖性高，增长前景仍面临疫苗接种困难、通胀压力加剧等带来的下行风险。

2. 世界经济恢复的原因和特点分析

（1）原因分析

第一，全球疫情是影响各国经济发展的重要因素。2020 年，全球疫情的肆虐和“国内至上”使得几乎所有国家经济遭遇毁灭性打击。新冠肺炎疫情下，各国采取封锁政策，对全球供应链带来前所未有的冲击，使全球经济大面积瘫痪，不确定性增加，引发大萧条以来最严重衰退。但与此同时，西方大国的政府政策和文化加剧了全球疫情的爆发程度。此外，疫情带来的空前冲击唤起了广泛的社会恐慌和自私行为，挑战各国政府的权威性与合法性。越来越多国家将更加奉行更加“国内至上”的政策，甚至不惜相互指责诋毁、缓解内部矛盾。

2021 年，随着疫苗的推广，全球疫情得以整体控制，加之各国政策刺激，石油和大宗物品价格上涨红利等，大多国家开始出现经济复苏迹象。然而经济发展预期依旧不明。这主要受疫情走势的影响。早在 2020 年 3 月 25 日，中国 100 名学者致信美国，呼唤合作抗疫，美国 90 多名前官员与学者对此进行回应，但这种民间的理性喊话并没有实现政府层面的合作抗疫。疫情政治化使得国际合作抗疫举步维艰，由于没有有效的全球合作抗疫，至今全球疫情不仅没有结束，而且还遇到变异毒株的持续传播，未来经济发展依旧充满不确定性。国际货币基金组织首席经济学家吉塔·戈皮纳特警告，高传染性变异新冠病毒的持续传播可能令世界经济复苏“脱轨”，或将导致全球经济产出到 2025 年累计损失约 4.5 万亿美元。富国银行证券经济学家尼克·本嫩布罗克认为，最近一轮疫情反弹对全球经济的影响将取决于其持续时间以及各国会否重新出台严厉的防控措施。如果这轮疫情导致一些国家政府重新封锁经济，全球经济增长将受到严重拖累。戈皮纳特更是直言，只有在全球范围内击退疫情，世界经济复苏才能得到保障。

第二，大宗物品价格上涨使得相应国家经济增长强劲。2020年，大宗物品价格下降，使得依赖大宗物品出口的国家经济受损。大流行病颠覆了全球供需，许多国家的运输、航空旅行和制造业实际上陷入停滞，对石油和其他大宗商品的需求大幅下降，大宗商品价格在2020年初大幅下跌。就石油价格而言，除了大流行病冲击以外，还受到全球能源结构调整的影响。美国成功开发页岩气，开展与俄罗斯等国的石油价格战，从而使石油价格雪上加霜。俄罗斯和沙特阿拉伯达成的减产协议对阻止油价的极端波动几乎没有作用，这表明市场参与者仍然不确定石油需求和经济活动是否会在短期内回升，这对这些国家的经济影响较大。2021年，石油和其他大宗商品价格上涨，与之相关国家经济发展速度较快。

第三，国际关系地缘政治化和美国对华全面遏制战略使得全球经济恢复并未到最大增长率。世界经济发展从来都离不开国际形势的影响。2019年，全球GDP增长放缓的主要原因是国际关系地缘政治化、逆经济全球化、中美贸易战以及对华经济脱钩、英国脱欧等。中国作为世界第二大经济体，对全球经济发展贡献率较高。随着特朗普政府对华实施全方位战略对抗，全球贸易紧张局势从中美两国扩大到更多的国家和国家集团。2020年，虽然全球新冠疫情成为影响世界经济下行的主要原因，但地缘政治摩擦不断升级，全球贸易紧张局势加剧，对多边主义怀疑加剧，全球政策空间有限等，依旧是未来世界经济发展的重大不确定性因素，其消极效应将会持续一段时间。2021年，全球经济整体好转，然而预期不明，根本原因在于国际关系地缘政治化以及美国对华全面遏制。一方面导致美国推动盟友与中国经济脱钩，重构产业链，从而不仅使本国无法从中国经济发展中收益，还将使本国面临产业链危机。另一方面在此背景下，全球新冠疫情由全人类共同面临的全球卫生安全问题上升到政治问题，全球合作抗疫仍未有实质进展，人为拉长了疫情对全球经济的冲击时间。

（2）特点研判

第一，世界经济复苏步伐分化。由于受全球新冠疫苗分配不均、各国政策支持力度不同、全球供应链受阻等多重因素影响，全球经济复苏步伐日益分化，发达经济体与发展中经济体之间的“免疫鸿沟”、发展鸿沟、贫富差距继续拉大，全球经贸版图割裂化趋势进一步显现。国际货币基金组织数据显示，截至2021年7月中旬，发达经济体接近40%的人口已完成新冠疫苗接种，新兴经济体约11%的人口完成接种，而低收入经济体完成接种的人口比例仅为1%。IMF指出，疫苗获取已形成一条主要“断层线”，将全球经济复苏划分为两个阵营：疫苗接种率高的发达经济体今年晚些时候经济活动有望进一步恢复正常；疫苗短缺的经济体仍将面临新冠感染人数再度增加和死亡病例上升的严峻挑战。俄罗斯国立高等经济学院教授利昂尼德·格里戈里耶夫也认为，经历疫情冲击后的世界经济变得更加不平衡，发展中经济体被甩下更远。

第二，世界经济脆弱复苏与通货膨胀压力并存。2020年，随着COVID-19在全球蔓延和肆虐，各国为刺激经济、维持信贷流动、稳定股票和债券价格、向家庭和企业提供财政救济、失业救济金、补助金和贷款等，采取了更大规模的量化宽松。事实上，在过去十年中，由于强劲的经济复苏仍然难以实现，大多数政府积累了财政赤字和较高的债务水平，以刺激经济增长。发达经济体主要依赖于货币政策措施——接近于零政策利率和量化宽松——引导经济从2009年的大衰退中复苏。基于此，以美国为首的发达经济体为应对疫情冲击而采取大规模财政刺激和宽松货币政策，导致全球流动性严重过剩。美联储、欧洲央行调整货币政策框架，提升对通胀的容忍度，也一定程度上也推高了通胀预期。此外，部分发达经济体疫情趋于缓和，居民消费迅速反弹，但疫情带来的供应瓶颈造成商品和服务供给不足，供需失衡进一步推升物价。上述因素导致今年以来，全球主要经济体通胀压力普遍上升，其中美国通胀压力尤为突出。2021 年 6 月，美国消费者价格指数（CPI）同比增长 5.4%，创 2008 年以来最大同比增幅。更严重过的是，如今发达经济体宽松货币政策陷入进退维谷的困境：继续执行宽松政策可能加剧通胀，侵蚀普通消费者购买力，并可能导致经济出现滞涨；开始收紧货币政策虽有助于遏制通胀，却会打压经济复苏势头，并可能中止复苏进程。

3. 世界经济形势走向预判

全球经济环境仍将充满挑战，经济恢复发展面临巨大阻力。

第一，COVID-19 带来的冲击是全方位的，疫情仍在继续。疫情冲击具有出“单点引爆、多点连锁叠加”的特征，即基于对人民身体健康和生命安全的“单点”威胁，随后同时引发经济、社会和政治等“多点”出现危机，而各类危机的相互叠加又发过来削弱政府危机管控的能力，令疫情进一步失控。

现今，全球疫情不仅没有结束，甚至出现变异，各国对可能出现的变异毒株的传播感到恐惧和焦虑。疫情的持续时间依旧未知。不确定性持续的时间越长，经济就越难回到危机前的正常轨道。此外，许多国家可能认为，与它们从经济一体化和相互依赖中获得的利益相比，造成严重损害的流行病的潜在成本过高。如果这场大流行病持续时间过长，其经济代价过高，这场抗击大流行病的战斗将加大逆全球化的趋势。我国指出，“面对严峻复杂的国际疫情和世界经济形势，我们要坚持底线思维，做好较长时间应对外部环境变化的思想准备和工作准备”。①

第二，国际关系地缘政治化，国际经济政治化。目前美国对华遏制全领域、全区域、全方式展开。未来世界经济形势还将受中美关系影响，尤其是美国开始组建对华经济联盟。美国战略遏制中国对全球经济的负面影响在最近几年都得以体现，但是，我们还需要考虑遏制的程度加深可能带来的经济发展中断风险、或者全球经济秩序调整等；美国对华遏制的时间持续的越长，其对全球经济产生的负面影响将具有叠加效应。

我们还需要从中国角度来分析美国负面影响的对冲效应。我国即使是在美国持续施压的状态下，依旧坚持开放的经济体系，加强与其他国家的经济合作。首先是一带一路的高质量发展。此外，我国与欧盟、俄罗斯和东南亚国家的经济合作都取得了重大成果。我国与欧盟国家的经济合作，主要是随着美国与欧盟国家的间隙扩大，我国对欧盟国家的经济吸引力增强，而美国也无法承担迫使欧盟国家与中国交恶的战略成本和经济支出，这使得我国与欧盟国家的经济合作具备相对坚实的基础。而我国与俄罗斯的全面战略协作伙伴关系更是如此，东南亚国家虽然受到南海局势的影响，但我国依旧坚持建立“周边国家命运共同体”和“海洋命运共同体”，尤其是随着 RCEP 的签订，中国与东南亚国家的经济往来依旧值得肯定。鉴如此，我国所形成的对冲效应具有持久性和可建造性。

二、世界政治形势概览

2021 年，世界政治正遭遇百年未有之大变局。2019 年 2 月，第 55 届幕安会主席沃尔夫岗・伊申格尔认为：“危机就在于旧世界在死亡，而新

① 习近平总书记主持召开中央政治局常务委员会会议，2020 年 4 月 9 日。

世界无法诞生。在过渡期，各种各样的病态症状层出不穷。”2021 年，国际政治形势充满了不稳定和不确定，大国竞争升级，中美战略博弈牵动国际政治形势的整体走势；国际关系地缘政治化，国际合作精神被抛弃等，这都使得全球治理面临前所未有地缘政治的挑战，全球治理前途灰暗；我国推崇人类命运共同体理念，继续支持国际政治多极化、重视国际合作精神，强调采取多边主义措施解决国际问题，成果有之，困难也十分显著。

1. 大国战略博弈升级，大国关系加速分化调整

2021 年，国际政治的主基调是大国竞争，美国、中国、俄罗斯和欧盟四大力量的权益纵横，大国关系加速分化调整。其中，随着中国的崛起，美国的霸权危机感加深，其战略调整聚焦大国竞争。特朗普上台后，美对华全球遏制战略逐步形成，全球新冠疫情加剧了中美关系的恶化，也使中美战略博弈逐渐成为国际政治的主线。

第一，美国与中国战略博弈成为攸关世界政治的主线。

正像美国国务卿布林肯所言，“中美关系成为必须管控的 21 世纪最大地缘政治考验”

拜登上台后，继续特朗普对华遏制战略。2021 年 2 月拜登发表的首次外交政策演讲已明确宣布中国是美国最主要的战略竞争者。2021 年 3 月 3 日，拜登发表了他上任以来最具份量的《美国国家安全战略临时指南》。《美国国家安全战略临时指南》强调，“中国是唯一一个有可能将其经济、外交、军事和技术力量结合起来、对稳定和开放的国际体系提出持续挑战的竞争对手”。“2021 年战略竞争法”（“Strategic Competition Act of 2021”），更是授权美国政府采取外交、科技和军事战略行动来“对抗中国。”为此，拜登政府延续特朗普政府的对华全球遏制战略，并一改特朗普单边主义作风，修复盟友关系，意欲构建对华安全、经济、科技和价值观联盟，维持全球霸权地位。美国将中国视为“首要挑战”，高举西式价值的大旗，强化对华意识形态攻击，通过污名化方式将与中国的竞争塑造为“自由民主与专制威权”“和平与霸权”……以动员国内外更多力量支持和参与到对华竞争中来。经济上强化与地区盟友的经贸合作，重构产业供应链，减少对中国的依赖；改革 WTO 等国际多边经济机制，加强对中国的规制压力；和中国开展针对性的地缘经济竞争等。安全上，在我国南海军事活动升级，频繁度大量增强；香港作为我国领土，《香港国家安全法》从颁布到生效，一直受到以美国为首的西方国家的质疑和挑衅，美国促使“五眼联盟”以及其他盟国，对香港实施制裁，霸权主义行径暴露无遗。台湾问题依旧如此，美国大大加强对中国台湾的政治、军事上的支持，干涉我国主权。总而言之，美国防范、压制中国的战略很难发生根本改变，中美间深层次的战略分歧与对抗仍在，两国在经贸科技争端、网络安全、外太空、海洋以及台湾、南海、新疆等问题的较量还会继续。

第二，美国构建美欧反华联盟关系与欧洲战略自主的矛盾。

特朗普时期，美国的“美国优先”原则，以及“让美国再次伟大”的目标，使美国与欧洲裂痕或持续扩大。在“美国优先”原则下，特朗普政府对同盟体系作出了较大调整，对盟国在防务费用、盟国责任、经济合作等诸多领域提出新要求。例如，美国威胁从德国撤军，以及美国多次抛出北约“过时论”，以要求北约盟国分担军事防务费用；美欧在维护全球自由贸易、围绕农产品、“欧盟补贴空客”等经贸摩擦持续发酵；美欧在应对气候变化、解决伊核、叙利亚等诸多问题上分歧凸显。

拜登上台后，依旧将中国视为最主要威胁对象进行全球遏制。更重要的是，拜登政府一改特朗普时期的单边主义作风，实施对华联盟战略，加强对中国的战略围堵。在这种背景下，美国修复盟友关系。在欧洲方面，拜登政府认为上届政府的做法是疏远欧洲并把欧洲推向了中国。欧盟与中国的全面投资协议就是明证。拜登还抛弃了特朗普政府威胁从德国撤军的做法，并竭力缓解在美欧贸易问题上的紧张气氛。

然而，现实实践上，欧洲国家也十分珍视战略自主，奉行“独立外交”。欧盟新主席冯德莱恩早已表态说，要建立真正具有地缘政治性的、更加外向的欧盟，从迄今扮演的“单一市场力量”向“金融超级力量”乃至安全和军事力量转型。作为欧盟的实际领导者，法国和德国对美国对华战略竞争和北约“亚太化”兴致寥寥。法国总统马克龙公开声称表示北约需要弄清楚自己的敌人是谁，中国不是北约需要优先处理的问题，七国集团也不是敌对中国的俱乐部，声明了法国不在中美之间“选边站”的立场。德国总理默克尔也提出世界应该避免形成对立阵营，并多次重申了她对中欧投资协定的支持。

第三，美国与俄罗斯的“多元复合”竞争可成为趋势。

2019 年，美国就将中国列为首要战略威胁，其次才是俄罗斯。2021 年，拜登政府延续这一判断，认为中国已超越俄罗斯，成为美国最大的竞争对手。而俄罗斯则属于与伊朗、朝鲜一类的第二层次威胁。但是 2021 年，美俄关系值得关注和重视。一方面，美俄关系依旧持续在低位徘徊，双方在伊朗、叙利亚、乌克兰、核军控、北约东扩等问题上针锋相对，美国对俄制裁不断升级，彼此矛盾和战略竞争进一步加剧，美国退出《中导条约》，以及俄罗斯对美国的历史记忆和战略认知等，都使得美俄关系难以发生根本好转。但另一方面，随着美国将中国视为首要战略威胁国，俄罗斯将在中美关系中扮演特殊角色，美中俄复杂三角关系值得关注。未来美中俄关系可能出现三种场景：场景一，支撑中俄轴心的力量仍将存在，甚至可能加剧。中俄与美国的竞争可能会变得更加尖锐。这种场景忽视了美国鉴于全球结构性压力，对俄战略需求加强；场景二，美国与俄罗斯结盟抗压中国，或者谋求俄罗斯中立角色。这需要美国投放大量战略资本。

包含从东西两线增加俄罗斯安全利益，但这与盟国安全利益冲突；场景三，对中美俄的地缘政治关系判断不能过于简单化，用敌友关系界定。大国战略竞争意味着利益总有相关性，呈现利益竞争和合作的“多元复合”的态势。未来场景三的可能性更大，大国竞争更趋复杂化。

2. 全球治理与地缘政治间的悖论

全球治理在二战后兴起，冷战后日渐成熟。现今，全球治理涵盖绝大多数领域、牵涉全球绝大多数国家。在全球治理背景下，国际社会强调国际规范的作用，主张通过国际合作解决共同问题，以减少“公地悲剧”。但是，现今全球治理受到全球政治局势的负面影响，也受到一些国家的对冲影响，包含我国。

2021 年，全球治理受到以下几大因素的挑战：

一是，国际关系地缘政治化、逆经济全球化、民粹主义、本国优先，尤其是主要大国关注点转移到国家安全竞争、抢占经济科技制高点、国内矛盾通过在国际上制造热点矛盾来转移等，使得各国参与全球治理的动力和资源投放都呈下降趋势。

COVID-19 作为全人类共同敌人，严重威胁世界各国人民生命健康安全，冲击各国经济秩序、社会稳定，影响世界经济增长和国际秩序走向。全球新冠疫情的肆虐需要各国合作，共同抗议。我国从政府到民间，一直理性强调公共卫生安全是人类面临的共同挑战，需要各国携手应对，提出同有关国家特别是疫情高发国家在溯源、药物、疫苗、检测等方面的科研合作，共享科研数据和信息，共同研究提出应对策略。但是，随着而来的是，美国等国出于地缘战略抗华的目的，出于转移国内矛盾，不断将污名化中国，拒绝合作抗疫。我国提出要重视同世卫组织沟通交流，但美国确是以退出世卫组织逼迫世卫组织改革，以更好地服务美国国家利益。总而言之，各国对 COVID-19 的“别有用心”，将疫情政治化，从而使得新冠疫情冲击全球各方面。

二是，美国的霸权政策。2020 年，特朗普时期，美国大行单边主义及其“退群、毁约”有增无减，全球治理赤字增大。美国“退群”不断，仅 2019 年至今，主要的“退群”行为有：退出《中岛条约》(2019)、退出《开放天空条约》(2020)、世界卫生组织 (2020)。客观上讲，美国“退群”首先是国际法问题，其实才是国际政治问题。但是，究其根源，美国“退群”行为都体现了抛弃国际合作精神，追求“美国优先”，使得全球治理受阻。以联合国为代表的多边组织遭遇美国单边主义逆流，全球治理供求缺口增大。仅 2019 年，美国作为承担了联合国 22% 的常规预算以及 28.47% 的维和预算的第一大会费国，拖欠的联合国会费一度高达 10.55 亿美元，致使联合国面临严重的财政困难联合国深陷财政危机，美国作为最大出资国持续以削减和拖欠会费手段对其施压促变，联合国面临被边缘化、政治化和工具化等多重挑战。联合国的正常运转受到严重影响，联合国在全球治理领域所发挥的作用也受到削弱。2020 年是联合国成立 75 周年，由于受疫情影响，联合国总部多次向美国请求帮助遭拒。这期间，俄罗斯建议将联合国总部搬离美国，获得 70 多国支持。

3. 中国国际压力背后恰好是中国模式的力量

目前的中美战略竞争态势不能完全等同于冷战，中国面临来自美国的战略施压，其背后刚好是中国模式展示了应有的力量。不可否认，我国硬实力与美国依旧存在一定差距，但是，我国作为第四次科技革命的“并跑国”，科技促使经济的高质量发展，也为未来战略布局提供科技支撑；我国“一带一路”得到越来越多的参加参与和认可，美国在这方面并不具备直接竞争的优势，其采取的是“蓝点网络”，建立新基建标准来对冲中国

“一带一路”的影响。但是疫情期间，我国的抗疫成果更是提升了“一带一路”沿线国家对我国的认可。此外，我国国内治理稳定、和谐，不断进步，此次疫情体现了我国的制度优势和治理效能。而美国国内政治充斥着对总统弹劾案，黑人暴动激发的种族主义矛盾、美国总统大选暴露的政党之争等。整体来看，美国在硬实力优势依旧明显，但是在意识形态、经济优势和文化吸引力方面逐渐失去感召力。美国正是出于这种内外因素，加强对中国的防范和遏制。

三、世界安全形势概览

1. 传统安全博弈升级

（1）百年大变局，中美安全博弈升级

中美关系是全球最重要的、影响最广泛的双边关系，直接关乎未来国际秩序和全球安全走向。目前，拜登政府继续视中国为主要的地缘政治竞争对手，正在从多维度、全方位地加大对华竞争的力度，并且过程中表现出明显的结盟倾向。《美国国家安全战略》报告宣称，在印太地区，中国试图“取代美国，扩大其国家主导的经济模式的势力范围，并以对它有利的方式改写地区秩序”；在西半球，“中国试图通过国家主导的投资和贷款将该地区拉入自己的阵营”；在非洲，中国正在扩大经济和军事存在，“中国通过腐蚀当地精英阶层、控制采矿业、让非洲国家受制于不可持续和不透明的债务和承诺的做法，损害非洲的长期发展。”随着中美战略对抗升级，学者将其中美关系誉为新冷战。美国学者沈大伟（David Shambaugh）直言，美国和中国现在正处在冷战 2.0 中。中美安全博弈体现在：

美国对华实施“印太战略”。美国不仅将中国定位成“势均力敌”的“战略竞争对手”，还频频提出针对中国的“亚太再平衡”“印太战略”等战略规划，对中国的崛起表现出极大的敌意。印太地区是美国对华开展地缘政治竞争的重点。美国将把太平洋和印度洋整合为一个一体相通的地缘政治概念，成立印太司令部，将把印度纳入美国地区战略构想，借助印度平衡和制约中国。在安全层面，以美、日、印、澳四国之间的安全合作（包括美日印、美日澳等三边合作）为主，以这四国与印太地区其他国家的安全合作（如“印太海上安全倡议”）为辅，旨在平衡中国海上力量的快速增长，牵制中国在西太平洋及北印度洋的海上军事活动。近年来，随着“印太”战略的不断深化，美国更是不断拓展和优化原有的亚太基地布局，加速海军舰艇的“东西大挪移”，加强以关岛为核心的前沿基地建设，加紧部署远程战略轰炸机，多管齐下强化在“印太”地区的军事存在。2020 年至今，美国以美日印澳为核心，扩展“五眼联盟”，试图拉拢日本、韩国和法国加入“五眼联盟”，推进印太战略。

南海是中美安全博弈的重点区域，南海安全局势恶化。美国认为，一旦中国通过南海岛礁建设实现了对南海地区的海空控制，将对美国在西太平洋地区的未来军事活动，特别是海上军事力量投射构成重大威胁，也将由此改变其制定的全球海洋游戏规则，从而威胁到其在西太平洋地区的军事安全利益。2019 年 3 月，美国国务卿迈克·蓬佩奥（Mike Pompeo）在访问菲律宾时表示《美菲共同防御条约》适用于南海。这一表态标志着美国相关政策的重大变化，也暴露了美国要更深地介入南海问题的意图。此外，美国还积极动员盟友和伙伴介入南海问题，2019年5月，美国、日本、印度和菲律宾四国军舰在南海海域编队航行，并开展联合演习。近年来，美军显著提升其在南海军事行动的频率和强度，在南海开展的所谓“航行自由”行动和举行的军事演习变得更具挑衅性、针对性和威慑性。仅 2020 年上半年，美国军机南海活动超 2000 次。美军还派出“里根”号和“尼米兹”号两艘航母战斗群前往南海举行联合演习，其频率也达到历史之最，仅在

2020年7月就已经超过两次。这意味着美国要在西太平洋地区形成强大军事威慑，使其“霸道行径成为常态”，同时也使得南海地区成为其实施“炮舰外交”的重要舞台。2021年8月，美国国务卿布林肯甚至公开在安理会上宣称：“南海出现损失，不管是对于任何方面的损失，都将是国际上的损失。”美国一系列海上挑衅行为，使得南海安全局势恶化，南海安全合作受阻。南海其他沿岸国家依旧重视利用美国力量，谋取海洋权益优势。这意味着，随着中美战略对抗升级，在美国等国的干预下，南海将是极为不稳定的重要区域之一。

特朗普时期极为重视“台湾牌”的战略和战术价值。在国会和行政当局内部亲台势力的竭力推动下，特朗普政府通过立法、军事和外交等手段加大对台湾当局的支持力度。2019年8月，特朗普政府宣布对台出售66架F-16V战斗机，总价值88亿美元，是美国对台军售史上金额最大的一笔交易，也是时隔27年后台湾地区第一次从美国购得新型战斗机。美国对台军售模式也出现重大调整，如允许技术转移、鼓励商售、聚焦不对称作战武器等。双方军事交往日趋热络，层级不断提高。美国还利用军舰通过台湾海峡、海军科研船只停靠台湾岛等形式来展现对台湾当局的支持。在国际层面，特朗普政府也加大了对台湾当局的支持力度，如出于对萨尔瓦多、多米尼加和巴拿马三国与台湾地区断绝“邦交关系”、与中国大陆建交不满，召回美国驻三国的大使或临时代办，并向台湾地区在拉美与加勒比地区的其他“邦交国”施压，防止它们效仿。尤其值得注意的是，2019年5月，经美方同意台湾地区驻美机构“北美事务协调委员会(CCNAA)”更名为“台湾美国事务委员会(TCUSA)”，将“台湾”与“美国”并列，旨在凸显“台湾”的政治身份。2019年6月，美国国防部发布的《印太战略报告》公然把台湾地区称作“国家”，事后美方并无纠错之举。这些迹象显示，特朗普政府试图突破“一个中国”的红线，使“一中一台”成为美国对台政策的新模式。拜登上台后，美国将盟友纳入台湾等议题中。2021年4月，美日发表联合声明，共同发表对台海局势的关注，这是1969年以来首次在联合声明中加入与台湾直接相关的内容。

此外，北约作为美国主导的以对抗俄罗斯为主的军事组织，也将中国界定为重要的安全治理客体。拜登在2021年6月接连参加了七国集团峰会、北约部长会议和美俄元首会面，试图弱化俄罗斯的威胁并通过“北约2030倡议”推动北约的亚太化。对此，作为美国联盟体系“主力军”的北约在美国的推动下将中国列为了“系统性挑战”。北约认为中国国防预算排名世界第二并拥有全新的现代化军事能力，中国崛起已经改变了全球的力量平衡。北约秘书长斯托尔滕贝格为此更是夸张指出“中国的崛起对所有北约盟国都有安全影响。”

（2）区域安全热点问题

北极区域成为大国角力的新抓手和新战场，大国战略竞争升级，成为新的区域安全热点。随着全球气候变化和北极冰川融化，北极蕴含了全球30%以上的石油，北极航道也将影响未来全球贸易格局。北极的地缘战略价值凸显。长期以来，美国虽为北极国家，但北极能力有限。但是，2019年，美国北极战略转向，将中俄视为北极威胁者，北极地区地缘政治化，美俄军事活动增强。

美国和北约加强对俄罗斯的军事对抗。北约是专门针对俄罗斯成立的军事防务组织，8个北极国家中5个是北约同盟国，分别为美国、加拿大、丹麦（包括格陵兰）、冰岛和挪威；2个为北约合作伙伴国，分别为芬兰和瑞典，俄罗斯在北极已陷入北约及其合作伙伴的包围局势。2017年12月，美国特朗普政府发布了新版的《国家安全战略》，在报告中将中国与俄罗斯定位为“战略竞争者”（Strategic Competitors）。此后，两国在北极军事摩擦不断，利用战略轰炸机在欧洲地区角力，规模庞大的军事演习也仍在持续升级，2019

年9月，美国印度—太平洋司令部领导“北极远征军能力演习”，演习地点选在阿留申群岛，美国从大西洋和太平洋双面夹击俄罗斯的想法昭然若揭。此后美国海军在北极的军事训练将趋于常态化，美俄军事冲突已将北极重置为“新战场”。2020年7月21日，美空军发布有史以来的首个北极战略。该战略旨在加强美空军在北极地区的兵力和投资，以应对中俄威胁。

美国和北约在北极地区的军事战略布局无疑将迫使俄罗斯进行新一轮的回击。为此，俄罗斯强化北极军事措施以加强其在北极地区的传统军事大国地位，包括增强核威慑能力、加强北极军事基础设施建设、加强北方航道控制，另外也加大远东大开发、强化远东军事力量。美国的出击和俄罗斯的回击，致使北极安全形势更趋恶化。北极安全未来走向很大程度上取决于中美俄大三角关系。目前，美国已经打算拉拢俄罗斯，进行站队。2020年7月23日，美国国务卿蓬佩奥公开表示欲将俄罗斯拉入到与中国的对抗当中。2020年7月29日，俄领导人根纳季·久加诺夫撰文回应，其称，“美国倡议组建‘民主国家联盟’，并开始将俄罗斯拉入其中。但俄罗斯不应重蹈覆辙，也不能沦为美国地缘政治游戏中的筹码，应加强与中国的战略协作关系”。

中东：

由于地缘、民族、教派等地区固有矛盾，更重要的是由于美国中东政策的自私自利、袒强凌弱、单边至上，中东安全问题此起彼伏。当今中东安全问题错综复杂，既有历史遗留的传统热点问题，也有国际形势对中东局势的冲击，更有中东国家转型发展遭遇困境引发的动荡。

伊朗问题再度成为中东安全问题的焦点。特朗普上台后，对伊朗采取了包括退出《伊核全面协议》、重启制裁等一系列强硬政策，还利用中东反伊朗情绪，趁势拉拢地区盟国推动建立反伊朗联盟。由于美国中东政策的变化，以色列与沙特等海湾国家关系正在前所未有地走近。此外，阿拉伯世界也再次分裂和分化，沙特等国与卡塔尔断交便是这一变化的产物。

巴勒斯坦局势持续恶化，巴勒斯坦问题继续被“边缘化”。近年来，尤其是特朗普上台后，公开承认耶路撒冷是以色列首都，并将美国驻以色列使馆搬迁至耶路撒冷，由此引发巴以持续冲突。

叙利亚内战趋于平息，阿拉伯国家与叙利亚关系有所缓和，但叙利亚有可能成以色列与伊朗冲突的新战场。美国从2019年起开始从叙利亚撤军，并表示不再谋求推翻巴沙尔政权。一些阿拉伯国家则开始寻求修复和改善与叙利亚的关系。阿拉伯联合酋长国率先重开其驻叙利亚使馆。但与此同时，自美国退出《伊核全面协议》之来，以色列已多次在叙利亚与伊朗交火。此举可被视为是对美国强硬政策的支持，也进一步增添了叙利亚局势的复杂性。

2021年，中东地区伊拉克最新现象及其后续发展值得密切关注，有学者甚至称伊拉克可能会影响全球地缘政治。

（3）中国周边安全

中国周边安全，除上文已述的南海问题外，主要是中印边境冲突。此外，从地理空间上看，“一带一路”不能完全视为我国周边地区，但攸关我国重大国家利益，因此，“一带一路”沿线安全问题值得关注。

第一，中印边境冲突

中印边境矛盾一直存在，此次冲突是在加勒万河谷地区，属于中印认可的实控线的中方一侧，我国对此地拥有主权。2020年4月以来，印度单方面加勒万河谷地区抵边修建设施，我国多次就此提出交涉和抗议。5月6日凌晨，印度边防部队越线进入中国领土构工设障，阻拦中方边防部队正常巡逻，试图单方面改变边境管控现状。中方边防部队不得不采取必要措施，加强现场应对和边境地区管控。在中方的大力推动下，双方经过多渠道沟通，2020年6月6日，两国边防部队举行首次军长级会晤，双方同意采取切实措施，缓和边境地区局势。印方承诺不越过加勒万河口巡逻和修建设施，双方通过现地指挥官会晤商定分批撤军事宜。但令人震惊的是，6月15日晚，印度一线边防部队公然违背双方达成的共识，出尔反尔，再次越过实控线向中方蓄意挑衅。中方官兵在现地交涉时，突然受到印方暴力攻击。这引发双方官兵激烈肢体冲突，造成人员伤亡。

中印此次边境冲突是印度违背共识、单方面挑衅造成。印度此举在于：中印边境矛盾一直存在；美国实施印太战略，印度被纳入战略制华一测；印度对大国地位的追求，中国很长时间来都是印度认定的竞争对手，印度自认对华竞争实力加强；

第二，“一带一路”沿线安全问题

“一带一路”沿线安全主要受两个方便影响，一是沿线国家国内政局和区域动态，二是以美国为首的西方国家对“一带一路”的污名化和对冲政策的实施。前者的影响正如上文所述，而后者的影响体现在：1）污名化中国。早期，一些发达国家妄议中国“一带一路”的意图，认为其是“绿色陷阱”、“债务陷阱”和“对外输出污染”等就是此表现。这些国家的干扰和恶意炒作就有可能成为制约一带一路经济活动的不稳定因素。2019年8月，蓬佩奥访问南太岛国，声称美国加强与它们的关系有助于抵抗中国“以威权主义”姿态重塑岛国地区版图，试图说服这些国家减少甚至停止与中国的互利合作。2019年4月，蓬佩奥在访问智利时宣称，中国在拉美的投资具有“腐蚀性”，会“滋生腐败并侵蚀民主与秩序”。2）政策对冲。特朗普时期的“蓝点网络计划”，在新基建标准上与中国直接竞争。2021年，G7峰会上，拜登政府推动各方提出“重建更美好世界”（B3W）倡议。这一倡议是在拜登提出的全球民主与专制较量的大背景之下提出的。拜登说：“制定‘重建更好世界’伙伴关系的努力旨在动员全世界民主国家，以迎接世界面临的挑战，并帮助我们的人民，坦率说，是各地的人民。”该倡议强调发达民主国家将合作为发展中国家的基础设施建设提供支持，以应对超过40万亿美元的基础设施融资缺口。可见，“重建更美好世界”倡议针对中国的意图是赤裸裸的，被认为是旨在抗衡“一带一路”合作的重大战略举措。美国外交关系协会研究员大卫·萨克斯（David Sacks）说：“‘重建更好世界’倡议的积极之处在于，这是美国首次真地提出了应对‘一带一路’的措施。”实际上，拜登政府推动的“重建更美好世界”倡议从侧面表明了“一带一路”合作的价值及其取得的进展。3）与盟国形成合力。特朗普政府动员澳大利亚、日本等盟国加强与太平洋岛国的联系，与美国一道遏制中国在该地区的影响。

除此之外，中国周边安全问题还包含朝鲜半岛不确定性增强，美朝核心分歧依旧。近期朝鲜接连恢复重大武器试验，朝鲜表态将“拥有新的战略武器”；特朗普一面强调与金正恩私交仍好，一面又再度提及对朝动武可能性，威逼之势明显。2020年美朝关系转圜空间减小，重回紧张旧态。

2. 非传统安全威胁升级

非传统安全威胁是相对传统安全威胁因素而言的，指除军事、政治和外交冲突以外的其他对主权国家及人类整体生存与发展构成威胁的因素。主要包括：经济安全、金融安全、生态环境安全、信息安全、资源安全、恐怖主义、武器扩散、疾病蔓延、跨国犯罪、走私贩毒非法移民、海盗、洗钱等。2019年以来，随着国际关系地缘政治化、国际合作精神被人为抛弃、国际组织参与全球治理的权威性受到前所未有的挑战等，这都使全球非传统安全威胁治理前途未卜，威胁不断升级。其中，新冠疫情、网络安全、全球气候安全可视为影响全球安全秩序的重大非传统安全威胁。

（1）新冠疫情

全球新冠疫情的突发与肆虐，相关国际合作受阻，冲击力度强。疫情是由传染性疾病传播引发的公共卫生安全危机，它是人类面临的永恒挑战。据统计，从 1980 年到 2013 年，全球报道共记录到 12012 起各种疫情，4400 万例病情，影响到世界每一个国家。近年来每个月就有 7000 个潜在疫情的新信号出现，产生 300 个后续行动、30 项调查和 10 次风险评估。[①] 根据疫情影响范围和程度可以分为“散发”（Sporadic）、“暴发”（Outbreak）、“一般流行”（Epidemic）和“大流行”（Pandemic）等不同情况。COVID-19 被定位为大流行。更为关键的是，截止 2020 年 8 月，全球范围的 COVID-19 顶峰拐点依旧未至。疫情对人民生命安全、心理健康，以及对世界经济、世界秩序都造成了前所未有的冲击，成为 2020 年国际安全问题的一批“黑马”。鉴于疫情冲击的广泛性，疫情防控从一开始就不仅仅是一个医学问题，还是整个国家和国际社会综合治理体系和能力的问题，也是国际社会合作应对非传统安全威胁的问题。

（2）网络空间安全

第一，网络安全治理地缘政治化和军事化。

当今，中美关系跌入建交以来最最低点，国际关系地缘政治化，竞争与对抗色彩变浓。网络已经成为大国博弈的主战场，网络安全治理的大国博弈不断升级，大体体现了中美、美俄、中俄、中欧四组双边关系。2020 年，由美国主导，英国、加拿大、澳大利亚和新西兰组成的“五眼情报联盟”（the Five Eyes intelligence community）积极向网络空间调整，将对全球网络空间的安全及治理产生深远影响。五国出台网络空间安全战略，确立了主要的共同威胁挑战和应对措施，引导“五眼情报联盟”聚焦于网络空间。同时，五国通过机制改进举措，大幅度扩展在网络空间的情报行动能

① World Economic Forum: World Economic Forum White Paper: Outbreak Readiness and Business Impact Protecting Lives and Livelihoods across the Global Economy, 2019.

力，特别是加强网络威胁情报领域的紧密合作，以巩固"五眼"在网络空间的情报优势。这在国际关系方面带来了网络备战升级、网络空间治理分化、信息产业风险等影响。“五眼情报联盟”的核心目标是中国，五国一致同意加大对华为的围剿、合力制裁香港、围猎 TikTok 等。2019 年，日本政府积极表态希望成为“第六只眼”，得到英国等国的支持。

第二，网络空间军事化。

网络空间军事化是指各国将网络空间相关的资源及技术持续投入军事和安全领域以实现战略目标的过程。近年来，国际网络空间军事化的速度明显加快，各国先后通过一系列举措来完善网络安全战略规划，扩张网络军事组织体系，并在物理、应用和人文层面强化自身的进攻性网络行动能力。网络空间军事化对国际政治领域造成了较为明显的影响，网络空间威胁被"过度安全化"，"网络军备竞赛"提上日程，"网络恐怖主义"如影随形。为了应对这种复杂局面和态势，各国开始发展在网络空间的威慑能力，积极投入网络空间国际规则的制定，并致力于推动关键基础设施保护由传统国内治理模式转向有限度的国际合作。

（3）全球气候安全

2019 年 11 月，英国埃克塞特大学全球系统研究所撰文指出，“地球的九大环境系统证据已表明，气候比人们最初认为的要敏感得多，我们现在正处于‘地球紧急状态’……如果全球变暖继续以目前的趋势发展下去，全球气候将走向系统性崩溃的不可逆临界点。”①2019 年以来，极端天气似乎更加肆无忌惮：1 月底美国中西部多个州遭遇了 25 年来最强寒潮袭击；

① Imothy M.Lenton, Johan Rockström, Owen Gaffney,Stefan Rahmstorf et al, “Climate Tipping Points-Too Risky to Bet Against,” https://www.nature.com/articles/d41586-019-03595-0. 转引自，李昕蕾：《步入“新危机时代”的全球气候治理：趋势、困境与路径》，《当代世界》，2020 年第 6 期。

3月中旬强热带气旋“伊代”登陆非洲莫桑比克；6月欧洲气温达到有史以来最高值；11月开始澳大利亚遭到长达4个月的山火侵扰。各国所提出的自主贡献目标中所包括的减排力度与全球2℃温控目标仍存在明显差距，离1.5℃温控目标更加遥远。而温控1.5℃与温控2℃的阈值，日渐成为世界公认的全球气候变化处在“危险”和“极端危险”之间的分界线。

2019年3月由中国国家气候变化专家委员会和英国气候变化委员会联合发布的《中英合作气候变化风险评估——气候风险指标研究》指出，如果继续推行现行政策并停滞不前，全球将会陷入高排放路径，由此所带来的直接风险和系统性风险将会影响国家安全。[①]2020年1月，世界经济论坛发布了《2020年全球风险报告》，强调就长期风险而言，未来10年的全球前五大风险首次全部与环境相关。按照发生概率排序的前五位风险分别为：极端天气事件（如洪灾、暴风雨等）、减缓与适应气候变化行动的失败、重大自然灾害（如地震、海啸、火山爆发等）、生物多样性损失、人为环境损害及灾难，都与气候环境安全有关。

然而，全球气候安全治理面临各种困境，除了传统上的全球气候危机渐进长期性与国内短期政治利益诉求之间的矛盾等，还有美国主动退出《巴黎协定》，促使国际关系地缘政治化，这对气候安全治理带来了重大冲击。此外，欧盟争夺气候变化议程领导权，提出2050年前成为全球首个“碳中和”大洲的雄心计划。发达国家和发展中国家围绕碳交易和“气候支持基金”问题讨价还价激烈。多家科学机构预测，2020年全球将变得“更

① UK's Committee on Climate Change and the China Expert Panel on Climate Change, UK-China Co-operation on Climate Change Risk Assessment:Developing Indicators of Climate Risk,https://www.theccc.org.uk/publication/indicators-of-climate-risk-china-uk/. 转引自，李昕蕾：《步入“新危机时代”的全球气候治理：趋势、困境与路径》，《当代世界》，2020年第6期。

热”，极端天气和自然灾害仍将多发。

（4）粮食安全

2020年以来，新冠肺炎疫情蔓延不断，国际粮食市场出现较大波动，部分粮食出口国为求自保，纷纷出台限制甚至禁止粮食出口政策，加之蝗灾、洪涝等极端天气因素影响，粮食安全及短缺问题日益严峻。联合国近日发布报告预警：新冠肺炎疫情可能导致全球饥饿人数在2020年大幅增加。今年共有25个国家面临严重饥饿风险，世界濒临至少50年来最严重的粮食危机。作为一个14亿人口的大国，中国的粮食安全也是世界粮食安全的稳定器。当前，中国粮食安全形势持续向好，但从中长期看，粮食供求仍将处于紧平衡态势。

此外，恐怖主义依旧是非传统安全威胁的典型。现今国际反恐斗争更趋复杂，恐怖主义流毒远未肃清。一方面，美聚焦大国战略竞争，缩减反恐资源投入，连续抛弃反恐盟友，冲击国际反恐合作大局；另一方面，地区冲突和民族宗教矛盾互相作用，致使中亚、南亚和东南亚反恐形势严峻。

四、世界科技文化概览

现处于第四次科技革命的开端。第一次工业革命大约从1760年延续到1840年。有铁路建设和蒸汽机的发明出发了这次革命，进入机械生产时代。第二次工业革命始于19世纪末，延续至20世纪初，随着电力和生产线的出现，规模化生成应运而生。第三次工业革命始于20世纪60年代。被誉为计算机革命、数字革命。因为催生了半导体技术、大型计算机（60年代）、个人计算机（七八十年代）和互联网（90年代）。

第四次科技革命的新技术成果可以分为物理类、生物类和数字类。物理类主要体现在无人驾驶交通工具、3D打印（事实上，研究人员已经开始研究 4D 打印）、高级机器人和新材料（质量更轻、硬度更大、可回收性更强）。生物类主要是生物基因工程，包含基因编辑技术、异种移植、生物打印。数字类主要是 5G 等。

1. 新技术竞争激烈，中美技术博弈尤甚

在科技革新的推动下，人类正在走向第四次工业革命。在新一轮科技和产业革命中，重大颠覆性技术将不断涌现，科技成果转化速度明显加快，产业的组织形式和生产链条更具垄断性。在此背景下，世界主要国家都加大了以人工智能、大数据、物联网等为代表的新兴技术的投资研发，科技作为衡量一个国家综合实力的指标权重进一步加强，大国间科技竞争日趋激烈。

中美科技领域的博弈成为中美贸易摩擦和美对华遏制的重要内容。美国防部国防创新小组发布《为中美"超级大国马拉松"做准备》的报告。报告称虽然美国在技术领域领先中国，但技术竞争的环境正在迅速演变。中国已经在高超声速、小型无人机、量子通信、5G、面部识别软件、电子商务和移动支付（拥有 7 亿互联网用户）、电动汽车、清洁能源技术（风能和太阳能）、高速铁路和世界上最大的基因工程数据库的部署等方面领先美国。同时，中国正在挑战美国在人工智能、基因工程、量子计算和量子传感器领域的领先地位。中国的目标很明确——"赶超"美国。5G 技术和量子技术展示了对商业经济和军事能力的巨大影响。5G 是一种新兴的商业技术，但这只是它的冰山一角，它对经济竞争力和军事能力有着巨大的影响。[1]

---

① 刘菲菲：《美国防部国防创新小组：为中美"超级大国马拉松"做准备》，《当代世界政治与经济论坛》，2020 年 6 月。

随着中美贸易摩擦的演进，一个事实日趋明显，即围堵打压中国的科技发展是美国政策的重中之重。虽然美国一直对中国科技发展抱有敌意，但是目前这种全方位的打击和围堵达到了前所未有的程度。被美国学者誉为“技术冷战”（Technology Cold War）。虽然在2020年初中美第一阶段贸易协议正式签署，但是美国对华的科技遏制并没有停止的迹象，并预计会成为中美长期战略竞争的关键领域。2020年，美国就已经采取多种方式遏制中国科技发展，包含：立法手段管制投资、技术出口与市场；多种行政手段限制人员和技术流动并阻碍中国企业的正常营，如增加额外关税，迫使中美之间“脱钩”，将中国移出美国科技发展的链条；美国国务院修改了对中国学生和学者的签证规定，将部分自然科学和技术专业学生的签证从5年改为1年，并加强审查。[①]

美国不惜动用国家机器打压中国科技企业，以中兴以及华为为开端加强打压中国科技企业。2020年5月23日，美国商务部宣布，将共计33家中国公司及机构列入“实体清单”，包括北京计算机科学研究中心、奇虎360、云从科技等科技企业或机构。2020年7月21日，美国商务部工业和安全局突然宣布，将11家中国企业纳入“实体清单”。碳元科技、今创集团等上市公司或其关联方牵涉其中。

2. 新技术对军事和战争影响明显

第四次科技革命将改变冲突的规模，也将改变其特点。随着科技发展与军备技术日益不可思议结合在一起，以及政府武装力量和非政府武装力量之间相互借鉴，随之而来的改变将难以预料。首先战争中更容易实现精准打击，也有利于研制高精尖的战争防护设备，还可以再战场上利用打印

① 池志培：《美国对华科技遏制战略的实施与制约》，《太平洋学报》，2020年第6期。

技术制造核心部件等。其次，网络战争非传统安全问题上升、自动化战争成为可行的战争手段。新兴技术正在改变国际安全。如无人机、自动化武器、太空军事化、可穿戴设备、增材制造、可再生能源、纳米技术、生物武器、生化武器、社交媒体等。全球安全领域的新前沿包含神经义肢学未来可能用于军事目的。乔治敦大学医疗中心的认知神经雪娇詹姆斯·佐丹奴（James Giordano）表示，“大脑将是下一个战场”。①

2020年6月，美国著名智库——兰德公司发表报告，探讨了未来10—15年世界军事的发展趋势，以及美国竞争对手的军事规模、质量和特点变化，尤其分析了人工智能对军事发展和作战方式的影响，以及军事人工智能的潜在风险，还指出“鉴于人工智能的重要战略意义，绝不能允许任何竞争对手在该领域超越美方”。未来15年，自主武器、机器人技术、大数据分析和深层神经网络的高速发展必将对战争带来重大而深远影响。美国虽然在上述技术领域仍处于领先地位，但垄断它们的可能性不大。人工智能军事化的普及带来的风险将是巨大的。自主武器有可能反叛人类指令，攻击错误目标。②

3. 新技术将更新全球治理理念和治理方式

信息技术可能用于犯罪和恐怖活动；生物技术可能带来跨国治理问题；大数据使全球治理由事后治理向事先预警转变、由粗放式治理向精准化治理转变、由千篇一律式治理向量身定制式治理转变；人工智能可以改变全球治理过程，克服人类思维的偏见和局限性，提高决策效率，为解决诸如气候变化等高度复杂问题提供全新的方法（以色列卫星图像公司（Image Sat

① ［德］劳克斯·施瓦布：《第四次工业革命：转型的力量》，中信出版集团，2016年，第1版。

② Forrest Morgan, Raphael Cohen: Military Trends and the Future of Warfare, 2020.

International）已经开发人工智能设备用于处理非法捕捞、外国海上军事活动、反恐和反海盗等海上问题）。我国倡议“一带一路”沿线海域打造智慧海洋和绿色海洋，这也是建立在新技术成果之上。如，北斗卫星系统用于海洋环境监测。目前使用我国北斗卫星系统的国家越来越多。2020 年 7 月，中国北斗三号全球卫星导航系统也正式开通，意义重大。

这对全球治理的影响主要体现在，新技术发展推动全球规范治理，促使全球治理主体更加多元化、扁平化，提高全球治理的能力。当然，新技术也扩大了各国参与全球治理能力的差异性，同时也产生了一系列新的全球治理议题。

4. 新科技革命对社会双重影响

世界经济论坛创始人兼执行主席劳克斯·施瓦布，预测了第四次科技革命的 23 个爆点，分析其利弊。分别是：可植入技术（设备植入体内，发挥通信、定位、行为监控和健康管理等功能）、数字化身份、视觉成为新的交互界面、可穿戴设备互联网、普适计算、便携式超级计算机、全民无限存储、万物互联、数字化家庭、智慧城市、运动大数据进行决策、无人驾驶汽车、人工智能与决策、人工智能与白领工作、机器人与服务、比特币和区块链、共享经济、政府与区块链、3D 打印与制造业、3D 打印与人类健康、3D 打印与消费品、定制人类、神经技术。[①] 总而言之，新科技革命正以一种超出我们想象的方式影响着或未来可能会影响的人们生活，上述 23 个爆点技术仅是一家之言，其对人类的双重影响依旧充满未知。

---

① ［德］劳克斯·施瓦布：《第四次工业革命：转型的力量》，中信出版集团，2016 年，第 1 版。

专题五

中国与世界大国之间的关系

一、“探寻新平衡”的中美关系

从中华人民共和国成立至今，中美关系的发展经历了多次的危机和起伏，但总体上是在曲折中不断向前发展。美国作为世界上最大的发达国家，无论综合国力、国际地位还是世界影响力都是首屈一指的。美国在今后相当长的时期内仍然会是世界上对中国最重要的国家，中美关系也被广泛认为是21世纪全球最重要的双边关系。

当前中美关系十分复杂，两国的基本国情悬殊，社会理想迥异，对国家利益的理解、处理突发事件的态度以及彼此的制度体系和运作机制都迥然不同，长期按照各自行为逻辑和习惯运转。从20世纪70年代中美公开接触并正式建交以来，也曾经靠围绕重大共同利益、加深经贸融合、暂时搁置争议达到了相互之间的总体和谐与平衡。

2008年美国次债危机爆发以来，随着中国继续不断崛起，美国的疑虑与日俱增，美国的“亚太再平衡战略”“印太战略”等把中国由潜在对手逐渐变成了现实对手；在台湾问题、南海问题、钓鱼岛问题、西藏问题、新疆问题、香港骚乱这些涉及中国核心利益的问题上都有美国台前幕后的策划推动；特朗普上台后，明确推行所谓“美国优先”，大搞极端贸易保护主义，对中国商品加征高额关税，破坏国际贸易准则，中美贸易战硝烟四起，科技战、金融战、舆论战甚至军事威胁试探紧随其后，中美关系原有的平衡已被打破。2021年初民主党拜登政府上台后，虽然表面上对于中国的经贸打压似乎变得相对平和，但实际上却在极力推动美国两党达成更多更深的反华一致性，并且开始注重大力团结其所有西方盟友，联合对中国进行围堵。

作为当今世界两个最重要的大国，中美之间的未来仍有相当大的合作空间，但彼此的猜忌也很难完全消除。面对当前中美之间复杂多变的形势和不太明朗的前景，我们有必要简单回溯中美之间的交往历史，在此基础上进一步厘清当前中美关系的博弈原则和斗争重点，并以此探析中美关系的大势与未来。

1. 以史为鉴，现实从历史中走来

有正式记载的中美关系发端于1784年2月，当时美国商船“中国皇后号”通过两国民间贸易获得了一笔巨额财富，极大地刺激了其东部沿海商人对开拓中国市场的兴趣。[①]此后到1840年的半个多世纪里，中美关系主要是在私人交往、贸易经济、宗教传播层面进行，中国在美国外交格局中处于极其边缘的位置。

1840年鸦片战争后，列强对中国步步紧逼，美国基于自身“孤立主义”的长期外交政策，经常保持“中立”——实际上借力攫取了更多特权。伴随着经济掠夺和主权侵蚀而来的，是文化上的渗透。首批美国传教士1830年到达中国，从此中美文化交流日益频繁。

1895年中日甲午战争的失败和《马关条约》的签订，打破了大清国“东亚第一强国”的幻想，中国人民的苦难也更加深重。美国在这场战争中表面奉行中立政策，实际却站在日本一边。它在战前默认或怂恿日本发动战争，战争中普遍同情和支持日本，将中日战争看作现代文明与中国保守主义之间的战争，认为战败是像中国这样的保守国家罪有应得的。[②]

1898年的美西战争以及随后对菲律宾的占领使美国一跃成为太平洋和远东地区的强国，从战略角度思考中国问题对美国来说变得更为重要。为避免远东的均势因列强瓜分中国而被打破，美国在1899年至1900年间提

① 刘刚：《美国发现中国——对早期中美交流中（1784—1844）美国商人活动的考察》，《重庆科技学院学报（社会科学版）》，2012年第18期。

② 崔志海：《美国政府与中日甲午战争》，《历史研究》，2011年第2期，第63—86页。

出门户开放政策，以保护中国国家主权的名义，实际上进一步广泛攫取了在华利益。

1900 年，八国联军以镇压义和团之名，攻破北京城，在城中烧杀抢掠，无恶不作，清政府内忧外患，无力抵抗。其中美国出兵 2000 余人，美国不对中国进行直接军事侵略的形象也告终结。

北洋政府时期中国虽然有了一定的外交主权，但弱国无外交。在巴黎和会上，列强将山东的权益直接转交给了日本。美国最终并没有支持中国。“巴黎和会”上中国外交的彻底失败，直接引起了“五四”运动的爆发。

1937 年日本全面侵华，当年日本石油 80% 从美国进口，到 1939 年增加到 85%，从美国进口的军需品占到总进口的 55%。一直到日本多次进攻美、英、荷三国控制的东南亚，激怒了英美两国，美国才完全冻结了与日本的石油贸易。日本于 1941 年 12 月偷袭珍珠港，美国终于对日宣战，并很快同蒋介石政府主政的中国结成了反法西斯盟友。

抗战期间，中国的重要性真正进入了美国全球外交的视野。美国对中国提供了不少的贷款和武器等援助。还有人们熟知的“飞虎队”——美籍援华志愿大队来华作战，为中国抗战胜利做出一定贡献。不过“飞虎队”实际上并非如苏联空军志愿队一样战绩卓著并且是完全志愿的，而是国民党政府的一支短期的高价雇佣军。①

1946 年中国全面内战爆发后，国民党为了在内战中取得美国更大的支持和援助，于同年 11 月，由外交部长王世杰与美国驻华大使司徒雷登在南京签署《中美通商航海条约》。该条约虽然名义上废止了中美之间的其他不平等条约，并且约定两国平等地向对方全面开放领土、领水和领海，

---

① 乌鸦校尉:《美国驻华使馆又献丑了，让我们对美国雇佣兵感恩?!》，公众号：政委灿荣。

但以中国当时的经济、技术、军事等实力，实际上相当于无条件单方面向美国开放了全境的所有国家权益，这给中国的国家主权和政治、经济、军事利益带来了几乎是前所未有的损害。随后美国商品如潮水般涌入中国市场，形成独占地位，对中国民族资产阶级和民族工商业造成毁灭性打击。中国工商企业大量破产倒闭，工人失业，国统区的工业体系趋于瓦解。美国利用该条约对中国进行无休止的经济掠夺，再加上国民党的贪腐、征敛和战争消耗，国统区的经济危机空前严重，进而引发了更严重的社会危机。它加速了国民政府的瓦解，更将民族资产阶级和小资产阶级推到了共产党一边，使得国民党在政治上更为孤立。拥有四五百万的军队、拿着美械美援、占据中国大部江山的国民政府因此在 3 年间轰然倒塌，亲美的国民党政权逃往台湾，中华人民共和国正式成立。

新中国实行对苏联“一边倒”的外交政策，对美国采取敌对态度，罗斯福战后联合中国反苏的战略设想成为泡影。中国共产党以及新中国敌视美国，是对内战中美国“扶蒋反共”政策的必然反应，也是先“打扫干净屋子再请客”，彻底废止所有不平等条约的必然要求，更是作为中国共产党领导下的新中国在冷战初期为确保新生国家安全而顺理成章的选择。美国仍以自身国家利益最大化为准则，司徒雷登大使久久不愿离去，试图通过承认新中国来换取曾经在中国获得的不平等权益。对于中国共产党和中国人民来说，这种有悖初心的选择根本没有可能，革命的首要目的正是为了能够彻底赶走列强、真正自己站起来。

几乎与新中国成立同时，美国掀起了以“麦卡锡主义”为代表的反共、排外运动，涉及美国政治、教育和文化等领域的各个层面，美国政府随之开始对新中国实行全方位的敌视政策：排除对话，不予外交承认，组织孤立新中国的国际阵线，想方设法加剧新中国的经济困难，包括严厉限制对华贸易，制定和推行对华遏制政策，并将其作为在东亚遏制共产主义的重大环节。美国的上述政策行为是这个时期中美对抗形成的根本原因。1950年中美在朝鲜的战争冲突，是这种敌对态势的必然升级。

中国人民志愿军进入朝鲜后，通过5次大的战役，以巨大牺牲取得丰硕战果，朝鲜民主主义人民共和国重新“收复失地”，朝鲜南北政权实际控制线重新回到北纬38° 线附近。1953年7月在朝鲜板门店，中、美、朝三方签署了《朝鲜停战协定》。美国第一次在没有胜利的停战协定上签字，这是其建国以来的历次军事行动中第一次遇到了不能胜利的情况。“打得一拳开，免得百拳来”，此后中国得以在相对安全的国际环境下重建国内经济和社会秩序；中国在国际社会上也展现出不畏强权、不屈不挠的形象，赢得了社会主义阵营和第三世界国家的好感。

美国继续执行“遏制”的对华政策，而中国则采取了“反帝”的对美政策，两国针锋相对，直至1969年中苏关系彻底恶化，此时在美苏争霸中美国已处于守势，中美之间展开秘密谈判。1971年7月基辛格秘密访华，中美双方讨论了国际形势及中美关系问题。1972年2月21日，美国总统尼克松抵达北京，受到中国领导人的欢迎。2月28日，中美上海联合公报发表，宣布中美两国关系走向正常化，从此中美关系进入了一个新的历史时期。1978年12月，中美发布联合公报，美国承认中华人民共和国中央人民政府是中国唯一合法政府。1979年1月，邓小平访问美国，两国正式建交。

1979年到1989年刚建交这10年，称得上是中美蜜月期。无论是战略安全还是经济贸易中，中国需要美国，美国也同样需要中国。两国在政治上高层相互访问，民间交流互动频繁，贸易往来逐渐密切，在军事交流上也非常紧密。

随着“东欧剧变”和苏联解体，这一切很快结束。1991年苏联解体，美国击败最强大对手，开始实现称霸全球的梦想，随后对其全球战略进行大调整。唯一能与之竞争的对手不在了，继续与社会主义中国“度蜜月”的必要性已经丧失。基于美国全球战略的国家利益需要，加上意识形态的根本差别，公众舆论的甚嚣尘上，中国逐渐成为美国眼中新的对手。

中美摩擦随之增加，1993年的中国货轮“银河号”事件，1996年美航母干预台海危机，1999年北约轰炸中国驻南斯拉夫大使馆，2001年的南海撞机事件，均因美国侵犯或意欲侵犯中国财产、领土、领海、领空而起，而最终皆以美国拒不道歉或毫无诚意的道歉结束。

中国依然保持自己的定力与韧劲，不断推进改革开放，国力迅速增长，逐渐拥有了与政治地位相匹配的经济实力。中美经贸关系越来越紧密，尤其是2001年中国加入世贸组织之后，两国贸易超速发展。与此同时，复杂跌宕的百年发展历程也促使中国人深入反思，过去唯西方至上的自我否定思维逐渐被大部分人抛弃，制度、文化自信慢慢根植于国民心中，中美间的思想碰撞和价值观冲突变得激烈。

21世纪第1个10年过去后，美国已明显不再那么自信。2016年特朗普就任美国总统后，美国彻底将中国当作战略竞争对手，以贸易战为先，金融、科技、军事、外交各个方面对中国围追堵截。中美关系进入新的紧张阶段，需要寻找新的平衡。2021年初拜登政府的上台，总体上延续了特朗普政府时期的对华政策基调，中美关系没有出现明显缓和迹象。

回顾中美国际交往的历史，我们会发现美国对外交往的最基本原则，就是其国家利益的最大化，表现形式则可以是结盟与共赢、妥协与合作、战争与遏制、侵略与掠夺，而具体应该采取哪种形式，则取决于当时中美两国之间的实力对比和国际环境提供的条件。对于美国来说，历史上针对中国的“正义”的主张与否，“进步”的支持与否，“开放”政策的执行与否，或主张、支持、执行到什么程度，都取决于美国自身利益的战略安排，从来不取决于中国受侵略或受威胁的程度。

2. 实力为盾，现实挑战与博弈不可避免

在美国人看来，一个日益强大的中国正在崛起，未来有可能挑战美国的全球领导地位。美国对中国政治制度和意识形态的深刻不信任，中国的现代化是否还符合美国的利益成为萦绕在一些美国人心中的疑问，“中国威胁论”甚嚣尘上，如何“防范”中国在美引起热议。虽然美国绝大部分民众实际上并不真正了解现在的中国，但关于“强大中国”的认知已经很深地主导美国的对华政策思维，影响着中美关系。面对当前中国日益强大的综合实力，加上百年不遇的全球新冠肺炎疫情大暴发，美国自身抗疫失败，经济严重受损，社会撕裂和抗议纷争严重，中美关系因美国的连续“甩锅”、不断“挑事”而跌入近 20 年来的谷底。目前美国对华战略的鹰派居于主导地位，对华友好的政治势力暂时处于弱势和相对沉默状态，这进一步显性化了两国之间在各个领域的矛盾冲突。根据清华大学国际战略与安全研究中心主任、外交部前副部长傅莹女士的观点，中美在以下四个方面将形成持续激烈的博弈与对抗：一是制度和价值观之争；二是舆论战；三是经济、金融安全之争；四是战略安全博弈和海上安全较量。[①]

中美交往的历史告诉我们，决定中美关系的主要因素或者说模式，是双方国家实力对比基础上的利益权衡和战略选择。2020 年中国经济总量按照汇率计算已经超过美国的 70%2/3，按照购买力平价计算则 2016 年就已经超过美国成为世界第一，“十四五”期间中国有望超越美国成为世界上最大的单一消费市场。在科技竞争力、军事实力和文化软实力等方面尽管较美国仍有不小差距，但都在迅速增长之中。虽然中国不断重申中华民族百年复兴的梦想只是为了国人生活的幸福，根本无意挑战美国的全球领导地位，更不会替代美国，但在中美国家实力差距不断缩小的情况下，美国

---

① 傅莹：《新冠疫情后的中美关系》，《中国新闻周刊》，2020 年 6 月 22 日，总第 952 期。

对于中国在其全球战略利益布局中的定位和两国关系新的互信与平衡，必定需要接受以下四方面长时期博弈的挑战。

一是政治价值观之争。新冠肺炎疫情之前，西方思想界就已经开始担心，中国作为非西式自由民主制度国家的成功，会带来稀释西方价值观号召力的效应，进一步印证了以美国为首的西方国家在冷战后试图在政治制度和价值观上统领世界的不成功。在美国战略界看来，中国的崛起不仅是对美国现实利益和国际地位的挑战，更是对美国的制度稳定和价值输出的威胁，这是更具深层意义的挑战。从中国的角度看，美国从来没有放弃颠覆中国共产党领导的社会主义制度的企图。疫情全球暴发以来，美国政府官员的涉华话语更是试图将中国共产党和中国人民割裂和对立起来，挑衅中国共产党和中国政治制度的合法性，因此中国必须坚决与之斗争。

美国外交"战略方针"将矛头指向中国治理和执政党，将"价值观挑战"列为中国对美三大挑战之一。[①]美国注重突出中国内外政策的意识形态根源，刻意将中国包装成当年的苏联，其意图无非是将政治和安全因素推到美中关系的优先位置，为胁迫企业和经济界接受"脱钩"提供依据。若沿着这个路径走下去，两国将不可避免地陷入零和对抗模式下的意识形态之争。

二是舆论与信息冲击。2020年以来，美国对华较量的重点出现从贸易战等转向舆论战的趋势。在舆论战方面，美方经验丰富，有全球话语优势，在国际舆论场上有传统影响力。作为互联网时代最热门的舆论与信息平台，美国的脸书、推特和谷歌公司旗下的YouTube等风靡全球，而中国的微信、QQ、抖音、快手等主要用户都在中国大陆。疫情期间抖音海外版

---

① 美国人2008年就提出，中国对美国这三大挑战是全球经济的潜在领袖、全球科研的领头羊、成为多国最欣赏的国家。其中第三点的实质就是价值观挑战。

TikTok 全球下载量刚刚成为世界第一，马上就被美国政商两届联合打压，特朗普执政期间针对微信和 TikTok 出台了禁令，禁止其在美国境内进行下载以及使用。拜登政府目前虽已宣布解除该禁令，但美国商务部已经得到了来自拜登的命令，此后将会针对相关的应用程序展开相应的调查，确定这部分应用程序是否和海外的对手存在联系。中国与美国乃至整个西方世界的信息库和舆论场总体上处于相对隔离状态，关于中国的一手信息对美国和国际社会的通达度一直不够充分。

两国舆论战的逻辑是，先设计一个简单清晰、能直击人心的主题词，然后通过多角度推导和多叙事渲染，形成压倒性的舆论潮。一段时间以来，美方鹰派势力相关人物的表现和表态，对华舆论战的迹象明显，其主题词就是“中国不可信”——改变中国的“人设”，贴上“不诚实”“不守信”的标签，颠覆中国改革开放以来确立的成功者和负责任大国的形象，进而破坏中国的外部舆论环境。冷战期间，美国也是不断给苏联贴标签，从道义的角度将对手放到让公众认为无法相容的对立位置上。

三是经济实力的全方位较量。经过 70 多年的发展，中国经济总量快速增长，质量不断提高，拥有了全球最完整的工业体系，不仅传统的煤、钢、水泥、服装鞋帽等产能早已稳居世界第一，而且世界 500 强企业数量、高铁里程、5G 建设、造船、风电、太阳能发电、集成电路制造、量子通信等诸多领域也已领先，每年还不断通过有自主研发在新的领域突破西方的技术垄断和封锁。

当前中国新冠肺炎疫情控制较好，复工复产稳步推进，2020 年在全球较大经济体中实现唯一正增长，并且顺利完成脱贫攻坚，社会运行整体稳定。疫情对美国经济则产生了更大的冲击。根据美国劳工部的统计，2020 年 4 月美国失业率达到了 14.7%，为 20 世纪 30 年代经济大萧条以来最高值；第二季度美国 GDP 按年率计算下滑 32.9%，这是自 1947 年开始公布季度数据以来的最大降幅。7 月 31 日，国际评级机构惠誉宣布将美国主权信用评级展望由“稳定”下调至“负面”。经济下行导致美国财政状况迅速恶化。2020 年美国经济萎缩 3.5%，全年财政赤字和联邦债务占 GDP 的比重分别达到 15.2%、102%，这对美国政府来说是极为沉重的负担。[①] 随着债务的不断膨胀，美国联邦赤字率可能在未来几年甚至长期保持在 10%以上。

美国经济自 2008 年次债危机爆发就显露出深层次结构性矛盾，问题尚未解决又遭遇新冠肺炎疫情，而且抗疫不力导致经济停摆，还有白宫、各州、各机构对复工复产复学条件意见不一、反复折腾，已经引发严重经济衰退。美国政府和美联储联合推出无底洞式的经济刺激和“直升机撒钱”措施，不仅大幅抬高债务率和赤字率，也会刺激高杠杆投机和流动性泛滥，使美国经济原本的深层结构性问题更加严重，埋下长期市场隐患。美方在此情况下焦虑感进一步上升，力图借疫情中多国反思供应链安全之机，渲染中国将优势产业“武器化”的风险，加快产业链、供应链结构调整中的“去中国化”。实际上全球供应链的形成和调整是国际分工不断深化的结果，中国完整的制造业供应链在疫情常态化防控下表现稳定，反而对国外企业形成了更大的吸引力。本来在中国的许多外资企业就一直把中国本地市场作为自己的主要经营对象，如果没有特别大的政治和安全压力，不可能在短时间内大规模离开中国。

四是战略安全的试探与博弈。近年来中国国防实力增长明显，第五代战机、预警机、运输机、先进导弹、各式舰艇甚至航母等不断涌现，北斗

① 包括中国在内的世界主要国家目前都以《欧洲联盟条约》(又称《马斯特里赫特条约》)的赤字标准作为参考：赤字率不超过 3%、政府负债率不超过 60%，即“国际安全线”。中国财政赤字历年从未超过 3%，2019 年中国中央政府加上地方政府债务加起来与 GDP 比较，政府债务率为 38.5%。

导航系统也已全面建成，国防和军队体制已改革理顺为先进的“军委管总、战区主战、军种主建”，政治建军成效明显，军队战斗力不断提升。美国近年来在军事安全领域，无论战略、战术还是具体操作层面对中国的疑虑都在上升。中美战略信任不足，美国一直试图对中国加大施压和制衡。未来一段时期中美军事关系中的不确定性会增加。

新冠肺炎疫情期间，美国海外部署的军事力量面临病毒威胁，减少了在全球的行动，但是为了防范中国“借机填补战略真空”，反而增加了在南海、台海、东海针对中国的巡航、侦察频率和挑衅力度。在战略安全的试探与博弈过程中，如果美国言行涉及中国主权和国家安全的核心利益，中国必须确保自己有足够实力对美国的压力和刺激采取适当的反制措施和必要的行动予以回击。

中美两军目前还未建立起有效的危机管控机制，彼此底线不够明确，互动的规则和“红线”不够清晰，这导致双方需要不断相互试探，增添发生突发事件和不可控结果的风险，形成两军态势最大的不确定性。两国军事舰机在海上和空中近距离相遇已非偶然现象，发生摩擦的概率在增加。两国和两军高层在军事上曾经达成“不冲突、不对抗”的战略共识，如何切实维护是双方都需要认真考虑的问题。

中美之间的战略威慑关系也开始出现一些新变化。美国调整核战略、更新核武库、降低核门槛，以及发展导弹防御体系和高超声速飞行器，还有酝酿在中国周边部署中程导弹，这可能拉大中美之间本就悬殊的核力量对比。近两年有人在网上大声呼吁中国应该将核弹头增加到1000枚，引发广泛争议。这些内外动向会否迫使中国政府考虑适度调整核战略有待观察。此外，中美双方都是人工智能技术推动下的新型武器平台和军事技术的主要探索者，两国网络、太空、极地军事化的动力明显，在这些领域如何管控竞争，亟待提上日程。

3. 增进了解，包容互信寻求新平衡

当前中美两个大国之间的关系，历史上无任何经验可以借鉴。中国并不好战，发生在古罗马和迦太基之间的霸权争夺无法借鉴；中美之间并不像美英一样同出一脉，话语权的共享与让渡绝对不会那么平和；中国也不对外输出意识形态，无意攫取世界霸权，美苏争霸的经验无法移植参考；中国更不是20世纪80年代经济崛起的日本，完全受制与听命于美国。[①]

毋庸讳言，当前美国对华政策和战略的调整带来的中美关系挑战是严峻的。目前中美两国对相互竞争的认识和基本判断存在比较大的差异，甚至可以说双方竞争的目标不在同一维度上：美国坚信中国的意图是从自己手中夺取世界领导地位，两国之争的性质是“老二”与“老大”的地位之争，因此美国竞争战略以从各方面有效遏制中国为目标；而中国的意图是实现“两个一百年”的发展目标和民族复兴，要争也争的是自己的生存发展空间和中国人民的幸福生活。

21世纪的中国，必须准确判断世界潮流，并且顺势而为，面对美国的竞争挑衅，赢取更多国家对中国政策的了解和理解，在构建人类命运共同体的道路上有效争取和开展国际合作，维护世界和平与发展的大势不受严重干扰，对内确保实现“两个一百年”目标的进程不被打断，对外赢得和保障国家发展所需要的和平与合作的环境。面对美国和西方主导国际舆论的局面，中国需要在国际传播领域增强有效传播能力，包括鼓励和动员多元化的传播手段和渠道，积极培养人才，改善和增强中国国际形象。我们需要更多地向国际信息库提供关于中国的一手信息和资料，让世界更多地从中国人这里获取而不是从间接渠道得到中国的信息。

中美关系的更新和调整，必然要经历一个较长时期的艰难博弈过程，

---

① 傅莹：《新冠疫情后的中美关系》，《中国新闻周刊》，2020年6月22日，总第952期。

好的结果是不可能求来的，只能通过艰苦斗争、大胆博弈和主动协调来赢取。对中美两国关系发展方向的选择，中国并非是完全被动的。中国应该持续以习近平外交思想为指引，明确中国作为国际秩序和体系维护者和改革者、完善者的站位，坚持高扬全球治理、多边主义的旗帜，用中国的“进”应对美国的“退”，用维护和平、促进增长的行动，对冲美方的破坏性举动，维系经济全球化的势头。面对后疫情时期世界发展难题和矛盾增加的局面，尽可能多地开展协商，协助各国解决问题，也就是在国际关系中多做“加法”，多“赋能”，承担合作型大国的责任。中国做第三方工作要切实以彼此互利合作为目的，以促进世界和平发展为大方向，避免形成中美争夺第三方的零和局面。

中美两国领导人曾经达成的构建“稳定、合作和协调的中美关系的共识”，应是思考和设计两国关系具体路径的根本指导。正如中国国务委员兼外交部长王毅2020年7月9日在中美智库媒体论坛上的致辞中所说：中美关系这艘已经航行了四十多年的巨轮能否继续保持正确航向，不仅与两国人民利益密切相连，也关乎世界与人类的共同未来。第一，中美双方不应寻求改造对方，而应共同探索不同制度和文明和平共存之道。第二，中国的对美政策没有变化，我们仍愿本着善意和诚意发展中美关系。第三，要正确看待中美关系发展的历史经验，坚持走对话合作之路。①

中国已经从综合力量偏弱的国家，成长为拥有较强力量和一定国际影响力的大国，进入一个需要在新的实力基础上和更广阔的利益平台上运作内政和外交的时期，对美关系的处理也需要反映和适应这种变化。2021年3月中美高层战略对话中，中方代表杨洁篪面对美方无视外交礼仪、屡屡

① 王毅：《守正不移，与时俱进：维护中美关系的正确方向》，《环球时报》，2020年7月10日第14版。

触碰中方底线的做法，进行了还击，“你们没有资格在中国的面前说，你们从实力的地位出发同中国谈话”，王毅也严正表示，“中方过去、现在、将来都绝不会接受美国的无端指责……美国的这个老毛病要改一改了”。原有的平衡已被打破，一场世纪博弈的序幕已经拉开，无论中国人是否情愿，都已被裹挟其中。

在应对中国崛起的新战略实施过程中，美国国内实际上有两个方向上的推动力：一股力量以华盛顿右翼为主导，主张对抗和“全面打压”中国，不断挑动争论，包括用“国家安全关切”和“政治分歧”等引领议题，极力减少双方各领域交往和持续推动“脱钩”；另外也有一股相对理性的力量，不主张放弃“有限接触”，希望保持务实关系，督促中国修正自己，改变所谓“违规”和“不公平”做法。第一股力量意味着正面对抗，意图将两国关系拖入恶性竞争的轨道，这样中国自身的发展路径将受到很大的冲击。一旦中美滑向局部乃至全面“脱钩”，美对华采取极端行为的顾忌就会减少，中国进一步深化改革开放的难度也会增加。第二股力量代表的方向看似缓和，但是顺此发展下去，不能排除美方会持续提高要价，所谓“合规”的压力从经贸领域外溢到政治和安全领域，将中国规范为美国治下的新全球体系的一部分，这与中国倡导的新型大国关系也并不一致。

长期来看，中美关系总体上已经揭开了新的篇章，双方需要在新的环境条件中重新评估彼此，但我们也需要看到的是：中美都是核大国，只要双方确保基于自身安全利益的核威慑战略足够有效，就几乎不太可能爆发直接的战争冲突；同时美国已不具备冷战刚结束时的那种影响国际事务和国际关系的绝对强势地位，美俄、美欧、美日之间的利益冲突和内部矛盾也不会因为拜登政府目前的短期妥协而完全消弭，美国也没有充分的理由和足够的号召力掀起一场对华全面战略围堵和意识形态围猎的世界浪潮；两国既存在观念和利益上的分歧，同时也有着维系现存体系与总体和平合作大势的共同责任，两国人民在世界的稳定与可持续发展等重大问题上，存在广泛的共同利益。

综上所述，中美关系比较好的前景是，经过艰难博弈和理性的利益权衡，形成“竞合”关系，即相互进行有限、可控的竞争，同时能保持协调，维系双边关系在具体问题上相对稳定的发展，在多领域和全球事务中开展合作。[①] 最终实现这种大国良性竞争新型关系的前景，需要双方认真做出努力。未来中美需要加强互相了解与理解，客观判断对方的实力与意图，进而找到彼此目标相容的空间，避免陷入零和对抗，最终实现“竞合”关系——达到新的平衡。

二、“融通共赢”的中俄关系

1991 年苏联解体，俄罗斯继承了苏联在联合国安理会常任理事国的地位，中苏关系演变为中俄关系。中俄关系建立之初，两国都背负着沉重的历史包袱，相互了解不深，政治发展趋向也不相同。在此背景下，政治意志对两国关系的发展起到了关键作用，两国领导人审时度势，坚定不移地推行中俄友好政策。1992 年俄罗斯总统叶利钦首次访华，中俄发表联合声明，将双边关系确定为“互相视为友好国家”。1994 年两国关系定位升格为“面向 21 世纪的建设性伙伴关系”，1996 年确定为“面向 21 世纪的战略协作伙伴关系”。2001 年中俄签署了《中俄睦邻友好合作条约》，该条约作为指导新世纪中俄关系的纲领性文件，标志着双方关系进入一个新阶段，战略协作伙伴关系得到了进一步的充实和发展，在政治、经济、军事、人文等多个合作领域取得空前成就。

---

① 傅莹：《新冠疫情后的中美关系》，《中国新闻周刊》，2020 年 6 月 22 日，总第 952 期。

2013年3月22日至24日，习近平任国家主席后首次对俄罗斯进行国事访问。两国元首在莫斯科共同签署《中华人民共和国和俄罗斯联邦关于合作共赢、深化全面战略协作伙伴关系的联合声明》。声明指出，中俄关系已达到前所未有的高水平，为大国间和谐共处树立了典范，在当今国际关系中为促进地区乃至世界和平与安全发挥着重要的稳定作用。23日，习近平在莫斯科国际关系学院的演讲中指出，中俄关系是世界上最重要的一组双边关系，更是最好的一组大国关系。

2014年5月20日，俄罗斯总统普京对华进行国事访问。两国元首在上海举行了会晤并共同签署了《中华人民共和国与俄罗斯联邦关于全面战略协作伙伴关系新阶段的联合声明》。声明指出，在双方共同坚定努力下，中俄关系已提升至全面战略协作伙伴关系新阶段。

2015年5月8日至10日，习近平出席在莫斯科举行的纪念卫国战争胜利70周年庆典并访问俄罗斯。两国元首在莫斯科共同签署并发表了《中俄两国关于深化全面战略协作伙伴关系、倡导合作共赢的联合声明》。声明指出，中俄全面战略协作伙伴关系处于历史最好时期，不断向前发展，进入新阶段，已成为促进两国发展、确保国家安全、提升国际地位的重要因素，成为维护世界和平稳定的可靠保障。声明重申双方视继续深化双边关系为本国外交优先方向。

2016年是中俄双方宣布发展平等信任、面向21世纪的战略协作伙伴关系20周年，也是《中华人民共和国和俄罗斯联邦睦邻友好合作条约》签署15周年。6月25日，俄罗斯总统普京对华进行国事访问。当天，中俄双方在北京签署《中华人民共和国和俄罗斯联邦联合声明》。此次声明从更宽、更广的视角，将战略稳定看作国际关系的基础常态。

2017年7月3日至4日，习近平对俄罗斯进行国事访问。两国元首在莫斯科签署《中俄关于进一步深化全面战略协作伙伴关系的联合声明》。

声明指出，新的历史条件下，双方将致力于进一步发展和巩固平等信任、相互支持、共同繁荣、世代友好的中俄全面战略协作伙伴关系。

2018 年 6 月 8 日，俄罗斯总统普京对华进行国事访问。两国元首在北京共同签署《中华人民共和国和俄罗斯联邦联合声明》。双方重申，将继续视中俄关系为各自外交政策的关键优先方向之一，共同致力于将两国关系提升至新的更高水平。

2019 年 6 月 5 日至 7 日，习近平对俄罗斯进行国事访问。两国元首在莫斯科共同签署《中华人民共和国和俄罗斯联邦关于发展新时代全面战略协作伙伴关系的联合声明》。此次声明指出，中俄关系进入新时代，迎来更大发展的新机遇。这一声明详细完备地描述了当前中俄关系的主要特征、确定了指导两国关系的基本原则、阐述了新时代全面战略协作伙伴关系的内涵，并将政治合作、安全合作、务实合作、人文交流、国际协作作为中俄全面战略协作伙伴关系的重点领域。

2020 年年初，中俄两国和世界各国一样，都是在抗击新冠肺炎疫情下渡过的，但双方在各领域的合作范围和力度超过了其他国家，变得更加紧密。

1.“睦邻友好”是中俄关系的最佳定位

中国与俄罗斯比邻而居，具有特殊的地缘政治关系和安全问题，俄罗斯是对中国边界和周边安全利益具有最大影响力的国家，因此“睦邻友好”是中俄关系的最佳定位。中俄两国政治互信达到新的高度，两国自建立国家元首和政府首脑定期会晤机制以来，基本覆盖了中俄合作的所有领域，为中俄战略协作伙伴关系提供了一个稳定、高效的制度框架。在涉及独立、主权和领土完整等重大问题上，双方一贯相互支持。彻底解决了两国边界问题，确立了边境地区军事互信机制，中俄边境地区比历史上任何时期都更加稳定、和平与安宁，中俄双方的国家安全环境大为改善。军事领域的合作向纵深发展，“中俄双方进一步巩固了以军事政治互信为基础、以军事技术合作为核心并开启了军事行动协同的军事战略协作关系。”① 两国间的军事技术合作内容广泛，并先后举行了多个层面的军事演习，大大提高了中俄有效应对新挑战、新威胁的能力，两国、两军务实合作不断发展。在国际事务中两国加强协调、深化战略合作，共同推动经济全球化朝着均衡、普惠、共赢方向发展，积极促使国际安全体系向更符合时代要求和各国利益的方向发展，推进国际军控和外空非军事化进程，努力促进多边军控和防扩散条约的普遍性和有效性，坚决打击恐怖主义、分裂主义和极端主义三股势力，有效地维护了各自国家和中亚地区的和平与安宁。可以说，“中俄两国在当前所有重大国际问题和地区问题上都有相同或相近的立场，彼此成为在国际事务中相互支持的主要伙伴和重要的战略依托。”②

虽然中俄关系日趋成熟，但由于两国的国家利益不可能完全重合，因此不可避免地存在一些问题，如受到地缘相邻、历史恩怨、经济发展差距等因素的影响，两国尚存疑虑，战略互信有待加强；两国都有强国复兴的需求；两国不同文化传统也会对中俄关系造成一定影响；此外在中美俄关系中难免受到美国因素的牵制，特别是面对美国执政当局咄咄逼人的态势，双方的正常合作是否会受到外界的影响和干扰，是需要我们特别加以注意的问题。

---

① 张学昆：《中俄关系的演变与发展》，上海交通大学出版社、北京大学出版社 2013 年版，第 199 页。

② 驻俄罗斯大使李辉在莫斯科国立语言大学的演讲，《中俄关系的现状与发展前景》，http://www.fmprc.gov.cn/mfa_chn/wjdt_611265/zwbd_611281/t688002.shtml。

2. 发展互惠双赢的中俄经贸关系

中俄贸易合作加速提质升级。两国经贸合作经历了由小到大、由慢到快、由低水平到高水平、由磨合期到长期稳定发展期的发展轨迹，在多元化和互动中，构成了两国“新的经济合作特质”。苏联解体俄罗斯独立后，中俄贸易额1992年为58.6亿美元，到2001年才超过百亿美元，达到106.7亿美元。而从2003年开始，中俄两国经贸合作进入了快速发展时期。2003–2012年的十年间，两国贸易额从157.36亿美元猛增至881.6亿美元，到2013年达到了888.43亿美元。中俄计划“双边贸易额2020年前达到2000亿美元并实现更高水平的目标”[①]。2014年以来，伴随着乌克兰危机的不断发酵，俄罗斯与西方关系跌入了冷战结束以来的“冰点”。特别是美欧实施的数轮制裁使俄罗斯经济遭受巨大冲击，而自身畸形的经济结构所造成的脆弱性又加剧了其受损程度。在此种情形下，迫使俄罗斯经济“向东看”，积极寻求与新兴国家，特别是中国的经济合作，中俄双方在短时间内签署了有关能源、基础设施建设、高科技合作等一系列合作协议。在中俄关系持续保持高水平运行的背景下，两国贸易合作加速提质升级，并呈现出机制全、平台多、增长快、范围广、成效实、潜力大等特点，基本实现了合作领域和地域的“全覆盖”。2017年双边贸易额达到840亿美元，2018年达到1070.6亿美元，贸易增速在中国主要贸易伙伴中位列第一位，2019年再创新高，达到1107.6亿美元。可以说，中俄经贸合作不仅造福了两国和两国人民，也成为当今世界倡导平等互利、合作共赢、共同发展的典范。

中俄能源合作渐入实质阶段。能源一直是俄罗斯经济外交的重要手段，能源合作在中俄经贸关系中占有重要位置。这种合作既有利于俄方实

① 新华社莫斯科2012年4月28日电。

现能源出口的多元化，为其欧亚平衡的外交战略奠定基础，又有利于中方构建能源进口多元化格局，保障国家的能源安全。中俄能源合作机制的建设发展已走过20余年的历程。早在1996年，中俄两国政府签订了共同开展能源领域合作的协定，并在两国总理定期会晤框架下设立中俄能源领域合作分委会，中俄能源合作的高层对话机制就此开启。随着中俄能源合作水平的不断提升，两国建立副总理级能源谈判机制，纳入中俄总理定期会晤框架下，中俄政府间能源合作委员会开始运行，成为我国最高级别的双边能源合作机制。2009年2月，中俄在北京签署“贷款换石油”合同，中国向俄罗斯提供250亿美元的长期贷款，俄罗斯则从2011年至2030年按照每年1500万吨的规模向中国通过管道供应石油。2014年5月21日，中俄在上海签署了“中俄东线天然气合作项目备忘录”“中俄东线供气购销合同”两份能源领域的重要合作文件。双方商定，自2018年起，俄罗斯通过中俄天然气管道东线向中国供气，输气量逐年增加至每年380亿立方米，累计30年。这一让世界瞠目的“世纪大单”的签署，既结束了中俄两国持续十余年的天然气谈判，也显示了两国名副其实的新型大国伙伴关系。就具体项目而言，中俄原油管道、东线天然气管道、阿穆尔天然气加工厂项目等能源领域战略性大项目相继运营或开工建设，成为两国合作的标志性工程。

中俄边境贸易持续升温。边境贸易是中俄两国经贸合作的重要组成部分，已经成为促进两国边境经济发展、增进边境和谐与信任、扩大双方文化交流的重要途径之一。中俄边境贸易迄今已有300多年历史。传统的边境贸易是两国在边境地带进行的商品交换，随着国际经济贸易的发展，边境贸易已由简单的商品流通和交换发展到了包括边境经济技术合作、科技交流、生产投资、劳务合作等高级形式。中国是世界上邻国最多的国家，中俄边境贸易数额最大并整体保持增长势头，已成为促进两国毗邻地区经济繁荣发展的重要原动力，对于增进边境和谐与信任，扩大双方交流发挥着重要作用。

3. 加强后疫情时期的战略协作

新冠肺炎疫情对国际交流与合作施加了空前的负面影响，不仅干扰了国际间正常的科技、人文、经济交流，同时也激化了不同势力间的既有矛盾。以美国为代表的部分资本主义阵营国家正在试图利用其在科技领域的优势重新展开全面对抗。在此大背景下，中俄间科技合作不仅对中俄拥有重要的政治和经济意义，也是一剂促进国际社会的多边合作的"强心针"。2020 年 8 月 26 日中俄科技创新年如期开幕，彰显了两国科创合作的现实和时代意义。双方强调要加强高技术、疫苗和药物研发、生物安全等领域的合作；继续落实《中国与欧亚经济联盟经贸合作协定》，推动区域经济一体化发展；加快开拓电子商务、云经济等新兴领域；加强和扩大两国银行间的本币结算业务，并尽最大可能推广至中国与欧亚经济联盟各成员国的贸易、投资和项目上，为最终摆脱美国的"长臂管辖"创造条件。

4. 战略互补是中俄关系的主基线

中俄地缘相邻、利益互补，合作潜力巨大。2012 年李克强副总理访俄，称中俄合作是"共同创新的合作"，"中俄互为最重要、最有价值的战略伙伴"[①]。2018 年 6 月 8 日习近平主席在北京人民大会堂同普京总统举行会谈。习近平主席指出，中俄全面战略协作伙伴关系成熟、稳定、牢固。无论国际形势如何变化，中俄始终坚定支持对方维护核心利益，深入开展各领域合作，共同积极参与全球治理，为推动建设新型国际关系、构建人类命运

① 新华社莫斯科 2012 年 4 月 29 日电。

共同体发挥了中流砥柱作用。[①]普京总统表示，深化俄中全面战略协作伙伴关系是俄罗斯外交的优先方向。俄中双方相互照顾彼此核心利益和重大关切，积极推进政治、经济、人文各领域对话合作，密切在国际事务中沟通协调。双方关系达到了历史最好水平，成为当今世界国与国关系的典范，为维护国际和平、安全与稳定发挥了重要作用。[②]中俄关系经历了友好国家到建设性合作关系到战略协作伙伴关系的调整和发展，无论当前还是今后，战略协作伙伴关系模式是中俄关系的最佳选择，战略互补将成为两国关系的主基线。

首先，中俄两国边界与周边安全的战略互补。地缘政治学观点认为，全球或地区政治格局的形成和发展受地理条件的影响甚至制约。肯尼迪在《大国的兴衰》一书中有句名言："一个国家当前富强与否不取决于他本身拥有的力量和财富，而主要取决于邻国力量的大小和财富的多寡。"中俄两国都是大国，中国人口世界第一国土面积世界第三，俄罗斯国土面积世界第一人口世界第三，两国之间有4300千米长的共同边界，俄罗斯是中国最大的邻国，国家实力尤其军事实力强大，仍是世界上两个核超级大国之一。因此，"俄罗斯对中国的安全意义不是一般的、局部的，而是战略性的。"[③]两国关系友好即可得到最大的安全利益，两国关系紧张则会产生严重的安全威胁。因此建立睦邻友好、平等互信、合作互利、共同发展基础上的新型国家关系，对于正在谋求快速发展的两国而言都十分重要。

其次，经济和能源领域的战略互补。两国都处在快速崛起的关键时期，需要对方的市场，需要相互支撑。在能源生产和储备方面，中俄都是

① 2018年6月9日14:53，来源：人民网—人民日报海外版。

② 2018年6月9日14:53，来源：人民网—人民日报海外版。

③ 倪世雄：《发展长期健康稳定的新型大国关系》，《当代世界与社会主义》，2013年第3期。

能源生产和储备大国，但中国能源消费大于生产以致无法满足国内需求，不得不大量进口。而俄罗斯既是能源生产大国也是出口大国，俄罗斯希望摆脱对欧洲市场的过度依赖，进入中国的能源大市场。俄罗斯需要以能源振兴经济，中国需要外部能源以发展经济，双方相互需求相互依存。两国利用有利的地缘优势开展能源合作、经济合作，“互为对方地缘经济战略的攸关方，也互为对方地缘经济战略的重要方向和内容，是各自发展对外经济关系的不可或缺的战略伙伴。”[①]2014年5月中俄天然气4000亿美元“世纪大单”的签署，使西方众多媒体认为，拥有大量能源的俄罗斯和拥有巨大市场的中国的结合，将“可能形成新的东方”。

再次，两国特殊的双边关系的战略互补。今天的世界依然是美国独大，但被美国视为最大威胁的恰恰是衰落但势力犹存的俄罗斯和正在迅速崛起的中国，因此美国对中俄多有打压。俄罗斯虽然经济规模远比不上美国，但军事力量不可小觑，尤其核力量足以和美国抗衡。随着俄罗斯经济的恢复，在其“近邻”国家的影响稳步扩大，在国际上的作用和影响将远远超出其经济比重。而中国近些年的迅速崛起，尤其GDP已超过德国、日本，也成为美国的一大隐忧。因此美国一方面在欧洲实施北约东扩战略，以遏制俄罗斯东山再起，另一方面在亚洲实施重返亚太战略，海外战略重心向亚太转移，以抑制中国崛起。由此，中国和俄罗斯均不同程度受到美国的战略挤压，使得俄美和中美的矛盾相对突出。“这种态势对中俄两国的对外政策目标、任务和手段的确定都产生了较大的影响，同时也使中国和俄罗斯的相互需要现实化，为中俄战略互补提供推动力。”[②]

最后，多极化世界格局中的战略互补。冷战结束以来，美国力图建立

---

① 丛鹏、张颖：《战略视角下的中俄关系》，时事出版社2011年版，第192页。

② 倪世雄：《发展长期健康稳定的新型大国关系》，刊于《当代世界与社会主义》2013年第3期。

一个单极世界并充当世界领袖。而中国和俄罗斯则主张世界应是多极化的并希望占有一席之地。虽然中国和俄罗斯均无意与美国对抗，也无意结成反美同盟，但客观上中俄战略协作与互补是世界格局多极化的自然需要，有助于世界格局趋向平衡。在一些重大国际问题上，中俄有着趋同的利益和主张。中俄作为两个大国，是联合国安理会常任理事国，两国都在国际和地区事务中发挥着重要影响力，也是推动建立公正合理的国际秩序的重要力量。

俄罗斯既是中国的周边大国，也是国际社会中的重要一极。作为大国、邻国和谐共处的典范，中俄全面战略协作伙伴关系已经为建设新型国际关系作出了榜样。2020 年是反法西斯战争胜利 75 周年，共同的二战史观已成为双边关系的重要基础。在国际和地区事务中，双方将进一步加强战略协作，坚定维护二战胜利成果，坚定捍卫联合国宪章和国际关系基本准则，坚决反对霸权主义和单边行径，共同捍卫国际公平正义，不断加强在联合国、上海合作组织、金砖国家、二十国集团等国际机制中的协调合作，共同应对日益加强的风险挑战。

三、“坎坷中升温”的中日关系

中日两国是一衣带水、隔海相望的重要邻邦，地缘上两国同属东北亚，都是亚洲地区重要的大国；文化上两国同根同源，历史上长期相互影响。纵观中日两国交往历史，既有源远流长的 2000 多年友好交往，也有日本军国主义对近代中国长达半个世纪的侵略。1952 年日本从美国占领下恢复独立后，现代中日关系正式开始，至今大致可以分为以下四个时期：1952 年至 1972 年中日“民间外交”时期、1972 年至 20 世纪 90 年代中期的两国“蜜月期”、20 世纪 90 年代中期至 2012 年的“政冷经热”时期、

2013 年至今为中日交往的新时代。

2010 年发生中日撞船事件，特别是 2012 年日本政府强行将钓鱼岛“国有化”之后，两国关系的发展陷入自 1972 年中日邦交正常化以来最严峻的时刻——几乎“陷入冰点”。经过 5 年的艰难“磨底”，在 2017 年中日邦交正常化 45 周年之际出现回暖，2018 年又实现了两国政府首脑的互访，可避免两国在东海发生冲突的“海空联络机制”也已启动。2020 年全球抗击新冠肺炎疫情过程中，双方政府和民间互相进行医疗物资援助，“山川异域、风月同天”的标语使两国人民看到了关系进一步好转的希望。8 月 28 日，在疫情肆虐、经济困境之时，首相安倍晋三因旧疾恶化辞职，日本内阁官房长官菅义伟在随后举行的自民党总裁选举中获胜，成为新的首相，其上台以来的对华政策总体上延续了安倍时期的路线。

当前从国际体系、地区局势、国家发展到重要国家领导人个人层面都发生了不同于以往的深刻变化的全球大背景下，中日关系已经走到了一个新的历史关键期：虽然深化合作、升级关系、加强交往应该是中日关系发展的主流，不管是东亚地区的繁荣稳定还是全球治理的未来，都需要中日两国共同的智慧和贡献，但日本受美国影响很大，而且历史认识问题、钓鱼岛主权问题、台湾问题等固有的矛盾和冲突，仍需要两国通过平等协商和对话交流寻找有效的解决途径，否则就会不时爆发影响两国关系的稳定性。①

2018 年 10 月 25 日，就在安倍抵达北京访问的同一天，日本自卫队的舰艇在中国南海接受了美国军舰的加油，中国军舰在近距离全程关注此事。此前，日本还与美军在中国南海举行了联合训练。菅义伟上任后不

---

① 梁云祥、杨美姣：《从中日四个政治文件探析两国关系发展轨迹及未来趋势》，《东北亚论坛》，2020 年第 3 期，总第 149 期。

久，日本与美国、印度、澳大利亚进一步激活所谓的“四方安全机制”，东京不仅承办了“四方机制”下的外长防长会议，而且与美日澳三国一起，在“印太地区”举行大规模联合军演。由此可见，日本安倍政府近年来对华政策调整的战略意图根本在于保护本国的安全、经贸利益，即在不损害日美同盟稳定的前提下，缓和中日关系，深化经贸合作。中方期待的双边关系，则是不局限于经济领域，并能涵盖安全和政治领域的全方位关系，我们认为努力构建这种契合新时代要求的中日关系符合中日两国的期待。

中日两国作为无法改变的近邻，又是重要的经贸伙伴，长期和平相处是两国的共同愿望，但是历史认识问题、台湾问题、领土争端等都是很难回避的重要问题，这些固有矛盾随时可能引发波动，同时美国的亚太战略利益对于日本的要求和日本对于美国的政治、安全期待也具有举足轻重的意义。以下我们将通过简要分析这些影响中日关系处理的主要因素，展望新时代两国关系的趋势与未来。

1. 美国因素具有很大影响

中日关系处理中美国因素的影响可从以下三个方面进行考察：一是在美国主导的国际体系中，日本自身的国家定位十分重要，这点从以下三个角度可见一斑——从权力维度来看，日本扮演着美国的“辅成者”角色，想努力成为具有国际影响力的政治性大国，扮演好美国的“辅成者”角色，在抵御外部冲击以维持现状的过程中发挥重塑社会结构的引领作用，扩大战略自主的回旋空间，提升自身的国际影响力；就利益维度而言，日本承担着维系自由贸易秩序的“引领者”角色，积极向国际社会彰显其维护自由贸易秩序和引领新一轮经贸规则制定的旗手形象，扮演着区域一体化引领者和经贸规则主导者的角色；从观念维度出发，日本演绎着所谓“普遍价值”体系的“稳定者”角色，强调价值观念的重要性，即“自由、民主、人权、法治”等所谓普世价值是日本的基本价值认同，并与拥有相同价值认同的国家密切合作，扮演“半美国”的标杆角色，在亚太重塑“势力均衡的体系”。这三者在外交实践中体现为日本依托制度制衡，在维护本国国家利益的同时，努力提升国际影响力。[①]二是战后日美一直是军事同盟，实际上日本的内政、外交、安防受美国影响都很大，而中美关系已经有了很强的战略竞争态势，中国周边国家往往不想选边站队，但有时又难以避免，这样就容易陷入矛盾和摇摆中。三是中日两国本身在东北亚、东亚、亚太甚至世界层面都有着相互交织的利益，有竞争也有合作，美国作为唯一的超强国家，其态度对于双方都很重要。

由此可见，中日关系的发展在很大程度上受制于中美关系。

从 1949 年 10 月中华人民共和国成立到 1972 年 9 月，中日关系处于不正常状态，日本被美国赋予在亚洲封锁中国的“基地”作用，日本政府追随美国采取敌视新中国的政策，与台湾当局“建交”，坚持“两个中国”、“一中一台”。1972 年美国总统尼克松访华，中美关系得以突破，这对中日关系的改善是一个极大的推动。

1991 年苏联解体冷战结束，国际格局发生重大变化，中国经济一直迅猛增长，广场协议后不久经济长期处于低迷的日本开始把中国作为竞争对手来看。2001 年小泉纯一郎执政后，顽固坚持参拜靖国神社，对钓鱼岛及其附近的南小岛、北小岛，实施所谓“国家管理”。美日共同把中国作为主要防范对象，日本与美国一起对《日美安保条约》重新定义，将钓鱼岛、台湾海峡和中国南海包括在内，严重侵犯了我国主权；宣称尖阁列岛（我钓鱼岛诸岛）是日本固有领土，不存在与中国的领土纠纷问题。日美防卫

① 蔡亮：《亚太三元结构下日本的角色定位与对华政策》，《日本学刊》，https://kns.cnki.net/kcms/detail/11.2747.D.20200706.1601.010.html。

新指针未把台湾海峡排除在所谓“周边事态”之外，对中国统一构成潜在威胁，实际起到为“台独”势力撑腰打气的作用。日本政府在一系列关键问题上挑战中国底线，双方矛盾分歧加大，中日关系重新紧张起来。2012年安倍晋三上台执政，在钓鱼岛问题上坚持超强硬立场，堵死了谈判解决问题的出路，将两国关系引向更危险的境地。由于美国在幕后支持，日本在中国周边展开带有明显冷战色彩的遏制围堵策略。中日关系随之陷入建交以来从未有过的严峻局面。高层往来停滞，政界、军方及各界约定的交流项目中断，几乎“政冷经凉”。两国国民之间的相互感情跌到复交以来的最差状态。

2017 年以来，美国总统特朗普坚持“美国优先”，大搞孤立主义，以单边主义、保护主义对自由贸易体制发起冲击，设置贸易壁垒并全面发动贸易战，退出包括日本热衷构建的 TPP 和其他多边机制，并要求盟友承担更多安全费用，东亚各国发展前景和总体利益受到了威胁。[①] 在这种外部环境压力下，各方需要加强合作才能应对国际严峻形势。日本通过派员参加“一带一路”高峰论坛、安倍公开表示可以支持“一带一路”建设并出席驻日大使馆 2017 年国庆招待会等多个渠道主动传达善意，中日两国关系呈现出明显缓和趋势，因日本对钓鱼岛非法“国有化”肇始而中断数年的中日政府高层往来才得以恢复。[②]

美国近些年全球战略的调整——奥巴马政府实施“重返亚太战略”和特朗普上台后提出的“印太战略”，凸显了日本在美国亚太地区战略利益中的关键作用，日本因此在与中国的交往中有了更多谈判的资本。在中日既有历史矛盾和地区矛盾的基础上，中国国际和地区影响力的增强也在一

① 谢韫:《新时代中日关系的未来》,《唯实》2019 年第 1 期，第 93 页。

② 陈鸿斌:《安倍访华与中日关系新动向》，搜狐新闻频道，网址 https://www.sohu.com/a/275993969_761681。

定程度上加剧了日本的“危机感”，但是另一方面日本也在谨慎把控自己在中日美三方力量中的空间和地位，既要创造更多的自主权也要营造对冲的维度。此外中美贸易战的开展也深深影响着日本的经济和中日关系，贸易战的爆发使得亚太股市全面下跌，日本的日经平均指数下跌最为严重，再加上新冠肺炎疫情的严重冲击，中日需要在此危机之下开展更为紧密的合作以获得更多的发展机会。①

2. 中日两国之间本身存在诸多敏感问题

中日两国在历史认识问题和历史遗留问题上的分歧，成为两国关系中挥之不去的阴影，直接影响了中日关系的改善，如果没有妥善的解决方法，中日关系的发展前景必受影响。两国之间目前在政治上有篡改教科书、参拜靖国神社、慰安妇、劳工赔偿、否认南京大屠杀等问题；在军事上有日美军事同盟日益强化、针对台海、南海和中国崛起的意图日益明显的问题；历史遗留问题包括东海划界和钓鱼岛及其附属岛屿主权、中国民间受害索赔等问题，这些大多都是涉及中国国家核心利益或重要利益的问题 。

中日两国人民之间有着友好交往的悠久历史，中国文化对日本文化的深刻影响，使中日两国形成了无法割断的历史联系。自 1972 年邦交正常化以来，两国有过“蜜月期”，也有过剧烈的摩擦和矛盾。最近几年，尽管中日关系在搁置争议的情况下得到改善，但无论是历史认识问题还是领土争议，曾严重影响双边关系的重大障碍一个也没有消除。下面仅就钓鱼岛及其附属岛屿主权问题和正视侵略历史方面的问题简要谈谈。

---

① 梁云祥、杨美姣：《从中日四个政治文件探析两国关系发展轨迹及未来趋势》，《东北亚论坛》，2020 年第 3 期，总第 149 期。

钓鱼岛及其附属岛屿自古以来就是中国神圣领土不可分割的一部分，从历史、法理和地理上都属于中国。但是，二战后美国违反《开罗宣言》与《波茨坦公告》，与日本签订了片面的《旧金山和约》，将钓鱼诸岛连同日本冲绳交由美国托管。1971 年，美军把冲绳管辖权交还日本的时候，钓鱼岛及其附属岛屿也被划入归还区域交给日本，钓鱼岛问题由此而来。在中日复交过程中，中方从恢复中日邦交的大局出发，确定了在联合声明中不涉及钓鱼岛问题的方针。双方对“搁置争议”没有表示异议。此后，中国还提出了“搁置争议，共同开发”的建议。

1979 年日本在钓鱼岛上修建了直升飞机场，海峡两岸都向日本提出了交涉和抗议。20 世纪 90 年代以来，日方在岛上修灯塔，刻木牌，企图令国际社会承认其对钓鱼岛的主权。2002 年小泉纯一郎执政期间，日本政府与钓鱼岛所谓“岛主”签订了“租约”，每年出资 2256 万日元“租借”钓鱼岛及其附近的南小岛、北小岛实施所谓“国家管理”。2009 年日本民主党执政后，在钓鱼岛问题上采取同样立场，日方不承认曾与中国就搁置钓鱼岛争议达成共识，强调同中国之间没有领土争议问题。2012 年石原慎太郎称“东京政府决定从私人手中购买钓鱼岛”，引发所谓“购岛事件”并持续发酵，再度掀起了钓鱼岛争端。日本极右翼势力用钓鱼岛大做文章以及日本政府“购买”钓鱼岛之后，中国推出一整套宣示和维护钓鱼岛主权的措施，同时建立东海安全识别区，中日钓鱼岛之争进入短兵相接、几乎擦枪走火的危险阶段。2014 年日本外交政策蓝皮书中声称对钓鱼岛拥有主权，将钓鱼岛问题归结为“不存在需解决的领土主权问题”，将钓鱼岛认定为日本领土，声称将努力通过国际法解决这一领土问题。2015 年，日海上保安厅财年预算申请总额为 2041 亿日元，比 2014 财年最初预算增加 11%；申请增加人员 566 人，此举为购买巡逻船和喷气式飞机等新装备，以加强“巡逻”钓鱼岛周边海域，包括力争 2015 年成立“钓鱼岛事务”

专属团队。2014 年始，日本小学教科书中开始出现称钓鱼岛为日“固有领土”的字样，2020 年度小学用教科书的审查结果依然将钓鱼岛记述为日本“固有领土”。日方一些来历不明的渔船 2021 年以来反复频繁进入钓鱼岛敏感海域，以致中方不得不作出必要的反应。钓鱼岛问题涉及中国国家主权和领土完整，涉及民族的尊严和国防安全，中国绝不可能退让，当务之急是控制危机，避免成为一场公开的冲突，然后再逐步想办法理顺关系。

关于正视侵略历史的问题。从 20 世纪 50 年代起，日本右翼势力就开始在教科书上做文章，利用教科书否定侵略，将其中“战争反省”的内容删掉，篡改教科书的问题是日本无法正视侵略历史的重要表现。

自 20 世纪 80 年代以来，日本在历史教科书中对侵华战争历史事实作了歪曲的描写。1982 年 6 月，日本文部省审定通过了对日本近代战争史有多处篡改的中学历史课本。进入新世纪的 2001 年，大规模篡改教科书事件复又发生，被大肆篡改的历史教科书多次通过日本文部科学省的审定。这件事情在当时引起了中国和韩国的强烈反响，但是日本政府回绝了中韩两国政府有关修改历史教科书的要求。2011 年 3 月 30 日，日本文部省公布了新版教科书审定结果，全部七家出版社发行的社会科教科书均声称钓鱼岛是日本领土，中国外交部对此向日方提出了严正交涉。

2014 年日本文部省对准备启用的新一轮小学教科书的审定中，被认可合格的小学教科书首次出现称钓鱼岛为日“固有领土”的字样。2015 年是世界反法西斯战争胜利 70 周年，日本文部省公布了将采用的初中教科书审定结果，首次在社会课程教科书中列明钓鱼岛及独岛（日称竹岛）为“日本固有领土”。还有平顶山惨案、“三光”政策、731 细菌部队、花冈惨案、慰安妇、强制劳工等这些中国人永远铭记的悲惨的战争史实，彻底地从教科书中销声匿迹了。之后的 2016 年、2017 年审定通过的教科书都将钓鱼岛和独岛称为“日本固有领土”，在涉及相关邻国的钓鱼岛等领土问题和南京大屠杀等历史认识问题上极力灌输错误主张，全面掩盖事实真相。2018年日本学校使用的教科书审查结果中提及“南京大屠杀”死亡人数、关东大地震时被杀害的朝鲜人数追加了“人数不确定”等记述；战后补偿方面也追加了“国家间已解决”的“政府见解”；领土问题方面提及独岛及钓鱼岛的全部8种公民教科书均写明是日本的“固有领土”。2019年3月，日本文部科学省发布了2020年度起小学用教科书的审查结果，小学教科书明确提到“尖阁诸岛”是日本的固有领土，社会科目高年级用的全部6种教材除了写进“北方四岛”外，把“竹岛”（韩国称“独岛”）和钓鱼岛记述为日本“固有领土”。

在日本政府的默许下被篡改的历史教科书，每次在审定期间都毫无例外地遭到亚洲等受害国及其民众也包括日本国内进步人士的强烈抗议，但是日本政府除了进行一些外交辞令式的支吾搪塞外，就是以“言论出版自由”为挡箭牌加以应付，根本无意制止和约束右翼肆意篡改侵略历史的言行。[①] 这对于日本的下一代正确认识历史，正确认识日本与邻国关系的过去，把握日本与邻国关系的未来，是极其错误和不负责任的行为，是在以错误的历史观误导下一代。

3. 共同构建新时代中日关系

2020年9月16日，菅义伟接替安倍成为日本第99任首相后，习近平主席同菅义伟首相通电话，就持续改善发展中日关系达成重要共识，为实现两国关系平稳过渡和健康发展明确了发展方向。11月25日，中国国务委员兼外长王毅对日本进行正式访问，菅义伟首相会见，王毅首先转达了

① 陈景彦：《中日之间的历史认识问题与日本政府的历史观》，《现代日本经济》，2005年第4期。

习近平主席致菅义伟首相的口信，并转达中国领导人的亲切问候。

菅义伟表示，发展稳定的日中关系不仅对日中两国，对地区和国际社会也十分重要，是两国共同的责任。日本新内阁高度重视日中关系，愿同中方增进互信，共同推动两国关系稳定发展。

日本外相茂木敏充在同王毅会谈时表示，日方愿同中方一道，积极落实两国领导人共识，保持两国高层沟通，重启两国议会、经贸、外交当局磋商和安全对话，扩大两国旅游观光、医疗保健、节能环保、农产品贸易、气候变化等领域合作，进一步加强两国青少年和文体交流。由此可见，日方也意识到中日合作的领域非常宽广。

实际上，日本战略界和精英层确实都认为日本对外关系的头号课题是“中国问题”。最近几年日本安倍政府可以说总体上踏在中日关系发展的正确脉动和基线上，也符合安倍所提“日中协调”精神以及“永远邻居”要义。两国这种良好关系发展的指南就是 2019 年达成的中日“十点共识”，这实际也是日本谋求“军事安全”与“经济安全”的最佳方案。两国合力推动新时代关系构建，成为近年来地缘政治恶化及大国博弈加剧形势下不多的国际亮点。①

尽管如此，通过对中日关系历史的追溯及其主要影响因素的综合分析，可以说目前日本仍置身于亚太地区权力、利益和观念的三元结构框架下，陷入“安全美国、经济中国”的“二元依赖困境”中。日本外交的核心议题是如何将三者进行有机连接，制定符合本国角色定位、有效维护国家利益的对外政策。面对中国崛起，尽管日本也认识到分享其带来的经济红利对提振本国经济大有裨益，但相比中日合作可能产生的合作前景和共同收益，日本安倍政府更关注如何避免在对华合作中丧失主体性，即担忧

① 吴怀中：《日本战略调整释放令人担忧信息》，环球时报，2020 年 6 月 30 日第 014 版。

中日合作中的收益分配会更有利于中国在地区秩序的转型和重构中确立主导地位。作为应对，日本主张以日美同盟为核心，并与更多“志同道合”的国家巩固建立在规则基础上的地区秩序，同时考虑采取威慑、接触、劝服等多种方式，规范中国在地区政治和经济发展中的角色。换言之，日本认为采用制度制衡的方式，既可以有效规范中国的行为，也可借此在中日经贸的竞争与合作中掌握规则优势。具体到对华政策领域，一方面，日本以强化在经贸领域的中日合作，作为因应美国单边主义和贸易保护主义的备用计划；另一方面，日本安倍政府希冀借助制度制衡，在对华合作中既分享中国的经济红利，又在制度规则上对华形成优势。中国对此应有清醒认知，同时审时度势、多管齐下，积极扩大两国协调的战略空间。①

“和则两利、斗则两伤”，中日关系来之不易，双方都应该以史为鉴，本着理性务实的态度，加强彼此间的相互理解，增信释疑，这是关系未来中日关系能否真正长期在良性发展轨道运转的基础。新冠肺炎疫情暴发后，中日两国政府和民间也相互支援与合作，显示了双方的善意和在非传统安全领域的合作可能，安倍政府在与北京打交道时相对谨慎，试图维护2017年以来的改善势头。

但是，随着疫情全球大暴发并持续冲击世界各国经济和社会稳定，大约2020年5月开始，日本对华政策又出现“跑偏”迹象，刺激两国关系的做法不时显现。个中缘由，可能一方面是新冠肺炎疫情大幅重新定义了国家安全的范围和意义，包括日本在内的许多国家都重新思考全球化及供应链安全并做出相应调整；另一方面可能受到美国压力，以致对话态度拿捏及表态出现偏差。日本明里暗里推动对华安全对抗、军事威慑以及经济

---

① 蔡亮：亚太三元结构下日本的角色定位与对华政策，《日本学刊》，https://kns.cnki.net/kcms/detail/11.2747.D.20200706.1601.010.html。

“脱钩”与“阻隔”，且在涉台、涉港、涉岛等方面显露出格言行，似有误判国际变局与“后疫情”形势、朝向不明智方向发展的苗头。日本干预中国南海问题的力度也在不断加大。

2020年6月，日本政府决定着手修改2013年制定的《国家安全保障战略》。据报道，日本国家安全保障会议（NSC）将就此对三个领域进行重点讨论并力争年内完工：新的导弹防御方式、经济安保、后疫情时代国际规则。新战略整合外交、安全、经济等领域，具有国家战略即大战略特性。在当今复杂国际形势下，日本此举可能带来系列重要影响。从种种动向研判，这次修改显露的两大政策指向——军事安全的“正常化”与“攻击转型”、经济安全的“政治化”与“战略化”，尤其值得关注。[①] 目前这些虽然尚未逆转中日关系总体向好的态势，但这些事态也显示日本并非没有深度调整战略的可能。日本调整对华政策方向，有加入美国对华地缘政治竞争与抗衡的迹象。

日本政府安倍推行“战略自主”与平衡外交，契合国际变局大势，增加了日本赢得自立空间与大国地位的机遇。但日本此番战略调整显露“联美制华”的思路，将不可避免地影响中日关系。如果这是一种长期战略性设计与趋势性转变，那就有可能滑出中日关系的合理区间，它蕴含的风险系数很高，对于构筑契合新时代要求的中日关系明显不利。

毋庸讳言，中日关系是存在矛盾分歧和争端的，双方要真正达成战略共识和一致并非易事，但中日之间已达成的四点原则共识，尤其是中日两国领导人达成的“互为合作伙伴，互不构成威胁”、“化竞争为协调”等一系列重要共识，是中日关系必须遵循的基本原则。中日保持健康稳定的关

① 吴怀中：《日本战略调整释放令人担忧信息》，《环球时报》，2020年6月30日第014版。

系，既是中日两国所需，也契合国际和地区新时代新格局的要求。着眼未来，顾全大局应该是中日关系发展的正常轨迹。中日之间虽有矛盾分歧，但共同利益和共识之处也明显存在。中日积极推动15国正式签订区域全面经济伙伴关系协定（RCEP），显示了中日合作的能力和成果，RCEP给中日两国以及协定签约各国都带来了巨大的利好，也给合力打造更高水平的中日韩三边自贸安排创造了良好条件。日本积极推动全面与进步跨太平洋伙伴关系协定（CPTPP），中国表示愿积极考虑，这是中日合作的又一重要话题和领域。中日韩自贸协定正在积极推动之中。如果三个经贸合作协定得以全面推进落实，中日合作的舞台必将更加宽广，这与目前中日关系中的矛盾分歧形成鲜明对比。东京奥运会和北京冬奥会是中日两国着力举办的盛事，两国都在倾力筹办，并寄予厚望，双方加强合作，可以让奥运之光在东北亚更加闪亮，这些也将是中日友好合作和顺应民意的新亮点、新机遇、新利好。

综上所述我们可以看到中日关系始终受到美国的极大影响，日本国家战略及对华政策在新的形势下面临一次重要选择，这必将影响到其自身安全与新时代中日关系。如何理性认识影响中日关系的各大要素，务实处理两国的利益冲突和历史遗留问题，构建长期健康的中日关系，把握好两国关系发展的大方向，争取形成以和平手段解决两国争端达成明确共识，是两国人民的共同期待。

四、“合作中发展”的中欧关系

欧洲是西方文明的起点，是工业文明的发源地，是发达国家最集中的地区。欧盟是欧洲的核心和主体，是当今世界一支重要而独特的力量。中国、欧盟作为当今世界上两股重要的政治经济力量，双边关系经历过一些波折，但对话与合作是中欧关系的主基调。中欧之间有着广泛的共同利益，双方合作大于竞争。面对百年未有之大变局，在双方共同努力下，中欧关系稳中有升，变中有进，中欧双方为世界和平、稳定、发展作出了积极贡献。

1. 中欧双方政治互信不断巩固

1975 年 5 月，中国与欧洲经济共同体建立了正式外交关系。45 年来，中欧关系经受了时间和国际风云变幻的考验，现已步入比较稳定的发展轨道。特别是进入新世纪以来，中欧关系呈阶梯式发展。中欧双边关系从 1998 年的“合作伙伴”发展为 2001 年的“全面合作伙伴”，再提升为 2003 年的“全面战略伙伴”和 2014 年的以“和平、增长、改革、文明”四大伙伴为主要内涵的全面战略伙伴关系，政治互信不断巩固。

中欧双方建立了稳定的领导人会晤机制。1998 年 4 月中欧领导人会晤在英国伦敦开启，双方宣布致力于建立面向 21 世纪的长期稳定的建设性伙伴关系，对中欧关系的走向发挥了战略引领作用。2014 年，中国国家主席习近平对欧盟总部进行访问，这是中欧 1975 年建立外交关系以来，中国国家元首对欧盟总部的首次访问，是新形势下中国为推进大国关系采取的又一次重大外交行动，这次访欧使中欧关系有一个很大的升级，习近平强调中欧之间是作为维护世界稳定和平的两大力量，是作为共同发展和世界经济增长的两大市场，是作为世界多样性和人类美好未来的两大文明，这三个“两大”是对于中欧关系的新定位，进一步丰富了中欧全面战略伙伴关系内涵。中国和欧盟首次发表了关于深化中欧全面战略伙伴关系的联合声明，提出共同打造和平、增长、改革、文明四大伙伴关系，开辟了中欧关系发展的新道路。2018 年 7 月，习近平在会见欧洲理事会主席图斯克和欧盟委员会主席容克时表示，中国和欧盟同为世界和平的建设者、全球发展的贡献者、国际秩序的维护者。双方要牢牢把握中欧全面战略伙伴关系正确方向，继续推进和平、增长、改革、文明四大伙伴关系建设。

经过中欧双方的共同努力，中欧之间各种对话机制日益制度化，双方政治互动频繁，除一年内举行两次中国——欧盟领导人会晤外，中国与欧洲国家高层互访频繁，各级别对话与合作不断深入，中欧合作涵盖了近百个领域，中欧加强在联合国等多边框架中的合作，共同促进全球公共卫生治理，携手应对气候变化等全球性挑战，不断提升中欧关系的全球性和战略性。2018 年习近平主席、李克强总理分别出访欧洲，英法德等多个欧洲国家的领导人、近 10 位欧委会委员、50 多位欧洲议会议员访华，这样频密的高层往来增进了双方互信，也为中欧关系的发展注入新的政治动力。“这种对话机制的制度化水平和范围在中国对外关系格局、特别是与其他大国关系中是极为罕见的，在中欧关系中发挥了积极作用。”[①] 2019 年习近平主席首次外访选择欧洲，再次体现了中方对发展中欧关系的高度重视，中法德欧领导人同台聚首，就全球治理、多边主义、自由贸易等问题达成广泛共识，一致同意加强在联合国框架内的协调合作，充分发挥二十国集团等多边机制的建设性作用，在推动政治解决国际争端、应对气候变化、促进可持续发展等方面积极担当有为。中欧领导人向世界发出了加强互信、深化合作、合力应对全球挑战的有力信号，为中欧全面战略伙伴关系提供了新动力。

2020 年 3 月 13 日，习近平致电欧洲理事会主席米歇尔和欧盟委员会主席冯德莱恩时强调，“愿同欧方一道努力，深化中欧四大伙伴关系和全面战略伙伴关系，为世界和平、稳定、繁荣作出积极贡献。”6 月 5 日，习近平同法国总统马克龙通电话时再次指出，大疫当前，团结合作才是

---

① 房乐宪:《从中欧光伏之争看当前中欧关系》,《和平与发展》, 2013 年第 4 期。

正道。“要坚持多边主义，促进世界和平稳定”。2020年6月22日，第二十二次中国—欧盟领导人视频会晤成功举行。习近平主席在北京以视频方式会见欧洲理事会主席米歇尔和欧盟委员会主席冯德莱恩，这是新一届欧盟机构领导层就职以来，双方领导人举行的首次年度会晤，也是新冠肺炎疫情暴发后中欧之间最高级别的机制性交往。习近平强调中欧要做维护全球和平稳定的两大力量，要做推动全球发展繁荣的两大市场，要做坚持多边主义、完善全球治理的两大文明。此次会晤扩大了中欧共识，双方都展现出在相互开放市场、绿色和数字领域、对非三方合作等方面加强沟通和协作的意愿。2021年面对后疫情时期更加复杂多样的全球性挑战，中欧作为全面战略伙伴，更应从大局和长远着眼，加强协调合作，共同维护和践行真正的多边主义，切实改进完善全球治理，共同构建人类命运共同体。

2. 中欧经贸关系稳步发展

经贸关系是中欧之间确立最早、发展最成熟的领域。1985年签订的中欧《贸易与经济合作协定》仍是迄今为止最重要的双边法律基础文件，中欧关系未来发展的基础和重心仍然是经贸领域的合作。经贸关系在中欧关系中占据主要成分并作为主要推动力量，不仅因为中欧是世界上举足轻重的经济和贸易体，更因为欧盟的主要权能和实力以及欧盟在世界格局中的权重，也主要体现在经贸领域。

中欧经贸合作近年来成果丰硕，已成双边关系的“压舱石”和“推进器”。欧盟对华投资流量保持增长，中国对欧投资近年来同样也在快速增长。“一带一路”框架下中欧双边合作已成为新亮点。中欧经贸关系以务实合作、平等互利为原则，实现了贸易持续增长、投资双向流动、金融合作创新和产业相互整合的巨大发展。从1975年至今45年间，中欧货物贸易增长超过250倍，欧盟在2004年到2019年间连续16年保持了中国最大贸易伙伴的地位。截至2019年2月底，欧盟累计对华投资项目超过4.7万个，实际投资1322亿美元。“一带一路”框架下，迄今已有20多个欧洲国家积极响应和参与“一带一路”建设。2019年4月中国商务部公布的数据显示：欧盟已连续15年稳居中国第一大贸易伙伴，中国是欧盟第二大贸易伙伴，双方互为第一大进口来源地和第二大出口市场。在新冠疫情蔓延，全球贸易持续萎靡的背景下，中欧贸易逆势增长，中国首次超过美国成为欧盟最大的贸易伙伴。欧盟统计局最新数据显示，2020年，欧盟与中国的贸易额达到5860亿欧元。

欧盟是全球最大的发达国家联合体，欧盟27国中近90%是工业发达国家，欧洲的技术、品牌和供应链资源丰富，在高科技方面存在优势，创新能力世界领先，已成为中国最大的技术来源地和设备供应方。截至2019年2月，中国自欧盟技术引进合同金额累计达2167.6亿美元，项目数56482个。在中欧企业实体投资与合作中，投资的主体不再限于国有公司，投资领域广泛，投资合作质量也大为提升。中国与欧盟签署的政府协议和商业合同涉及农业、金融、汽车、通信、化工和基础设施建设等诸多领域。中欧在科技、教育、文化交流、城镇化、环保合作、区域发展、城乡一体化等诸多领域的合作力度也在不断加深，中欧关系超越了简单的贸易关系，中欧企业的投资合作更加密切，双方的共同利益逐渐扩大，中欧经贸关系已成为世界上规模最大、最具活力的经贸关系之一。

随着“一带一路”建设的推进，中欧双方将本着共商、共建、共享原则，逐步实现发展战略的深度对接，将中欧战略合作落到实处、推向前进。2019年4月，中欧发布《第二十一次中国—欧盟领导人会晤联合声明》，表示中国和欧盟致力于在开放、非歧视、公平竞争、透明和互利基础上打造双方经贸关系。2019年10月，中欧双方签署了中欧地理标志协定，这是中国对外商签的第一个全面、高水平的地理标志双边协定，也是近年来中欧之间首个重大贸易协定，有力维护了中欧双方对知识产权的保护；双方就绿色、数字建立新的高层对话机制，积极呼应了欧盟的绿色新政和数字转型；彰显了中欧双方将排除困难把中欧各领域合作向纵深推进的决心，进一步夯实了巩固中欧全面战略伙伴关系的经贸基础，更充分显示了中国政府继续深化改革、推动新一轮高水平开放和保护知识产权的坚定决心。

中欧投资协定先后持续 7 年，经过了 35 轮谈判，在默克尔的推动下，中欧最终形成投资协定。这是迄今为止中方对外开放程度更高、市场准入门槛更低的经贸协定，为欧洲长远发展开辟了重要机遇。但是在美国的影响下，中国与欧盟之间的关系受到严重影响，欧洲议会以投票的方式，大票数同意冻结历经七年完成的中欧全面投资协定，欧洲议会暂停了协定的审议会议。中欧投资协定高度互利，不是单方面的照顾和恩赐，正如习近平主席在同欧方领导人视频会晤时所指出的："中欧投资协定将为中欧相互投资提供更大的市场准入、更高水平的营商环境、更有力的制度保障、更光明的合作前景，也将有力拉动后疫情时期世界经济复苏，增强国际社会对经济全球化和自由贸易的信心，为构建开放型世界经济作出中欧两大市场的重要贡献。"2021 年 4 月 16 日，习近平与法国总统马克龙、德国总理默克尔举行中法德领导人峰会，就合作应对气候变化、中欧关系、抗疫合作以及重大国际和地区问题交换意见，法德领导人均表示愿与中方加强多领域合作，共同推动《中欧投资协定》尽快批准生效和中欧经济关系进一步发展。

新冠肺炎疫情发生以来，中国和欧盟相互支持、相互帮助。中欧经贸往来经受住了冲击，展现出强大韧性并不断拓展合作领域。疫情防控期间，中欧班列的价值进一步显现，中欧班列实现逆势增长。5 月，中欧班列首次开行突破1000列，达到1033列、发送货物9.3万标箱，同比分别增长43%、48%，单月开行列数和发送量都创历史新高。2021年5月，中欧班列单月开行规模再创新高，达到1357列，当月运送货物13.1万标箱，同比增长40%。如今的中欧班列已运行73条线路，通达欧洲22个国家的160多个城市。中欧班列强劲增长，为国际抗疫贡献了中国力量，在欧亚大陆之间开辟了"生命之路"，新冠肺炎疫情发生以来，中欧班列累计向欧洲发运1199万件、9.4万吨防疫物资，"生命通道"功能凸显。中欧班列已经成为稳定国际供应链的重要支撑，构建了一条全天候、大运量、绿色低碳的陆上运输新通道。

中欧之间没有根本性的战略冲突，中国是当今发展速度最快的发展中国家，金融危机爆发后，中国经济引领着世界经济发展，"中国模式"的经济发展路线引起了全世界的瞩目。"在当前单边主义抬头、保护主义盛行的背景下，作为亚欧大陆两端的重要经济体，中欧在维护多边主义和自由贸易方面拥有共同立场，经贸合作的坚实基础是双方愿意并共同致力于维护基于规则的多边贸易体系，努力构建开放型世界经济，促进在相互尊重、公平正义、合作共赢的基础上深化中欧全面战略伙伴关系，在深化互利共赢中进一步提升中欧关系的稳定性、战略性和互惠性。"①中欧经济体量之和占世界总量的1/3，双方都高度依赖并受益于全球化的经济生态和多边主义的规则体系。中欧双方应该在相互尊重和平等相待的基础上，求同存异、和而不同，不断增进彼此理解和信任，在合作中扩大共同利益，在发展中破解难题，打造更具世界影响力的中欧全面战略伙伴关系。

① 中国贸易报特约评论员秦夏：《互利共赢是深化中欧经贸关系主旋律》。

3. 中欧人文交流对话机制不断完善

中国和欧洲是东西方文明的重要发祥地，是推动人类进步的“两大文明”。中欧人文交流源远流长，东西方思想文化相互交融，演绎了不同文明间彼此辉映的壮丽图景。德国哲学家莱布尼茨说“中国和欧洲代表了人类文化的两个高峰，如果中西加强合作与文化交流，便可以达成完美和谐的世界。”近年来，在双方共同努力下，中欧人文交流已成为继政治、经贸合作之后又一张亮丽“名片”，使中欧关系的架构更均衡、内涵更丰富、影响更广泛 。在中欧全面战略伙伴关系深入发展背景下，2012 年中欧高级别人文交流对话机制启动，成为中欧合作继高级别战略对话、经贸高层对话之外的第三大支柱，对中欧关系持续稳定发展有重要意义。

2012 年 2 月，中欧双方领导人从战略高度和长远角度出发，正式宣布建立中欧高级别人文交流对话机制，这不仅是中欧外交关系史上的一件大事，也是人文交流史上的重要里程碑。中欧人文交流对话机制实施以来，双方在教育、文化、科技、媒体、体育、妇女和青年等领域开展多层次合作，取得丰硕成果，架起中欧近 30 个国家民相亲心相通的桥梁，为中欧关系发展注入了新活力。截至 2019 年 4 月，中国与欧盟 28 个成员国签署了政府间文化合作协议；在 11 个欧盟国家设立了海外中国文化中心，法国、德国、西班牙、丹麦、匈牙利等多国也在华开设文化中心。文化中心已成为双方人民了解彼此生活、认知彼此文化的重要平台。中欧高级别人文交流对话机制与中欧高级别战略对话和中欧经贸高层对话机制相互补充，相互促进，共同构成中欧关系的三大支柱。

中国—欧盟文化艺术节是在中欧高级别人文交流对话机制框架下搭建的机制化平台，从 2015 年到 2018 年已经成功举办了三届。艺术节通过一系列丰富多彩的活动增进了中欧人民对彼此的了解，为双方鉴赏各自文化遗产和中欧文明交流互鉴提供了重要机遇，为中欧关系发展注入了新的动能，中国—欧盟文化艺术节已经成为“一带一路”倡议框架下的重要组成部分和欧洲民众近距离感知中国的一个品牌窗口，充实了中欧高级别人文交流对话机制的内涵，为中欧人民相互了解和信任，共同创建繁荣、和谐与幸福的美好未来搭建了一座友谊之桥。

借助于中欧高级人文交流对话机制的平台，中欧之间政党、文化、体育、智库、媒体等多层次交往得以加强，双方在教育、文化、青年等领域开展更大范围、更深层次的人文交流。中欧青年政策对话深入开展，中欧学生学者交流规模持续扩大，中国与法国、德国、西班牙、意大利、希腊等开展文化年交流活动，中欧双方人文交流日趋频繁，合作领域不断拓宽，交流渠道日趋丰富，呈现出机制化、多层次、全方位的发展态势。蓬勃发展的人文交流，惠及了双方民众的衣食住行，增进了中欧人民之间的了解和友谊，为中欧关系奠定了良好的民意基础。加深了对彼此灿烂文明和历史积淀的认同。

2018 年，随着中欧人文交流研究中心的成立，专家学者将在中欧人文交流机制建设领域开展更多深入对话与研究，构建多层次的人文交流之桥，开启中欧人文交流研究的崭新篇章。2019 年 6 月，中欧人文艺术教育联盟成立，标志着中欧双方在人文艺术领域的对外友好交流迈上新的台阶，有利于双方开展更多的人文交流项目和活动。搭建中欧人文艺术教育交流国际平台，也为进一步开展中国与欧洲各国在人文艺术教育领域的深入合作奠定了坚实的基础。“国之相交在于民相亲”，不断增强人文交流，促进双方对彼此历史、文化、社会、民族的了解，是实现“民相亲”的最好方式。加强人文交流，探索人文交流的新模式已成为中欧领导人的共识。①

① http://www.china.com.cn/opinion2020/2021-03/09/content_77291284.shtml

4. 中欧在贸易等领域摩擦不断

在中欧关系稳定发展的同时，双方一直存在着摩擦与矛盾。

在政治领域，欧盟和某些成员国不时就人权、南海、涉台、涉藏、涉疆、网络安全等问题对华发难。2013 年欧日领导人会晤发表的共同声明称，欧盟对日本行使“集体自卫权”表示欢迎，并对东亚地区的紧张局势表示忧虑。在香港问题上，频频就香港事务说三道四、对中国内政无端干涉。香港“国安法”出台后，欧盟针对香港维护国家安全立法出台一系列措施，包括限制向香港出口敏感技术设备。以香港国安法为借口，拟向香港居民提供更宽松的庇护、移居和居留政策，粗暴干涉香港事务。在美国的掺和下，中欧关系今年再一次面临新的考验。2021 年 3 月 22 日，欧盟罕见地以“侵犯新疆人权”为借口对 4 名中国官员、1 家实体实施制裁，欧盟制裁中国，是近 30 年来首次。中方随即宣布对少数恶意宣传虚假信息的欧方相关议员、学者和实体予以制裁。欧盟因此冻结了去年年底欧盟与中国达成的双边投资协议。

在经济领域，欧盟一直对华高新技术出口采取严格的管制，中欧双边高新技术贸易增长潜力未能得到充分发挥。随着中欧双边贸易规模的扩大，中国对欧盟的贸易顺差越来越大，欧盟对中国的反倾销力度不断加大。近些年来中国约有 2/5 的出口产品不同程度遭受欧盟技术性贸易壁垒，对中国机电、轻工、化工、食品等行业的出口造成巨大负面影响。2019 年 3 月 12 日，欧盟委员会发表《欧盟—中国战略展望》，引入“系统性竞争”的理念，意味着欧盟一方面要通过产业政策和资金投入强化自身的工业力量，以维持对中国的市场竞争优势；另一方面会提高对中国商品和投资进入欧盟市场的准入条件和监管标准。2020 年 1 月，欧盟贸易委员菲尔·霍根（Phil Hogan）提议制定欧盟的“国际采购工具”，认为这一工具将可以有效应对来自中国的“挑战”。欧盟贸易保护主义抬头，不时制造各种贸易摩擦，在处理对华经贸纠纷时不公正地滥用反倾销、反补贴等贸易救济举措，限制中国商品进口，阻碍中国对欧投资，推行“中国除外战略”。

中欧建交45年来，中欧关系历经国际风云变幻，总体保持合作的主基调，展现出强大的生命力，中欧之间并不存在根本利害冲突，开展互利合作的空间越来越广，支持多边主义的共识越来越多，中欧不应是制度性竞争对手，而应是全方位战略伙伴。欧盟是最大的发达国家集团，是多极化世界中的重要一极，中国愿意看到一个强大、繁荣、团结的欧盟。作为当今世界两大力量、两大文明和两大市场，中欧之间的合作和互动应该是全方位的，双方应进一步挖掘和释放合作潜力，以创造性思维发展中欧关系，共同创造中欧双方更美好的未来。

专题六

中国与周边国家关系

一、中印关系

中国和印度都曾是世界文明古国，又同为当今世界崛起中的大国。人口数量均在 10 亿以上，在世界各国人口总量排名中分别居第一位和第二位。两国又是最大的两个发展中经济体和新兴市场大国，在 2020 年世界 GDP 排名中，中国和印度分列第二位和第五位。中印关系的健康发展不仅关系到两国能否顺利实现本民族的伟大复兴，也会对地区乃至全球产生重大影响。纵观历史，两国有过相对密切的友好关系，共同倡导了举世闻名的和平共处五项原则，也发生过曲折和战争。1962 年，因印度武力侵占中国领土，两国发生了边界战争，关系严重恶化，直至冷战结束后才明显改善。新世纪以来，经过两国的不懈努力，确立了一些基本政治原则，建立了一系列磋商机制，为两国关系稳定和发展确定了基本框架。虽然边界问题仍未解决，但签署了有关边界谈判和管控的协议，努力推动政治解决。双边经贸关系发展迅猛，文化交流明显增多。同时，两国基于共同利益在金砖国家峰会、上合组织、G20、东盟 10+6 等平台上也有不少交流合作。

但是，由于历史遗留问题的影响和印度自身实力的增强，在国际形势的变化中，中印关系也在发生变化。印度在边界地区数次挑起争端。印度还加强了对印度洋的控制，积极推动印太战略，多次介入南海问题。当前，在美国强力打压中国和新冠肺炎疫情产生连锁反应的影响下，国际环境发生了很大变化。印度大国心态膨胀，重新开始冒险主义，挑起边境冲突，导致 2020 年 6 月 15 日的加勒万河谷冲突事件，造成 45 年来首次在边境冲突中出现人员死亡事件，在洞朗危机后逐步恢复的两国关系再次受到严重伤害。印度随后展开经济报复，抵制中国部分商品，封杀中国应用程序，中印关系急转直下。

1. 加勒万河谷冲突事件

加勒万河谷地区位于中印边界西段新疆阿克赛钦西部拉达克地区，位于中印边界西段实控线中方一侧，与印控克什米尔地区毗邻，军事和战略地位极其重要。1962 年边界战争曾在这里发生过战斗。

据中国外交部发言人介绍，事件的来龙去脉如下：2020 年 4 月以来，印度边防部队单方面在加勒万河谷地区持续抵边修建道路、桥梁等设施。中方多次就此提出交涉和抗议。5 月 6 日凌晨，印度边防部队在加勒万河谷地区越线进入中国领土、构工设障，阻拦中方边防部队正常巡逻，试图单方面改变边境管控现状。中方边防部队不得不采取必要措施，加强现场应对和边境地区管控。为缓和边境地区局势，中印双方通过军事和外交渠道保持密切沟通。在中方强烈要求下，印方同意并撤出越线人员，拆除越线设施。6 月 6 日，两国边防部队举行军长级会晤，就缓和边境地区局势达成共识。印方承诺不越过加勒万河口巡逻和修建设施，双方通过现地指挥官会晤商定分批撤军事宜。但 6 月 15 日晚，印方一线边防部队公然打破双方军长级会晤达成的共识，在加勒万河谷现地局势已经趋缓的情况下，再次跨越实控线蓄意挑衅，甚至暴力攻击中方前往现地交涉的官兵，进而引发激烈肢体冲突，造成人员伤亡。印军的冒险行径严重破坏边境地区稳定，严重违背两国有关边境问题达成的协议，严重违反国际关系基本准则。中方已就此向印方提出严正交涉和强烈抗议。6 月 17 日，中国国务委员兼外长王毅在同印度外长苏杰生通电话时，再次向印方阐明中方严正立场，要求印方对此开展彻底调查，严惩肇事责任人，严格管束一线部队，确保此类事件不得再发生，并尽快召开第二次军长级会晤，解决现地相关事宜。双方同意公正处理加勒万河谷冲突引发的严重事态，共同遵守双方军长级会晤达成的共识，尽快使现地局势降温，并根据两国迄今达成的协议，维护边境地区的和平与安宁。①

加勒万河谷事件引起的连锁反应：6 月 19 日莫迪召开的全党派会议上，多个政党领导人或官员发言，要在经济领域报复中国，呼吁抵制中国产品。前印度驻华大使班浩然建议禁止中国公司在印度进入 5G 领域。6 月 29 日，印度电子信息技术部以“存在安全问题”为由，宣布禁用与中国有关的 59 款 App 应用程序，主要涉及腾讯、百度、字节跳动、阿里等公司的产品。印度投资环境严重恶化。7 月 1 日晚，莫迪主动删除微博账号，以示支持对中国的经济报复。事件对两国关系的影响和伤害还在持续。由于印方多次渲染和炒作有关伤亡事件，歪曲事实真相，误导国际舆论，我方于 2021 年 2 月 19 日公布视频，还原事实真相，以正视听，让世界人们了解事实真伪和是非曲直。

加勒万河谷事件是在中印崛起、国际格局变化和民族主义抬头的背景下印度的地区性示强和冒险尝试。挑起领土争端也并非临时起意。2019 年 8 月印度宣布成立“查谟和克什米尔”与“拉达克”中央直辖区，把中国的阿克塞钦划入所谓的“拉达克中央直辖区”，而加勒万河谷正位于阿克塞钦与拉达克之间的战略要地。当时中国抗议时，印度外长苏杰生辩称成立中央直辖区不会改变实控线，但时隔不久，印度就想夺取中国实际控制的拉达克领土，并逐步蚕食阿克塞钦。印度想巩固南亚地区的霸主地位，进而扩大全球影响力，一直认为中国“一带一路”倡议落地威胁了印度在南亚的影响力。国际上，美国正在全面遏制中国，同时极力拉拢印度。在新冠肺炎疫情全球肆虐的情况下，以美国为首的西方政客多次向中国泼脏水，施加压力。印度政府视此为战略机遇，枉顾洞朗危机以来两国元首通

---

① 环球时报：《赵立坚介绍加勒万河谷冲突事件来龙去脉》，新浪网，2020-06-19，http://finance.sina.com.cn/wm/2020-06-19/doc-iirczymk7972465.shtml。

过武汉会晤和金奈会晤达成的共识，试图在权力分散时代在大国竞争中配合美国打压中国，拓展印度的权力空间。

2. 影响中印关系的关键因素

中印两国是彼此搬不走的邻居，中印关系也是最复杂的双边关系之一，面临不少挑战。"其中既包含由于历史原因造成的'心理阴影'，也包含地缘政治造成的'结构矛盾'，还包含安全领域的'战略疑虑'，更包含现实交往中的'利益纠葛'。"① 从根本上说主要源于以下几个关键因素：边界争端、西藏问题、中巴关系、地缘政治。

（1）边界问题

边界问题历来被视为发展中印关系的最大障碍和潜在威胁，是影响两国关系的核心因素。尽管2003年以来两国签订了稳定边界和开展谈判的协议，但迄今并未能划定边界，边境地区发生过数次对峙。两国边界长达2000多公里，其中有争议的边界线长达1700公里，大致可分为西、中、东三段：其中西段指中国的新疆、西藏同印控克什米尔地区接壤的边界，面积为3.35万平方公里；中段指从中国、尼泊尔、印度三国交界处起，沿喜马拉雅山脉向西北到中国西藏阿里地区与印控克什米尔的部分接壤处，面积约2000平方公里；东段是两国争议最大的地区，从中国、缅甸、印度三国交界处起，沿喜马拉雅山南麓向西至中国、不丹、印度三国交界处，涉及面积约9万平方公里。"中印之间存在着'三条线'，一是历史悠久的、农牧时期逐渐形成的传统习惯线；二是英殖民者为了大英帝国的统治而人为制造的麦克马洪线；三是经过和平与战争而演变至今但仍然充满

① 马加力：《当前中印关系的主要特点》，《和平与发展》，2013年第4期。

争议和纠纷的实际控制线。”[①] 中印边界从未正式划定过，但长期以来遵从传统习惯线，西段沿着喀喇昆仑山脉，中段沿着喜马拉雅山，东段沿着喜马拉雅山脉南麓。不过印度独立以后，一直蚕食中国领土，企图单方推行非法的麦克马洪线，结果导致了1962年的边界战争，恶化了两国关系，为两国关系的深入发展埋下隐患。这场战争中国打胜后，单方面撤退到战前实控线，希望能开展和平边界谈判。但印度依然认定麦克马洪线就是既定国界，再度出兵占领藏南。1987年印度国会通过法令，正式在藏南中印争议地区建立“阿鲁纳恰尔邦”，并且移民屯居。此后，边境冲突时有发生。2013年，发生了外界所称的“帐篷对峙”事件。2017年6月18日，印度边防人员在中印边界原锡金段越过边界线进入中方境内，阻挠中国边防部队在洞朗地区修边境公路，引发了1962年以来时间最长的对峙，达72天之久。中国保持高度克制表明立场，划出底线。最终印方于8月28日主动撤离，中方暂停修路，此次危机得以化解。印度政府于2019年10月31日正式实施《查谟—克什米尔重组法》，成立“查谟—克什米尔中央直辖区”和“拉达克中央直辖区”，将部分中国领土划入行政管辖范围引起中方坚决反对。2020年4月开始，又在边境线抵近修筑军事设施，越线发生数次冲突。6月15日在双方已达成分期退后共识的情况下越过中方实控线，挑起加勒万河谷流血冲突事件，导致两国关系严重倒退。经过艰苦努力，到2021年4月，双方已在班公湖地区脱离接触，但是在拉达克的整体脱离进程仍不完整。

（2）西藏问题

印度独立以后，出于对自身利益的考虑，一直企图把西藏从中国分离

① 邱永辉：《从亚洲世纪到全球治理：文化视角下的中印关系》，《中国战略》，2019年第5期。

出去，人为制造一个两国之间的缓冲区，非法占领藏南地区九万平方公里的土地。西藏解放期间，印度政府一直阻挠西藏的和平解放进程。1952年，印度政府向中国递交了一份《关于印度在西藏利益现状》的备忘录，提出印度在西藏地区的所谓特殊利益被中国政府拒绝。1959年，西藏叛乱，达赖喇嘛叛逃，印度政府容留达赖及其追随者，在印度建立“流亡政府”，支持“藏独”活动。时至今日，印度仍然把西藏作为制衡中国的“一张牌”。在西藏问题上，虽然印度政府在2003年明确承诺不支持包括达赖在内的西藏人在印度领土上从事反华政治活动，但实际上印度始终将达赖集团视为其战略资产，长期纵容和鼓励“藏独”分子从事分裂、破坏活动，从未放弃以西藏问题来制衡中国的战略。2014年9月，习近平访问印度前夕，印度外长斯瓦拉吉表示：如果要印度支持包括西藏和台湾在内的“一个中国”，中国需要首先确认“一个印度”，即希望中国考虑印度在“阿鲁纳恰尔”（藏南地区）的立场。莫迪政府不断采取措施加速对“阿鲁纳恰尔邦”的投资建设，强化对争议边境地区的事实占有。莫迪总理上台之初，对华关系趋于强硬，与达赖集团亦有往来，但在官方层面仍表示不允许“藏人”在印度从事反华活动。不过，印度从未打算放弃“打西藏牌”。印度的两面手法，对双边政治关系造成了损害，也影响了两国关系的稳定性。

（3）中巴关系

对抗性的印巴关系与合作性的中巴关系都具有必然性，在二者并行的条件下达成深度理解确实不容易。由殖民统治导致的印巴分治使印度和巴基斯坦成为两个相互独立的国家，因为领土纠纷，在20世纪发生过三次大规模战争，至今仍然交恶，冲突不断。由于地缘关系和历史原因，中国和巴基斯坦则建立了长期稳定的友好关系，20世纪60年代以后，无论政局怎样变化，都没有发生大的波动，双方在两国核心利益上相互支持。因此，印度对此耿耿于怀。事实上，中国发展中巴关系有历史原因，有经贸往来的需要，也有国家发展战略的考虑，并非以针对印度为目的。到20世纪90年代，中国已经调整了对印巴两国的政策，采取相对平衡的南亚政策，积极推进中印关系发展，但印度方面仍然在中巴关系问题上大做文章，认为中国利用巴基斯坦遏制印度，把中巴正常的合作视为对印度安全的严重威胁。巴基斯坦是中国通往中亚、中东、非洲和印度洋的重要通道，中巴关系发展稳定，合作前景广阔。随着“一带一路”项目落地，作为旗舰项目的中巴经济走廊建设持续开展并已收获了早期成果，印度对此疑虑重重，高官甚至在不同场合表达反对意见。印度明确不支持“一带一路”倡议。一带一路旗舰项目使中巴关系得到加强，对中印关系产生了一定影响和波动。印度加强了对印太战略的外交实践和南亚经济整合，积极推动印度次大陆国家经济合作协议和环孟加拉湾多领域经济技术合作倡议，希望借助与美国和日本的合作以达到推动“印太经济走廊”建设的目的以对冲“一带一路”的影响。

（4）地缘政治

中印两国同处于亚洲，过去同为文明古国，现在同为金砖国家，近些年经济增长迅速，中国崛起和印度崛起都是世界性议题。随着国力的提高，印度不满足于在南亚的影响力。印度将自己定位为世界领导型大国，并据此在国际多边外交、大国外交和周边外交中突出积极性、主动性、进攻性的一面。此外，两国在印度洋问题上互信也需要加强。印度越来越重视在印度洋的主导地位。随着中国的发展，能源需求大大增加，中国绝大部分石油进口来自中东和非洲，经印度洋和马六甲海峡等通道运至中国。印度洋和马六甲海峡地区的安全影响着中国经济命脉的“海上生命线”，中国不能不重视在印度洋的安全，近年来中国海军为保护印度洋运输通道安全而采取派遣远洋舰队前往亚丁湾护航的行动，也引起印度的担忧。特别是某些西方国家炒作中国制定“珍珠链战略”，意欲挑战印度在印度洋的主导地位。在中国重新接管巴基斯坦瓜达尔港以后，印度对中国未来的海洋活动显露出更大的疑虑，在伊朗建设恰巴哈尔港作为回应，认为这样可以监控中国军舰在瓜港的行动，同时还可以部分抵消瓜港的影响力。特朗普上台以后，提出建立以印、美、日、澳为核心的“印太战略”，得到了印度积极响应。2019 年 4 月，印度外交部设立印太司，和美国遥相呼应。印度和美日等国积极互动，在印度洋沿岸和南海周边国家进行布局，对冲中国推行的“一带一路”项目，意图制衡中国。印度在印太战略导向下针对南海问题频繁发声，与越南就南海石油联合开采项目展开合作，和美国、越南、日本、澳大利亚等国在西太平洋以及南海地区展开海上联合军事演习，加剧了南海问题的复杂化，也给中国造成更大的安全压力。2021 年 3 月 12 日，美国、日本、澳大利亚和印度四国举行了首次首脑远程会谈，其中共识的核心是抗疫问题，并记录在《美日澳印精神》的联合声明附属文件之中，但全世界都清楚这一四国机制本质上是针对中国的多边联盟。中印曾发展出一套较为成熟而稳定的互动模式，可概括为“全球合作、地区竞争、双边管控”。但是近年来的发展趋势却是，双方在全球问题合作上相对减弱，区域竞争加剧，分歧管控也在削弱。

此外，贸易不平衡对两国关系也有一定的影响。自两国关系恢复以来，经贸关系发展迅猛。据统计，两国贸易额在 1991 年仅为 2.65 亿美元，到 2007 年，双方贸易额已达 386 亿美元，中国成为印度的第一大贸易伙伴。2019 年双边贸易额达 928.1 亿美元。但是贸易不平衡问题也比较突出。以 2019 年为例，中国对印出口额为 748.3 亿美元，进口额为 179.8 亿美元。这与两国贸易结构密切相关。印度向中国出口的产品以原料性产品为主，多为资源密集型或劳动密集型产品，矿产品、纺织品及原料和化工产品是印度对中国出口的主要产品。中国向印度出口的产品以附加值较高的工业制成品为主，主要是机电、机械、有机化学品、钢铁制品，光学制品、医疗等设备及零附件、塑料制品等。中国积极采取措施弥补两国贸易逆差，主动扩大了对印农产品的进口。2019财年，印度对华出口继续大幅上升，但是由于经济发展结构差别造成的贸易、投资不平衡，短期内仍难以达到平衡状态。当下，受国际形势和边境冲突的影响，印度似想与中国制造部分脱钩，大规模下架中国投资的互联网产品，使两国经贸投资蒙上浓重的阴影。

中印关系是复杂的双边关系，两国是近邻，同为发展中国家，都处于发展关键期，都需要安全稳定的发展环境，有很多共同利益，发展空间巨大，双方不是也不应成为战略对手。加强沟通，增强互信，符合两国利益。尽管面临不少难题，但是几十年的发展合作也积累了不少历史经验。比如在政治上，两国确认深化战略安全合作，保持高层定期互访与接触，加强各领域、各层次对话磋商；妥善管控和处理分歧，努力通过谈判协商寻求双方都能接受的解决方案，共同维护边境地区和平与安宁。密切在国际和地区机制中的协调配合，应对传统和非传统安全挑战，维护发展中国家共同利益。双方的沟通合作非常重要，无论是洞朗对峙还是加勒万河谷冲突，双方最终都采取了比较克制的态度寻求政治解决，避免了更严重的后果。洞朗对峙后的两年元首会晤“以相互理解为中心”，积极修复和共建新时期的两国关系。双方以加强经贸合作为两国发展助力，在应对国际金融危机、气候变化、能源和粮食安全等重大全球性问题上继续寻求共同立场。即便在国际环境发生变化的条件下，努力缩小分歧，尽力管控争端，加强交流和合作对于两国来说仍是最优选择。

中印关系的发展需要双方具有更高的站位和视野。正如习近平指出的，“中印是世界上仅有的两个10亿人口级别的新兴市场国家，都处在快速发展的重要阶段。中印两国携手合作，不仅能助力彼此发展，而且将为亚洲乃至世界和平、稳定、繁荣贡献力量。双方要坚持中印互为发展机遇、互不构成威胁的基本判断，坚持深化互信、聚焦合作、妥处分歧，使中印关系成为促进两国发展的更大正资产、正能量……共同维护自由贸易和多边主义，维护发展中国家正当发展权利。”[①] 然而，随着印度大国梦想的推进，印度实质上正在不断加 大对中国的战略平衡和牵制，在中美战略竞争背景下谋利，试图对中国形成长期消耗。在后疫情时代中印关系发展将面临更多不确定性，考验双方的政治智慧和耐心。

二、中巴关系

巴基斯坦是与中国接壤的友好邻邦，也是最早承认新中国的伊斯兰国家。两国建交近 70 年来，建立和保持了高度的政治互信，无论国际形势如何变化，两国始终相互尊重、相互支持。国内政局的变化、领导人的更换以及不同的社会制度、意识形态都没有阻挡两国的友好发展。在国际问题上，双方相互支持；面向未来，不断拓宽合作领域，双边关系在政治、经贸、军事、文化等各个领域持续深入发展，两国关系被誉为“全天候、全方位的战略合作伙伴关系”，成为维护地区和世界和平、稳定的重要力量。中巴两国间的友好关系不仅是政府层面的，双方的传统友谊已经深入人心。在中国民间，称巴基斯坦为“巴铁”，即“铁杆朋友”。在巴基斯坦，尽管民族、宗教问题复杂，支持中巴友好的民众仍是主流，有句谚语叫“宁舍金子，不舍中巴友谊”，从中可见两国的特殊友好关系。中国提出“一带一路”倡议之后，巴基斯坦积极支持，中巴经济走廊建设作为旗舰项目成为新的典范，进一步推动了两国关系发展。当然，两国关系的发

---

①《习近平会见印度总理》，《人民日报海外版》，2019-06-14 第 2 版。人民网，http://paper.people.com.cn/rmrbhwb/html/2019-06/14/content_1930459.htm。

展也会受到国际国内一些问题的制约，所谓“全方位”合作还需要两国继续推动。

中巴两国于1951年5月正式建立外交关系。1955年万隆会议期间，中国总理周恩来与巴基斯坦总理穆·阿里举行了两次友好会谈，双方对加强两国多领域的交流与合作达成共识。不过，因为冷战背景和社会制度的差异，巴基斯坦很快与美国结盟，中、巴两国并没有马上建立起政治互信。不过，国家利益的一致性很快成为主导两国外交关系的准绳。20世纪60年代，两国友好关系逐渐巩固。1963年，两国签署了《中巴边界协定》，成功地划定了边界线，双方没有因为边界而发生任何争端。1965年，第二次印巴战争爆发，中国坚定支持巴基斯坦维护国家主权和领土完整的斗争，从外交、军事等多方面给予有力支持。战后两国关系进一步加强，开始了在国际问题上相互支持的历史。从1965年至1971年，巴基斯坦在历届联合国大会上都以提案国的身份坚定支持恢复中国在联合国的合法权利。巴基斯坦还帮助中国促成了国民党政府代总统李宗仁的归来和基辛格博士访问中国。1989年中国发生“政治风波”在外交上被西方孤立的时候，巴基斯坦对中国表示理解和支持，两国关系经受住了考验。2020年3月，双方就查谟和克什米尔地区形势交换意见。中方重申将一如既往支持巴方维护领土主权、独立和安全。巴方重申坚持一个中国政策，强调台湾问题和香港事务是中国内政。当前，两国战略合作伙伴关系进一步加强，共同打造“一带一路”的旗舰项目中巴经济走廊。随着项目落地开花结果，双边关系持续广泛深入发展。

1. 中巴关系的突出特点

（1）深度互信的政治关系继续加强

中巴关系的密切在政治领域表现最为明显。“巴铁”之“铁”首先体现在政治上。建交以来，两国关系保持了长期稳定，在涉及对方核心利益的问题上，两国始终相互支持，以地缘政治为依据，从全球视野和高度维护两国国家利益和地区安全是两国的一致目标。从60年代到现在，巴方无论哪个党派、哪个领导人执政，巩固和发展中巴友好合作关系的基本立场是一贯的。双方深化务实合作，密切在多边事务中沟通和协调关系。中国支持巴基斯坦的稳定和发展也是始终如一。正如2019年4月习近平主席在会见巴基斯坦总理伊姆兰·汗时重申的“中方把巴基斯坦置于中国外交优先方向。无论国际地区形势如何变化，中方都坚定支持巴方维护国家主权和民族尊严，支持巴方根据本国国情自主选择发展道路，支持巴方打击恐怖和极端主义势力，支持巴方争取良好的外部安全环境，支持巴方在国际和地区事务中发挥建设性作用。”[①]2020年3月16–17日，巴基斯坦总统阿里夫·阿尔维对中国进行访问，表达对中国抗击新冠肺炎疫情的支持。双方重申，共同致力于加强中巴全天候战略合作伙伴关系，构建新时代更紧密的中巴命运共同体。双方重申，致力于维护《联合国宪章》宗旨和原则，支持多边主义和合作共赢。[②]2021年2月，巴方正式启动疫苗接种工作，接种前两天中国政府向巴基斯坦捐赠的首批50万剂国药疫苗运抵，助力巴方防控疫情和促进经济复苏。中巴双方在彼此核心利益和重大关切问题上相互给予有力支持，维护了两国共同利益、地区和平稳定和国际公平正义。

（2）经贸投资合作深化发展

经贸关系发展关乎两国经济社会发展和人民福祉，是两国合作发展的

① 新华网：《习近平会见巴基斯坦总理伊姆兰·汗》，2019-04-28，http://www.xinhuanet.com/politics/2019-04/28/c_1124427791.htm。

② 人民日报：《中华人民共和国和巴基斯坦伊斯兰共和国关于深化中巴全天候战略合作伙伴关系的联合声明》，2020-03-18，第3版。

重要内容，双方签署了一批合作文件，确定了全方位合作框架，旨在扩大合作领域，提高合作水平，带动巴方产业升级，推动两国经济社会全面进步。

“一带一路”的旗舰项目中巴经济走廊建设堪称典范。规划中的中巴经济走廊在巴境内北及喀喇昆仑公路，南临印度洋畔的瓜达尔港，还包括众多经济园区，是实现两国公路、铁路、航空、光缆、油气管线“五位一体”互联互通的庞大工程。项目预计投资460亿美元，分三期，预计到2030年完成。项目涵盖政治、经济、海洋、航天、能源、交通、文化等多个领域，为两国的发展提供强劲动力。双方确定以走廊建设为中心，瓜达尔港、能源、基础设施建设、产业合作为四大重点领域的“1+4”合作布局。2019年3月，新瓜达尔国际机场举行奠基仪式，巴基斯坦总理伊姆兰·汗出席仪式，称赞瓜达尔港“正在成为带动巴基斯坦发展的引擎”。2020年7月23日，巴基斯坦总统阿里夫·阿尔维在参加“中巴经济走廊及其区域影响力”研讨会时表示，中巴经济走廊项目创造了大量就业机会，为巴经济发展提供动力，惠及巴基斯坦民众。到2021年5月，双方确定的70个早期收获项目中，启动或已完成46个项目，总投资额达254亿美元。“瓜达尔港阿富汗过境贸易、东湾快速公路、苏库尔—木尔坦高速公路、巴基斯坦1号铁路干线等多个项目取得重大进展，完善了巴基斯坦交通运输网络，促进巴基斯坦与中亚及东南亚国家的互联互通。”[①] 经济走廊的建成，不仅带动当地产业升级，也使教育、医疗卫生、电力、能源、饮用水等领域得到改善，实实在在地将好处带给当地老百姓。

中巴经济走廊建设在后疫情时代助力巴基斯坦恢复经济。巴基斯坦发

---

① 巴基斯坦总统阿尔维：《中巴经济走廊促进巴经济发展》，中国经济网，2020-07-24，https://baijiahao.baidu.com/s?id=1673059593232012194&wfr=spider&for=pc。

布的2021财年（2020年7月至2021年6月）经济调查报告显示，经历去年新冠肺炎疫情冲击而陷入负增长后，巴基斯坦经济迎来复苏，本财年经济增长3.94%，大大超过2.1%的既定目标。报告全文共107次提到中国，折射出中国对巴基斯坦抗击疫情、发展经济、实现复苏的重要助力作用。中巴两国关于中巴经济走廊框架下的经济特区建设合作明显加深加快，巴在自身财政高度紧张的情况下，专门拨款40亿卢比用于经济特区建设。中国方案和中国经验将为巴基斯坦提供最坚实的支撑。①

（3）安全合作领域不断扩大

两国关系的发展与外部安全关系密切相关，高度互信是建立在共同利益和重大问题广泛共识的基础上，两军关系的发展是两国关系的重要方面，双方在防务与安全对话、联合军演、人员训练、联合生产武器及武器贸易等双边防务合作上有广泛交流。近些年两国在打击宗教极端势力、民族分裂势力、恐怖势力方面有很大合作空间。两国签署的《中国新疆与吉尔吉特—巴尔蒂斯坦地区边境管理系统协议》《中巴边防哨所及管理系统协议》为维护两国边境地区的和平、稳定的合作提供支持。两国在防务磋商、联合反恐、海上搜救、人员培训、联合训练、联合演习、装备技术、院校交流等领域广泛开展合作，为维护地区与世界和平，促进两国繁荣发展而共同努力。2018年6月，巴基斯坦加入上合组织，双方在安全合作领域再上新台阶。2020年1月6日，“海洋卫士-2020”中巴海上联合演习在卡拉奇举行开幕式。演习内容主要包括联合巡航、防空反导、海上拦截与联合反潜、海上实弹射击及海军陆战队联合训练等课目，展现出共同守卫海洋和平和安全的信心与能力。这是中巴海军第六次举行双边联演，海

① 中国助力巴基斯坦经济强劲复苏，中国经济网，2021-06-21，https://baijiahao.baidu.com/s?id=1703123742928627408&wfr=spider&for=pc

军“海洋卫士”系列将与陆军的“勇士”系列、空军的“雄鹰”系列一起，成为中巴两军合作交流的响亮品牌。[①]

（4）人文交流基础不断夯实

两国关系的发展不仅需要政府层面的努力，也需要两国民众加强了解、沟通与交流。中巴两国关系使双方民众在心理上是比较亲近的。在巴基斯坦流传着很多中巴友好的故事。在中国“巴铁”的称呼也广为人知。当年汶川地震的时候巴基斯坦把战略储备的帐篷悉数捐给了中国，深深地感动了中国人民。本年度新冠肺炎疫情肆虐期间，巴基斯坦于2020年2月1日率先向中国提供援助。即使在物资比较匮乏，储备相对不足的情况下，巴基斯坦仍无偿向中国捐赠了30万只口罩、6500套防护服和8000副医用手套，可谓是患难见真情。之后巴国闹蝗灾，中国也在第一时间提供援助。不过，由于两国交通条件不利、宗教信仰不同、语言文化了解不深、巴基斯坦部分地区安全形势不稳等原因，两国人民之间的交往远远不够。随着“一带一路”项目落地，人文交流也在深入发展。中巴经济走廊建设促进了民间交往，中方有数万人在巴工作。巴方多批教师、医护人员和留学生到中国学习。目前，中国在巴设有1家中国文化中心、5所孔子学院和2个孔子课堂，成为人文交流的 重要平台和文化展示的重要窗口。 2021 年中巴签署关于经典著作互译出版的备忘录、《关于协同 开展“亚洲文化遗产保护行动”的联合声明》，为两国人文领域合作注入新的动力。双方将深化两国大学、智库、新闻媒体、影视等方面的交流，两国还就海洋科技方面达成协议，使中巴友好关系有更广泛和坚实的基础。中国企业优先发展能源项目和基础设施建设，解决电力、交通问题，帮助改造

① 军报记者：《2020中巴海军联演在卡拉奇拉开帷幕》，新浪网2020-01-06，http://mil.news.sina.com.cn/2020-01-06/doc-iihnzhha0677934.shtml。

医院、援建校舍、捐赠电器等，受到民众的欢迎。2017 年 5 月，中巴博爱医疗急救中心落成，2018 年 1 月瓜达尔自由区海水淡化处理厂落成。中国对巴基斯坦的救灾援助除自然灾害之外，还对巴基斯坦境内难民问题、家园重建与民生问题、灾害防范与合作等。这些项目满足了巴基斯坦人民的需求，提高了居民的生活质量，也增进了两国人民的友谊。

2. 两国关系发展面对的主要问题

（1）经济合作水平有待提升，贸易投资不平衡现象严重

据中国商务部统计，2020 年中巴双边贸易总额 174.9 亿美元，其中，中国对巴出口 153.7 亿美元，下跌 4.9%；自巴进口 21.2 亿美元，同比增长 17.5%。双边贸易逆差缩减 7.73% 至 132.5 亿美元。尽管逆差缩幅不小，整体逆差仍然很大。导致巴方大幅逆差的直接原因是贸易结构问题，根本原因是两国发展水平的差异。巴基斯坦是一个农业大国，经济规模小，发展水平低，致使其向中国出口的商品种类有限，棉花、纺织品、铁矿石、工业原材料等为主要出口产品，随着巴基斯坦经济的转型，巴国内大力发展二、三产业，从中国进口大幅增加。进口商品主要为工业制成品，如机械设备、化肥、化学制品、人造纤维、钢铁制成品、陆路交通工具等，巴方商品的附加值远远低于中方商品，而巴企业在中国市场的开拓又往往不够，这必然导致中巴贸易关系比较严重的不平衡现象。同样，投资方面主要是中国在巴基斯坦进行投资，仅中巴经济走廊项目预计投资就达 460 亿美元，目前已投资近 200 亿美元。巴方在华投资能力则非常有限。此外，由于两国交通条件不利，巴国基础设施落后等原因，都影响了两国经贸关系发展。随着中巴经济走廊建设的进展，情况正在逐步改善。

（2）安全问题比较突出，对两国合作产生干扰

巴基斯坦是受恐怖主义影响的重灾区之一。除了恐怖组织，巴基斯坦

分离主义势力和反华势力针对中国公司的恐怖活动也很让人头疼，例如，俾路支民族主义武装力量多以中国人和中国投资的工程为袭击目标，目的就是阻止中国在巴投资。2017 年，俾路支解放阵线袭击和摧毁了瓜达尔港附近的一座中资移动通信公司的信号塔。2019 年 5 月，俾路支解放军袭击瓜达尔港附近的明珠洲际酒店，声称是针对中国。俾路支分离势力针对中巴经济走廊持续不断的恐怖袭击正在成为中国的“瓜达尔港之痛”。安全问题不但对两国经贸关系产生了一定程度的负面影响，也影响了中国公众对巴的印象，从而对两国关系的发展带来不利影响。在阿富汗和平进程仍未取得实质进展的情况下，位于巴阿边境的恐怖组织仍可能向巴基斯坦输送袭击队伍。与此同时，伊斯兰国势力也在不断向南亚地区渗透，巴国安全问题仍有较大压力。为了对中国工程项目和人员进行特别保护，中巴经济走廊项目落地以后，巴基斯坦“举全国之力特地组建了一支 1.7 万人的特种部队，在中巴经济走廊沿线为中资企业保驾护航。巴基斯坦海军特地成立了一支特遣队，用来保护与中巴经济走廊相关的海上航线。旁遮普省政府还专门配备了 5000 名警力，保护在旁遮普工作生活的 1 万名中国人的安全。”①

此外，中资公司也加强了在巴安保力量。2021 年 4 月 21 日晚上，在巴基斯坦西南部俾路支省首府奎达市塞雷纳酒店发生自杀式爆炸恐袭，中国驻巴基斯坦大使农融白天刚率领中国代表团下榻了这家酒店，所幸当时不在现场。由此可见巴国的安全问题仍然令人担忧。

（3）地缘政治形势加大了两国关系的外部压力

中巴友好与地缘政治和外部安全因素关联很大，巴基斯坦和印度之间因为领土问题发生过数次战争，至今仍未和解。中印之间也有领土争端

① 蔡恩泽：《中巴经济走廊树起“一带一路”样板》，《中华工商时报》，2017-01-06 第 3 版。

和其他矛盾，20世纪60年代两国关系的升温关联很大。印度对中巴关系的发展十分警惕，印度认为中巴经济走廊项目经过克什米尔地区是介入印巴争端的政治工具，瓜港项目是为了在印度洋施加影响力，动了印度的奶酪，因此反对“一带一路”，积极参与美国的“新丝路”。2019年以来，印度多次在争议区采取行动，加大了对巴基斯坦的打压，双方在边境地区多次发生冲突。8月初，印度取消克什米尔的特殊地位，切断网络，陈兵十万，单方改变争议区现状，巴基斯坦宣布降低与印度的外交关系，暂停与印度的双边贸易，召回大使，印巴关系持续恶化，给中巴经贸发展蒙上了一层阴影。另一个主要因素是美巴关系调整对中巴关系的影响。巴基斯坦建国后与美国结盟，至今国内也有相当一部分亲美势力。另外，随着国际格局的变化，印太两洋重新成为热点，美国重新认识了巴基斯坦在全球战略和伊斯兰世界中的重要性。出于平衡中国在巴影响力的考虑，美国愿意加强对巴基斯坦的影响。新冠肺炎疫情不仅给全球带来了健康威胁，还在影响世界格局的变化。目前，美国正在强化美印关系对抗中国，这些对中巴关系将产生影响。

今天的中巴关系不是以对抗某个国家为基础的，而是着眼于两国的发展、地区和平与稳定，应对传统和非传统安全威胁等重大国际问题，两国在相当多的问题上有广泛的共识和共同的利益。从地缘政治角度来看，巴基斯坦是中国西出印度洋，经波斯湾、红海到达中东、欧洲和非洲的必经之地，对于中国国家安全和国家发展有重要意义。对于巴基斯坦来说也同样如此，两国保持长期友好关系不是偶然的。巴基斯坦不仅是中国的产品和工程出口市场，也是中国连接中亚、南亚的能源和贸易通道。然而，巴基斯坦将瓜达尔港运营控制权转交给中国后，引起部分国家的焦虑和猜忌。“美欧关注的是中国由此获取的陆上便捷能源通道，和中国矛盾正酣的日本直指中国是为了海洋霸权，印度的心结是中国将瓜达尔港视为潜在的军事基地，以编织遏制印度‘珍珠链’的一个节点”。[①] 瓜达尔港口临近波斯湾，距世界石油运输要道霍尔木滋海峡约400公里。它不仅是印度洋和太平洋上数条海上重要航线的咽喉之处，更是这些航线上的重要中转港，利用瓜达尔港作为入海口，来自伊朗和非洲的原油可以运输到中国新疆，它是中国正在倡导的陆上新丝绸之路与海上丝绸之路的交汇点，是“一带一路”的关键点之一，对中国的能源安全战略所具有的重要意义不言而喻。对于巴基斯坦来说，获得贸易通道，有巨大的经济利益，还可以创造就业机会，改善人民生活，有利于巴基斯坦国内政局的稳定和加速现代化的进程，可以说是互利双赢，从长远看，也符合中亚国家、印度洋西岸相关国家的利益，有利于地区和平稳定发展。

由此可见，所谓“全方位”战略合作，还需要双方克服重重困难，继续努力，充实内涵。基于两国长期友好、稳定的双边关系，以中巴经济走廊建设为契机，充分发挥双边贸易的互补性，在扩大规模的同时逐步优化结构，既能为中国制造业转型提供市场，也能为巴基斯坦带去技术，促进升级产业，对两国经贸关系发展产生强大推力，促进中巴经贸一体化进程，刺激经济发展，惠及民生。当前，两国都处在国家发展的关键时期，共同构建更加紧密的中巴命运共同体是两国的必然选择。七十年铁杆友谊，有望在新时代再攀高峰。未来，全天候、全方位的中巴关系将会得到进一步充实。

三、中朝、中韩关系

朝鲜半岛位于东亚边缘，二战以前，岛上是一个统一的国家。二战和“冷战”期间，由于美、苏的介入，造成了朝鲜半岛的分裂。1948年8月

① 张敬伟：《瓜达尔港是世界看中国的镜子》，《联合早报》，2013-02-22。

15日，半岛南部势力在美国支持下成立大韩民国，实行资本主义制度。同年9月9日，半岛北部势力在苏联支持下成立朝鲜民主主义人民共和国，实行社会主义制度，半岛分裂既成事实，为日后两国的冲突埋下了种子。半岛局势成为威胁亚洲和平的重要因素，给亚洲以及世界局势带来深刻的影响。朝鲜半岛是中国周边环境的重要组成部分，是中国安全利益的重点所在，对中国而言不仅具有地缘政治意义，也有全球战略意义。因此，中国非常重视中朝、中韩关系的发展。由于朝鲜半岛的特殊地理位置，中国与朝鲜、韩国关系受世界局势影响非常明显。朝鲜半岛状况关乎中国国家安全，而半岛和平与发展也离不开中国的参与，中国在朝鲜半岛问题上处理得当，有所作为，对于保持半岛和平稳定与中美关系相对稳定都具有重要意义。长期以来，由于国际形势的变化，中国与朝鲜、韩国的关系也在发生变化，但中国始终支持半岛和平统一，致力于维系半岛和平稳定。在半岛和平统一以前，中国重视与朝、韩两国保持友好合作关系，加强与两国的政治联系、经济合作和文化交流等，谋求共同发展。

1. 中朝、中韩关系的发展变化

中国与朝鲜山水相连，同为社会主义国家，两国有着传统友好关系，有鲜血凝成的友谊，也有共同的安全利益。1949年10月6日，中国与朝鲜正式建立外交关系。受意识形态和国际环境的影响，当时中韩两国互不承认，视对方为敌对国家。1950年6月，朝鲜战争爆发，美国以“联合国”名义进行军事干涉，战火烧到中国边境，中国国家安全受到威胁，在朝鲜政府请求下，中国出兵朝鲜，抗美援朝。战后为朝鲜提供了大量援助，两国关系迅速升温。但20世纪60年代以后，由于中苏关系的变化，中朝关系也进入低潮。70年代，国际形势发生了重大变化，中国外交政策也做了大调整，意识形态因素弱化，国家利益开始成为政策出发点。中国开始改革开放，韩国开展北方外交，中朝关系平稳发展，中韩关系开始松动。1992 年，中韩建交，中国对朝、韩两国趋向平衡外交，中朝关系受到影响，再次出现波折。不过中国在发展与韩国关系的同时，始终重视保持和发展中朝友谊，同时外交定位向伙伴关系转变。进入新世纪以来，双方确认传承传统友谊，从战略高度和长远角度来发展中朝关系，但每一次朝核危机对中朝关系发展都会带来影响和波动。直到近两年，中朝关系再次升温。2018 年，金正恩四次访华，非同寻常。2019 年 6 月，习近平访问朝鲜，举世瞩目。10 月 6 日，中朝两国领导人就中朝建交 70 周年互致贺电，共同引领中朝关系进入新的历史时期。而中韩建交以来，两国关系发展迅速，在政治、经济、文化领域都取得了显著成绩。其中，经济领域的合作成效尤为抢眼。二十多年来，受朝核问题和美国因素影响产生过波动。目前两国关系稳定并有上升趋势。韩国的政策基调是以韩美同盟为安全基石，中韩关系发展始终受到美韩关系的制约。

2. 中朝关系

（1）政治上，中朝关系具有特殊重要性

中朝两国同为社会主义国家，两国关系有着深厚的历史基础，尽管朝核问题、韩国因素和美国因素对两国关系有一定影响，体现一定的起伏，也有相对冷淡时期，但是总体格局未变。近年来，两国关系达到新高度。“自 2018 年 3 月开始，金正恩在不到 10 个月内，连续 5 次出访中国并 4 次与习近平举行会谈，这个外交奇观既体现朝鲜高层急于修复对华特殊关系的迫切愿望和最大诚意，也凸显朝鲜战争结束以后中国在朝鲜外交天平上前所未有的超级分量。”①

---

① 马晓霖：《习近平首访朝鲜 固双边扯动多边》，《华夏时报》，2019-06-24 第 31 版。

两国无论从政治制度、地缘政治还是历史脉络角度来看，都有深厚渊源。两国关系的发展是在两党关系主导之下的，这是很独特的模式。2019年6月20—21日，习近平访朝期间总结了四条经验和特点："坚持共产党领导的社会主义国家是中朝关系的本质属性；共同的理想信念和奋斗目标是中朝关系的前进动力；最高领导人的友谊传承和战略引领是中朝关系的最大优势；地缘相亲和文缘相通是中朝关系的牢固纽带。"① 深刻地揭示了中朝关系的内涵和独特性。2019年是两国建交70周年，双方秉承初心，继往开来，加强合作，支持对方选择适合自己的发展道路，共谋发展。2020年5月9日，习近平和金正恩就新冠疫情防控互致口信。9月9日，朝鲜民主主义人民共和国成立72周年，习近平主席致贺电，双方再次确认在新形势下推进两党、两国关系。

（2）经济上，区域合作前景向好

中国一直是朝鲜最大的贸易伙伴，也是最大的投资来源国。经过多年培育，贸易商品结构逐渐多样化，区域合作不断加强。双方在科技、农业、气象、水利、软件开发、地质、海水养殖、卫生防疫、煤炭利用和科技行政管理等领域都有合作。自朝鲜宣布致力于无核化，集中精力进行社会主义建设之后，朝鲜表达了开放和发展经济的强烈意愿，已设立了二十多个开发区。中方支持朝鲜进行经济建设，改善民生。两国正从过去单纯的贸易往来和低水平投资逐步向产业合作和跨境区域开发合作发展。在"一带一路"倡议下，东北地区和朝鲜经贸往来正在深化发展之中。2019年4月，朝鲜对外经济相金英才出席第二届"一带一路"国际合作高峰论坛。朝鲜社会科学院还成立了东北亚经济研究室，专门研究中国经济、"一带

---

① 郝薇薇、李忠发：《共同开创中朝两党两国关系的美好未来——记习近平总书记对朝鲜进行国事访问》，新华网，2019-06-23，http://www.xinhuanet.com/2019-06/23/c_1124658726.htm。

一路”建设、东北亚地区合作等问题。2019 年 8 月，吉林省发改委公布《沿中蒙俄开发开放经济带发展规划（2018—2025 年）》，将全面扩大与朝、俄、蒙古、韩、日等东北亚国家交流合作。2019 年 11 月，中共辽宁省委书记陈求发率团访问朝鲜，跟朝鲜方面达成共识，继续加强人员和贸易往来，推进农业交流合作，加强民生领域交流，积极开展旅游合作。双边深化合作意向明显。

不过，中朝区域经济合作还面临着特殊的制约因素。首先，对朝经济合作受到国际社会对朝制裁的严重制约。2019 年，中朝贸易大幅度下降至 27.9 亿元人民币，不足中韩贸易的一个零头。2020 年受新冠肺炎疫情影响，贸易继续大幅下滑。据中国海关总署统计，2020 年 1~10 月，中朝 进出口总额（ 按人民币计 ）较上年同期下降了 75.6%。此外，朝鲜经济发展水平低、体制僵化，国家和个人购买力有限、外汇储备不足、投资利润回收和贸易货款回收过程难、经贸法律法规体系不健全、基础设施陈旧及不足，电力短缺、交通及通信系统滞后都制约着两个经贸关系发展。[①]

不过，从前景看，加强我国东北地区与朝鲜的经贸合作既能推动朝鲜经济发展，又能助力东北振兴，区域合作发展潜力很大。对朝鲜来说，“一带一路”与“朝鲜半岛新经济地图”的合作可以将朝韩经济合作空间扩张至以朝鲜为中心的半岛北方地区。通过借助“亚投行”“丝路基金”等国际性金融机构的资金支持。随着区域经济发展和朝鲜的逐步开放，“价值洼地”效应会得以体现，朝鲜经济有望得到快速增长，中朝贸易投资合作前景向好。

（3）人文方面，两国友谊源远流长

中朝两国人文交流民意基础好。抗美援朝战争家喻户晓，民众对《英

① 朴光姬：《中国与朝鲜经贸关系转型中的困境及对策》，《东北亚论坛》，2012 年第 3 期。

雄赞歌》《上甘岭》《谁是最可爱的人》耳熟能详。两国文艺团体多次交流访问。2019 年 1 月，习近平总书记和夫人在北京会见了朝鲜友好艺术团。2 月，“平壤欢乐春节”系列中国文化活动举办，引起强烈反响。近年来，中朝两国在旅游领域的交流合作也日益增多。赴朝游热度上升，每年有近 20 万中国游客到朝鲜。通过参谒中朝友谊塔，参观朝鲜战争谈判会场和朝鲜停战签字会议场等地，缅怀历史，进一步感受到两国之间的深厚友谊。2019 年，朝鲜入境游中国客源大幅增加，高峰期每日近 2000 人次，创历史新高。除了文艺、旅游、体育等传统领域的交流合作，中朝人文交流合作已经扩展到医疗、图书、影视等更多领域。团组互访较往年大幅增加。2019 年 5 月，朝鲜首个汉语水平考试中心在平壤科技大学举行揭牌仪式，架起两国汉语文化交流的新桥梁。

中朝两国具有深厚的友谊，相同的社会制度，在安全方面具有重要的共同利益。从经济上看，中国是朝鲜的第一大贸易伙伴，中国对朝鲜的重要性是不言而喻的，而中国振兴东北计划的进一步深入，图们江流域、环渤海经济区与环黄海经济区的发展也需要与朝鲜加强合作。中朝关系始终是中朝两国最重要的双边关系之一，虽然会受国际国内因素影响，但友好合作始终是基本面。双方应在国际和地区形势及重大问题加强沟通、协调，共谋发展，给人民提供更好的生活条件，共同维护本地区和平、稳定、繁荣。在朝鲜发展转型的过程中，中国可以发挥更大作用。中朝发展传统友谊，既利于两国又利于世界。中朝友好关系也是推动、巩固东北亚和平与稳定的正资产。

3. 中韩关系

与中朝关系相比，中韩关系历经波折，建交时间较短但发展极为迅速。仅 20 多年时间，双方从建交发展到战略合作伙伴关系，在各个方面取得了积极的成果，对于两国发展和维护半岛和平稳定发挥了积极作用。当前新冠肺炎疫情环境下，韩国没有追随美国步调，中韩关系稳定向好。2020 年 2 月新冠肺炎疫情期间，文在寅总统通过电话向习近平主席表达慰问和支持，并向中国提供防疫物资。一些地方政府、大企业和民间组织也积极向中国捐赠防疫物资，韩国新任驻武汉总领事搭乘装载有防疫捐赠物资的货机“逆行”抵达武汉履新，赢得了中国民众的好感。后来韩国疫情暴发，中国政府、企业和民众积极回馈，通过各种途径提供支持和援助。

（1）经贸合作成果丰硕

经济上，双边经济合作从简单的贸易往来发展到包括投资、金融、物流等各个领域的全面经济合作。合作领域不断拓宽，合作水平不断提高。2015 年，中韩自贸协定正式签署。该协定不仅极大地促进了两国之间的贸易往来，促进了两国地方经济的发展。中韩自贸区被认为是目前中国所签署的所有双边贸易协定中含金量最高的，协定范围涵盖货物贸易、服务贸易、投资和规则等共 17 个领域，对中日、中国—东盟经贸关系的发展起到一定的推动作用。当前，中国是韩国的最大贸易伙伴、最大出口市场、最大顺差来源国。2018 年中韩进出口总值首次突破 3000 亿美元。2019 年，受到中美贸易战影响，仍达到2845.4 亿美元。据商务部统计，2020 年 1–12 月，中韩双边贸易 2852.6 亿美元，同比增长 0.3%。其中，中国对韩出口 1125 亿美元，同比增长 1.4%；自韩进口 1727.6 亿美元，同比下降 0.5%。当前，我国是韩国的最大贸易伙伴、最大出口市场和最大进口来源国。韩国是我国的第五大贸易伙伴。投资方面，韩国是我国主要外资来源地之一。2020 年 1–12 月，韩国对华投资 2014 个项目，实际投资 36.1 亿美元，受疫情影响，同比下降 34.8%。电气电子、机械装备、精密仪器、医疗器械、金属、金属加工、文化产业等行业的投资较多。RCEP 签署以后，中韩经贸关系联系更加紧密了。

（2）安全合作继续加强

经贸关系是两国关系的重点，安全和非传统安全合作方面也有进展。比如在安全领域建立了一些交流机制：双方共同推动六方会谈，两国定期召开国防政策实务会议、双方非定期进行陆海空军交流，还建立了高级国防战略对话机制。非传统安全合作方面，两国加强预防和应对自然灾害的合作，加强环境保护领域合作，在打击国际恐怖主义、毒品、海盗、金融欺诈和网络犯罪等领域加强合作。新冠肺炎疫情促进了两国在医疗卫生领域的合作。

（3）文化交流往来频繁

文化交流方面，双方人员往来频繁。双方互为对方第一大留学生来源国。据教育部发布《2018 年来华留学统计》数据，按国别统计，2018 年在华的韩国留学生仍是人数最多的，有5万多人。在韩国的中国留学生近7万，将近在韩外国留学生的一半。2019 年，中国仍是韩国留学生的最大来源国。两国高校与研究机构的相关交流合作频繁，形成了诸多固定的交往机制，如中韩大学校长论坛、中韩国际论坛等。两国民间往来非常普遍，文化交流频繁，“韩流”和“汉风”在两国之间流行不衰。今明两年是中韩文化交流年，年初中韩有关部门签署了关于经典著作互译出版的备忘录。CCTV 与 KBS 于 2021 年 2 月 22 日以视频方式签署合作协议，决定在节目内 容、媒体技术、产业经营等方面进 行全面合作，继续推动两国人文交流。

（4）中韩关系发展的制约因素

中韩关系发展主要面临着“三重制约”：一是美国政策和中美关系发展的制约；二是中朝关系和半岛南北关系的制约；三是韩国政局变化的制约。[①] 冷战时期中朝关系和美韩关系的基本格局对今天两国关系发展影响

① 张蕴岭：《新时代的中韩相处之道》，《世界知识》，2020 年第 4 期。

也依然存在。韩国是美国的盟国，处于美国遏制中国的第一岛链，美国在韩保持着军事存在，韩国外交政策深受美国影响。韩国在经济上重视从中韩关系发展中获益，政治上在美韩同盟的前提下发展与中国的关系，出于各种复杂因素的考虑，韩国对中国的总体政策是合作与牵制并行。美国在韩国部署“萨德”就是一个典型例子。2017 年，韩国不顾中国的反对允许萨德落地韩国。中韩两国关系遇冷，贸易额下降明显，两国民众的好感随之下降。另一方面，韩朝关系的起伏会对中韩关系也有明显影响。半岛局势的变化直接影响朝韩关系，而在与朝鲜有关的问题上，中国常常会被牵扯进去。从韩国内政上看，不同党派在对中国态度差异较大，也会对中韩关系产生一定的影响。

在领土方面，众所周知的是苏岩礁（韩称离於岛）争端。两国的海洋权益争端源于两国在黄海和东海海域有重叠的海洋专属经济区，苏岩礁是中国东海的一个礁石，处于东海大陆架上中国专属经济区内，被韩国非法占领。目前，韩国在苏岩礁上修建了人工建筑，加强了附近海域的安全保卫。此外，两国最热的经贸往来有些问题也有待在发展中解决。伴随两国贸易规模的扩大还有贸易不平衡问题和贸易摩擦的增多。究其原因，一方面在于贸易结构因素；另一方面则在于韩国运用各种贸易壁垒和非关税壁垒影响了中国产品进入韩国。投资方面，中国对韩投资与中韩经贸合作的规模不相称。以 2020 年为例，中国对韩国的投资 3.6 亿美元，为韩国对中国投资的十分之一。中韩在维护地区安全稳定与繁荣发展方面，具有明显的共同利益，双方应充分考虑对方的安全关切，共同推进地区安全局势的缓和，推动地区经济发展环境的改善，维护好双边关系。

总的来看，中国在朝鲜半岛实行双线平衡外交，重视发展中朝、中韩关系。中朝、中韩关系的发展与半岛局势密切相关。中国同时推进与朝、韩两国的合作关系既有利于三方的国家发展，也有利于维护半岛和平稳定。对于半岛问题，中国既不支持朝鲜发展核武器，不赞成朝鲜搞先军政治，也不支持他国围困朝鲜，进行军事压制。中国支持民族和解，希望两国和平统一，保持半岛长期和平稳定，在东北亚地区乃至全球发挥更大作用。中朝关系的大局未变，而中韩关系得到了迅速发展。中国与朝鲜有着传统友谊和共同的安全利益，双边关系非常重要，但中韩两国在经济发展和半岛和平稳定方面也有着共同利益，双方都主张半岛无核化，主张和平统一，重视发挥中国在半岛和平进程中的影响力。为了维护半岛和平，化解两国之间的矛盾，中国愿意施加适度影响。从三方会谈到六方会谈，再到朝美会晤、南北和解到朝美握手背后都有中国不懈的努力。2018 年 4 月，金正恩宣布将集中精力发展经济。次日，朝鲜宣布停止核试验和发射洲际弹道导弹。6 月，金正恩与特朗普在新加坡握手。在此期间，金恩正三次访华与习近平主席会谈，可见中国对促进朝美对话所起的作用。不过朝美之间 70 年的敌对和不信任不可能在短期内烟消云散。朝鲜如何弃核，美国在韩国的军事存在何时撤出，朝、韩双方如何增强互信，怎样建立长久的半岛和平机制，这些重大问题都需要时间。2019 年 2 月，第二次特金会没有取得实质性成果也是在意料之中，之后分歧渐多。2020 年，朝美关系和朝韩关系变冷。2020 年 6 月，朝鲜宣布切断与韩国的一切通信联络，并于 6 月 16 日将位于开城工业园区内的朝韩联络办公室大楼爆破。6 月 17 日，美国宣布因朝鲜半岛武器级可裂变物质的存在和扩散风险，把针对“朝鲜（威胁）的国家紧急状态”再延长一年，保持对朝制裁。拜登总统上台以后，韩国总统文在寅力促韩朝关系的改善。2021 年 6 月 22 日，文在寅会见美国对朝特别代表金成，双方表示力促重启朝美对话，致力于分阶段实现朝鲜半岛完全无核化。半岛问题的解决还需要多方长期耐心的努力，中方会继续发挥建设性作用。

四、中国与东盟关系

东盟是“东南亚国家联盟”（Association of Southeast Asian Nations）的简称。1967 年 8 月，印度尼西亚、新加坡、马来西亚、菲律宾、泰国共五个成员国宣布成立东盟，之后随着东盟扩大又陆续吸纳了文莱、越南、缅甸、老挝和柬埔寨，共有 10 个成员国，成为影响亚太地区政治、经济、安全事务的一个重要国际组织。2015 年 12 月，东盟宣布共同体正式建成。2019 年，东盟是世界第五大经济体。东盟实施多方位外交政策，目前共有 10 个对话伙伴，包括中国、美国、俄罗斯、欧盟、日本、韩国、印度、澳大利亚、新西兰、加拿大。中国与东盟国家陆海相连，拥有 4000 多千米的共同陆地边界线。东盟众多国家是我国近邻，发展与东盟国家的友好关系是我国周边外交的重要部分。历史上，中国与东盟国家和平共处，友好往来，是东亚文明史上不同民族、宗教和文化交流互鉴、共同发展的典范。时至今日，从政治上看，东南亚地区是中国发挥影响的重要区域；从经济上看，东盟是中国的重要合作伙伴，也是中国实施“走出去”经济发展战略的重要合作地区。东南亚地区资源丰富，是中国多种战略资源的主要进口来源地，还是连接亚洲、大洋洲、太平洋和印度洋的重要战略通道，是中国能源补给的生命线。稳定和发展中国—东盟关系，对确保中国经济安全和国家安全具有重要战略意义。中国重视与东盟及东盟各国的关系，一贯秉持睦邻、安邻、富邻的政策，在发展与邻国关系方面坚持亲、诚、惠、容理念，推行与东盟国家的睦邻友好政策是我国对东南亚外交政策的基调。

1. 中国与东盟关系发展概况

冷战结束后，中国与东盟关系发展迅速，成果显著。1991 年中国与东盟建立了对话关系，成为东盟的磋商伙伴国。2003 年，确立了面向和平与繁荣的战略伙伴关系。2010 年，中国—东盟自贸区成立。2020 年 11 月 15 日，东盟十国以及中国、日本、韩国、澳大利亚、新西兰 15 个国家，正式签署区域全面经济伙伴关系协定（RCEP），标志着全球规模最大的自由贸易协定正式达成。中国与东盟建立对话关系 20 多年以来，以经济合作为重点，逐渐向政治、安全、文化等多领域延伸，在整体合作、区域合作、双边关系发展上都取得了显著成果。中国与东盟建立了大湄公河次区域合作、泛北部湾经济合作、中新经济走廊等在内的经济次区域合作机制；在安全领域，双方签署了《南海各方行为宣言》后，于 2017 年 8 月通过了《南海行为准则》的框架文，目前正在对具体条款进行磋商。此外，在非传统安全领域也开展了不少合作。东盟对华政策受历史、地域和国际关系的影响，在重视推进与中国关系的同时，力推其他大国在东南亚的影响和存在，力图通过大国平衡战略保持自身独立性并在东南亚地区发挥主导作用。中国提出的“一带一路”倡议得到了东盟诸多国家的积极响应，取得了积极成果。2020 年，受新冠肺炎疫情影响，世界政治经济形势发生了很大变化。世界经济下滑显著，但中国和东盟各方面关系稳定，双方贸易、投资逆势上扬实现了双增长。

2. 中国—东盟合作发展成果卓著

（1）双边贸易高速增长，东盟跃升为我国第一大贸易伙伴

东盟是中国经贸合作的优先方向，是海上丝绸之路的必经之地。双方贸易、投资发展迅猛，合作领域广泛。新世纪以来，除个别年份以外，双边贸易额均保持高速增长。中国连续 12 年保持东盟的第一大贸易伙伴地位。东盟在连续 9 年为中国的第三大贸易伙伴后，于 2019 年上升为中国第二大贸易伙伴 2020 年，中国与东盟贸易额 6846.0 亿美元，同比增长

6.7%。其中，中国对东盟出口3837.2亿美元，同比增长6.7%；自东盟进口3008.8亿美元，同比增长6.6%。东盟取代欧盟成为我国第一大贸易伙伴。“RCEP签署以后，对经贸发展进一步提供动力。覆盖22亿人口，约占世界总人口的30%，15个成员国2019年GDP规模达25.6万亿美元，占全球经济总量的29.3%，区域内贸易额10.4万亿美元，占全球贸易总额的27.4%。签署RCEP，是地区国家以实际行动维护多边贸易体制、建设开放型世界经济的重要一步，对深化区域经济一体化、稳定全球经济具有标志性意义。”①

投资方面，双向投资实现双向增长。2020年上半年，中国对东盟投资62.3亿美元，同比增长53.1%；其中非金融类直接投资达49亿美元，同比增长44%；东盟对华实际投资金额达28.7亿美元，同比增长13%。在全球经济衰退的环境中体现了中国—东盟经贸合作的强大韧性。②2020年，中国对东盟全行业直接投资143.6亿美元，同比增长52.1%，其中前三大投资目的国为新加坡、印度尼西亚、越南。同期东盟对华实际投资金额为79.5亿美元，同比增长1.0%，其中前三大投资来源国为新加坡、泰国、马来西亚。中国对东盟投资领域从传统的建筑行业和工程承包向机电设备、新能源、制造业、商业服务和数字经济等领域拓展，中国移动、联通、电信、华为、腾讯、阿里巴巴、京东数字经济巨头和电商都有投资。2020年，双方以“集智聚力共战疫，互利共赢同发展”为主题启动数字经济合作年，以抓住新一轮科技革命和产业变革机遇、发挥互补优势、聚焦合作共赢为目标，积极探索在智慧城市、人工智能、大数据等产业领域培育更多新的

---

①《15国签署RCEP，全球规模最大的自贸协定达成！》，《人民日报》，2020-11-15。（https://baijiahao.baidu.com/s?id=1683401701348430333&wfr=spider&for=pc 人民日报发布时间：20-11-15）

②《第17届中国—东盟博览会将延期举办》，《南国早报》，2020-07-24要闻A102版。

合作增长点。中国与东盟在金融、文化、航空、旅游、邮电、交通、能源、海运、环保等多个领域展开合作与交流，取得了明显的进展。中新苏州工业园、中马“两国双园”建设，中缅、中越跨境合作区建设，中国与印尼高铁或铁路建设，新加坡的港口合作等都在进行。新加坡已跃升为中国海洋贸易的中转站，在海上丝绸之路中的地位举足轻重，还是全球第二大人民币离岸结算中心。由此可见，中国东盟合作发展成果卓著。

总体上看，中国东盟经贸关系发展势头强劲。存在的主要问题包括经贸合作本身的问题、南海问题认识差异和国际因素影响等。中国与东盟的经贸关系发展迅速，但存在着贸易结构相似、基础设施差异大、贸易便利化水平有待提高等问题。由于与中国在南海有领土纠纷的国家也是东盟成员，因此对双方关系发展也有一定的影响。近两年中美贸易战以及美、日、印、澳等推行印太战略都对中国与东盟经贸合作具有间接影响。

（2）安全领域合作范围广泛，安全环境得到改善

中国与东盟在安全和非传统安全领域也有广泛的合作。包括高层交流、军事教育和培训、舰艇访问、联合演习、军售军援、国防工业等。近几年，与新加坡、泰国、印尼、马来西亚、柬埔寨等国家都开展过联合训练或演习。2018 年 10 月，中国与东盟的首次联合海上演习“海上联演—2018”拉开帷幕，这在中国与东盟关系史上具有里程碑式的意义。2019 年 11 月 9–22 日，中国和东盟以及东盟对话伙伴国开展了东盟防长扩大会反恐专家组联合实兵演习、2021 年 6 月 15–16 日，第十二次中国 – 东盟国防部长非正式会晤（10+1）和第八届东盟防长扩大会（10+8）视频会议先后举行。各方旨在凝聚共识、管控分歧、推进合作，共同维护南海的和平安宁。在非传统安全领域，在打击贩毒、非法移民、海盗、恐怖主义、武器走私、洗钱、国际经济犯罪和网络犯罪、环境保护等众多的非传统安全领域进行了较为全面的合作。签署了农业、通信、非传统安全、大湄公河次

区域信息高速公路、交通、文化、卫生与植物、新闻媒体、知识产权、技术法规、标准和合格评定程序等多个合作谅解备忘录和合作框架。

（3）制度化建设水平高，促进区域合作持续发展

中国与东盟合作的一大特点就是制度化建设，成就远高于周边其他国家和地区，双方合作机制逐步健全。中国—东盟在区域经济合作方面建立了最高领导人合作机制和包含高官磋商、联合合作委员会、经济贸易合作委员会、科学技术合作委员会和北京委员会在内的五个工作委员会。通过峰会、部长级会议、高级别工作组、名人小组等上下贯通的机制，推进具体项目合作落地。中国—东盟博览会、中国—东盟商务与投资峰会都办得很有成效。2020 年 7 月 9 日，第 17 届中国—东盟博览会高官会暨投资合作工作会议（以下简称“东博会”）以视频连线方式举行。据悉，第 17 届东博会主题国为老挝，巴基斯坦出任特邀合作伙伴，本届东博会首设跨境电商专区、RCEP（区域全面经济伙伴）展区、粤港澳大湾区合作展区等。所有这些机制相互协调，不断完善，共同推动着中国—东盟区域经济合作的不断深入发展，为双边关系发展的稳定性和持续深化提供了一定的保障。随着中国“一带一路”倡议的提出，中国东盟关系进一步巩固并且取得突破性进展。东盟十国全部成为亚投行创始成员国。通过“一带一路”高峰合作论坛，中国和东盟陆续签署了多项合作协议，贸易、投资、安全领域多方位推进。

3. 中国—东盟关系面临的挑战与应对

（1）东盟主导下的多方平衡与相互制约

中国与东盟关系发展因为地缘而有天然优势，但从某种意义上讲，地缘因素也有不利影响。特别是一些国家散布“中国威胁论”，对邻国会产生一定影响。由于东南亚地区缺乏能够主导地区利益的大国，东盟在对外

战略上推行的是“大国平衡”战略和多方位外交，力图发展以东盟利益为核心的地区主义和现实主义基础上的多边主义，与多个大国建立密切的联系，增强东盟的话语权，平衡各国在东南亚的利益并利用大国关系相互制约。因此，东盟积极加强与日本、美国、印度以及澳大利亚等国家和国际组织的关系，以图平衡中国在东南亚的影响力。东盟对华政策的基调是以经济合作为主，全面接触的同时加强制衡。可以说在东盟“政治上愿意与中国亲近，但不够信任中国；在经济上愿意和中国加强合作，但很矛盾，既想牟取经济利益和实惠，又担心在经济上过于依赖中国，民族主义不断抬头；在军事和安全上继续依赖美国，排斥中国，在南海问题上利用美国来抗衡中国，并且不时挑起事端，制造紧张局势。”①

一些东盟国家力邀美国保持在东南亚的军事存在，支持南海问题国际化，以遏制中国在东南亚的影响，体现出东盟的大国平衡战略不是被动的，而是有着战略认识，力图发挥区域主导作用。也可以说，东盟发展与中国关系是限制在大国平衡的框架之内的。面对中国的迅速崛起，“中国威胁论”在东盟内部尘埃再起，加上南海问题，东盟支持美国在亚太地区的存在，认为美国制衡中国对稳定地区安全有积极作用。由于东南亚成为其整个印太战略布局的衔接点，美国将东盟拉入其中的意图明显。东盟正在从自己的角度解读印太战略，阐述自己的方案和立场。总而言之，东盟重视发展与中国的经济关系，而在安全方面更重视借大国之手，相互制约，并从中发挥东盟地区主导作用。

（2）南海问题的影响和破解思路

中国和东盟部分国家由于领土领海划界、资源开发等在南海区域存在矛盾，越南、菲律宾、马来西亚等与我国有海洋领土纠纷，双边关系对中

---

① 李晨阳：《对冷战后中国与东盟关系的反思》，《外交评论》，2012 年第 4 期。

国东盟关系的影响不可忽视。菲律宾等国故意淡化与中国在南海的主权权益争端，刻意诬蔑中国对南海和平稳定“造成威胁”，借此将东盟利益与其本国诉求捆绑，推动南海问题“东盟化”，对于中国和东盟关系的发展是不利的。特别是“一带一路”正在推进，东盟是重点区域之一，双方正努力实现战略对接，个别国家的这种做法对多边利益会造成伤害。2017年，中国在南海的填海造岛建筑工程已陆续完工，永暑礁、渚碧礁、美济礁上的机场已建成，其中永暑礁机场已通航，有助于中国维护南海权益。但是，美国炒作南海航行自由，绑定部分东盟国家，对中国与东盟关系增添了不和谐因素。中国坚持在处理南海问题的“双轨思路”，提出有关具体争议由直接当事国通过谈判和协商解决，南海和平稳定由中国和东盟国家共同加以维护的基本立场。中国和东盟仍在努力磋商《南海行为准则》的具体条款，致力于和平解决南海地区的相关争议。

当前，美国继发起贸易战之后进一步借新冠肺炎疫情散布政治病毒，无底线打压中国，在中美博弈加剧的环境下，南海区域安全问题压力加大。中国在东盟地区的优势在于经济和外交，而美国的优势更加多样化。东盟国家大部分都参与了“一带一路”项目，在经济发展上愿意和中国合作，但是对于中国在南海的岛礁建设与军事部署的担忧和质疑并未消除，和美国有限推行印太战略的可能性还是比较大的。中国需要从战略上继续提升双方的合作水平并重视平衡双方的利益，扩大中国东盟合作在国际经济格局中的影响力和话语权。中国与东盟的关系包含东盟大多边、次区域合作、小多边和双边国家关系，中国除了发展与东盟整体关系，还要有重点、有区分地发展双边关系，加强次区域合作。例如重点发展与缅甸、老挝、柬埔寨的双边关系，加强与泰国、新加坡等国的合作，避免东盟在南海问题以及其他涉及中国核心利益的问题以东盟名义对抗中国，要把双边关系和中国—东盟整体关系区分开来对待。对于越南、菲律宾等非法谋取我国领土的国家，则应做有理、有利、有节的斗争。此外，也必须协调好中国和相关大国的关系，使中国在相关问题的处理上更能够把握主动权。

东盟是海上丝绸之路的首要发展目标区，以此为推力，将进一步深化中国与东盟的合作，构建更加紧密的命运共同体。中国—东盟合作需要继续完善机制化建设，加快经贸合作升级，推动“一带一路”倡议同区域国家发展战略对接，探索开展国际产能合作，共同提升安全合作水平，努力促进地区可持续发展。双方应推进基础设施互联互通、产业金融合作和机制平台建设，在港口航运、海洋能源、经济贸易、科技创新、生态环境、人文交流等领域做好联通接驳工作。进一步加强互联互通、制度建设和基础设施建设。完善配套机制，均衡贸易投资关系，推动金融合作、加强民间交往，双方的合作基础将更加牢固，政治经济合作将更加务实，其他合作领域将得到拓展。实现互利共赢，共同增进人民福祉。中国地方政府与东盟国家合作也在增多，为中国—东盟睦邻友好夯实了基础。例如，广西政府连续 16 年成功承办中国—东盟博览会。这两年多省市开展抗疫合作支援活动。福建省、云南省、广西、上海、重庆、海南、沈阳、深圳等多向老挝、缅甸、柬埔寨、菲律宾、新加坡等国家有关城市捐赠抗疫物质、派医疗专家组、举办疫情防控视频交流会等等。中国还要加大对东盟欠发达国家的投入，通过亚投行加大对东盟基础设施建设的金融和技术支持力度。加强同湄公河国家在减贫扶贫、社会发展等领域的交流与合作，支持东盟缩小内部发展差距。

中国和东盟都是亚洲繁荣稳定的受益者和维护者，双方都愿意加强对话，深化利益融合，引领地区发展。今年，中国—东盟已建立对话关系 30 周年。中国与东盟国家致力于共同实现好、维护好、发展好东亚特色的区域合作之路，打造更高水平的中国东盟战略伙伴关系，构建更为紧密的命运共同体。虽然中国与一些东盟国家在南海问题上存在分歧，但这些分歧不应该影响地区稳定和中国与东盟的总体关系，也不会影响到南海的航行自由和安全。南海问题可能不会在很短时间内解决，但中国与东盟之间的关系仍要向前发展。中国将继续把东盟作为周边外交的优先方向，支持东盟在区域合作中的主导地位，双方关系的进一步发展将对地区稳定和发展带来更多积极影响，为亚洲及亚太的和平发展事业做出积极贡献。

专题七

国际热点问题聚焦

当今世界风云变幻，精彩纷呈，习近平同志给予了准确的定位："世界处于百年未有之大变局，两者同步交织、相互激荡"。[①]"当前，世界百年未有之大变局加速演进，新冠肺炎疫情对国际格局产生深刻影响，我国安全形势不确定性不稳定性增大。"[②]地球上热点问题频发，主要集中在中国周边和中东，其中中国周边主要涉及中美、中国香港、中国台湾、中国南海、日本、朝鲜半岛、中印及印巴，中东则主要集中于叙利亚、利比亚、伊朗、土耳其和巴以地区。热点地区的出现本质上是国际力量的变化带来的旧的国际规则和国际秩序的不适应，其实质是随着新兴大国中国的强势崛起和原有霸权国家美国的相对衰落，守成大国美国的国家实力逐渐难以维持以"美国领先"为核心的世界格局，其领导集团千方百计遏制新兴国家崛起，维持美国在关键地区和领域的核心地位，延缓美国衰落的步伐。关键方位的角力带来新的国际热点问题。因篇幅原因，本专题仅就中国香港问题、中国南海问题、中东问题等与中国切身利益密切相关的几个方面展开叙述。

一、香港问题

自"修例风波"演变成骚乱以来，香港问题越来越成为公众关注的焦点。随着港版国安法的稳步推进，香港进入新的历史时期，终于开始从形式上回归过渡到实质性回归，被称为"第二次回归"。香港问题的形成比较复杂，不仅关乎政治和经济，还存在教育、司法、舆论环境、身份认同

① 习近平总书记在2018年6月中央外事工作会议上的讲话中首次提出，后在多种场合重申这个论断。

② 中共中央政治局7月30日下午就加强国防和军队现代化建设举行第二十二次集体学习，新华网，2020年8月1日。

以及外部势力等因素。香港面临着传统优势相对减弱、新的经济增长点尚未形成等挑战，存在着土地、房屋、青年向上流动等深层次问题。这些问题的形成，既有复杂的历史因素、社会根源，也有国际背景。[①]

1. 历史沿革

香港问题的形成是与近代中国百年屈辱的历史联系在一起的。为了减少贸易逆差，英国向中国加大了鸦片贸易输出量，毒害了中国人民，引发了鸦片战争，客观上把中国拉入了世界体系，促使中国走入了近代社会。鸦片战争中国战败，被迫与英国政府签订《中英南京条约》，其中规定割让香港岛给英国。过了 10 年，第二次鸦片战争爆发，中国同样战败，签订《中英北京条约》割让九龙司给英国。甲午中日战争之后，帝国主义认为中国是一块虚弱的肥肉，掀起瓜分中国的狂潮，1898 年 6 月 9 日，英国趁机威逼大清国签订《展拓香港界址专条》，强行租借由九龙界限线以北，至深圳河以南土地，连同附近 233 个岛屿，为期 99 年，到 1997 年为止。由于新租借的土地并没有一个统一名称，可指为“新的边界”之意。[②] 新界面积是割让香港本岛和九龙的 9 倍。香港、九龙和新界共同构成今日的香港地区。自香港被占领，到 1997 年香港回归，香港实行英国殖民统治，由英国派遣人员实行总督制管理。

抗日战争爆发之前，香港的主要用途是英国商人鸦片堆放地。卢沟桥事变之后，许多西方在华势力、洋人买办、资本家、官僚、地主和知识分子逃到香港避难。这是香港繁荣的起点。大陆全面解放后，大批原国民党精英、失去租界的英美等西方殖民者，就近选择香港作为落脚点，造成香

① 人民日报评论员文章：《发展经济改善民生是香港社会之本》，2019 年 8 月 11 日。
② 百度词条：新界。

港第二波人口大增长和经济大繁荣。新中国奉行独立自主的外交政策，宣布不承认帝国主义强加给中国的不平等条约，加之冷战的开始，造成以美国为首的西方国家对新中国的全面封锁，导致原本的世界性金融中心上海没落。香港因为地理和政治原因取而代之，成了新的金融中心。与日本一样由于朝鲜战争的历史机遇，使香港贸易和金融更加繁荣。

新中国需要一个和世界通商的渠道，解放军止步于深圳河，香港成了中国和西方进行间接贸易的贸易中转站。很长时期以来，这是香港最大的发展红利。香港随之发展成为世界三大金融中心之一。

1972年，中美关系缓和，1978年，中国实行改革开放政策。香港成为外资输入地和中国外贸周边中心。由于金融和商品的转口贸易，香港得到空前的发展，并成为亚洲四小龙之一。

1982年，中英开始谈判，1984年12月19日签订《中华人民共和国政府和大不列颠及北爱尔兰联合王国政府关于香港问题的联合声明》，决定1997年7月1日中华人民共和国对香港恢复行使主权。中方承诺在香港实行“一国两制”。

1997年7月1日，中国政府对香港恢复行使主权，香港特别行政区成立，基本法开始实施。香港进入了“一国两制”“港人治港”“高度自治”的历史新纪元。[①]

2. 民生问题

香港是国际金融、航运和贸易中心，经济比较发达。2019年3月发表的全球金融中心指数（Global Financial Centre Index）中，香港位居第三名，仅次于伦敦与纽约。截至2019年，香港连续25年获得评级为全球最自由

---

① 百度词条：香港。

经济体，经济自由度指数排名第一。2018年，按市价计算的本地生产总值达28453亿港元；按市价计算的人均本地居民总收入为40.09万港元，属于高收入经济体。香港有700多万人口，按照人均GDP计算，属发达地区。但现实社会中的香港是世界上贫富两极分化最严重的地区，即使把发展中国家包括在内，香港也在全球贫富差距最严重程度中名列前茅，排名倒数18位。1971年至2017年间，香港的基尼系数上涨了25%，从0.43升至0.539，高于内地大陆（0.47）和美国（0.41）。按照香港政府数据，2017年全港有137.7万人处在贫困线，贫困率20.1%，平均五个人有一个非常穷，这里面半数是30岁以下青年。2012年香港人口约715万，住笼屋[①]人口10万，约2.5%，2016年香港人口734万，住笼屋人口20万，约占5%，4年翻番。不难预测，放任发展，穷人的增速会越来越快，穷人也会越来越穷。同样，富豪们的财富也在快速增长，香港有51.1万千万富翁，资产中位数1630万，每15个人就有一个是千万富翁。香港十大富豪的总资产相当于香港GDP的35%，远超全球任何国家和地区。香港一面是没有立锥之地的底层，一面是财富日益增长的超级富豪们。[②]

不仅如此，数据表明，香港的经济增速在放缓而贫富差距还在继续增大：2016年，全港最富裕10%住户的每月入息中位数（不包括外籍佣工）是最贫穷10%住户的43.9倍，即最贫穷的10%家庭需要工作3.7年，才能换取最富裕10%家庭的一个月的入息，较2006年的33.9倍大幅扩大。

---

① 百度词条：笼屋。笼屋又被俗称“床屋”，分布在深水埗等旧楼，居民一般是新移民或者年长者，是一群老弱贫苦的社会底层人士，生活在罐头似的“贫民窟”里，一张张床位被铁丝网团团围住，犹如一个个笼子；“笼子”里边除了床具外，还有各种生活用品。这些住在“笼子”里的人被形象地称为“笼民”。一个笼子面积2–4平方米，住一个人，每月租金折合人民币1500~2500元；一个20平方米大概能住60多个人。

② 微信文章：《时代和历史的困局，也谈香港的困境》，公众号：炒股拌饭，2019年7月24日。

全港最贫穷10%住户之每月入息中位数，虽由2006年的2250元轻微增加14%至2016年的2560元；但同期最富裕10%家庭的每月入息中位数却大增47%至11.2万元。截至2019年5月，全港首21名超级富豪的资产，已相当于香港政府可动用的财政储备总额1.83万亿港元，但超级富豪旗下企业的须缴付利税率仅16.5%，远低于经合组织成员平均24.2%及G20国家平均28%。[①]

民生是最大的政治，改善民生是最大的业绩。香港特区政府有着强烈的改善民生的愿望。第一届特首董建华制定了建屋计划、数码港、教育改革、高官问责制、强制公积金制度等一系列政策；第三届特首梁振英在其首份施政报告指出将加大加快资助房屋的供应，从2018年起，5年内至少供应100000套公屋，还出台了宏大的填海计划；第四届特首林郑月娥在施政报告里写道：香港楼价高、租金贵，形成巨大的生活压力，是严峻的民生问题。主张大力推行改革，将政府资助房屋（俗称“居屋”）的定价由目前评估市值的70%降低至52%，降低普通市民的负担；同时，还公布了大规模的填海造地方针。但这些有效改善民生的措施都受到财阀、地产商和其他反对势力的阻挠。他们制造各种理由，包括裹胁广大市民游行示威，如2014年的“占中”等，使得政府显得毫无作为。而中央政府为了保持香港的经济持续发展和繁荣稳定，制定了大量的经济措施对香港进行扶持和倾斜，如《内地与香港关于建立更紧密经贸关系的安排》（CEPA）及系列补充协议、内地居民赴香港“个人游”、开放人民币业务、推动国企到港上市、沪港通、深港通等惠港政策，为香港经济发展提供了强劲动力。但是，对于香港普通市民来说，这些措施为香港带来的利益绝大部

① 微信文章：《香港贫富差距有多大？这些数据惊呆你！》，公众号：深圳热头条，2018年10月11日。

分落到了上流社会人士手里，对普通民众的收入没有明显改善，生活状况和机遇反而下降。此外，中国大陆在发生着日新月异的变化，香港却没有适时进行转型升级，香港在中国的地位也在一直下降。自中国改革开放初期，香港就把 60 年代以来发展成功的轻型制造业向珠三角地区等中国内地进行了大规模转移，到新世纪初已下降 5%，2010 年已不足 1.7%。香港在向珠三角地区转移了轻型产业后，却没有像其他“三小龙”那样对本地制造业进行产业升级，而是跨过重化工业阶段，直接迈向了金融、地产、贸易和文化、旅游、教育等代表的服务业，使得香港产业结构变动方向与中国内地 90 年代后期以来的产业结构变动方向不匹配，甚至是渐行渐远。由此，一方面内地经济难以继续从香港经济中获得产业升级动力；另一方面，香港的服务产业亦难以从内地经济的高速增长中获得动力。新全球化改变了东亚地区原有的产业与贸易格局，香港经济则由于朝向服务业而难以适应。中国产业结构的变化带来的区域结构变化，而这个变化对香港的服务产业也有着明显的负面影响。由于香港在地域上远离中国新的经济增长极，香港的服务产业优势就更加难以发挥。香港服务业难以和内地的实体经济发展相结合，也直接受到珠三角地区的基础设施日趋发达，服务业发展日趋成熟，服务业逐渐本地化的巨大影响。1997 年香港回归时，香港 1773 亿美元 GDP 占大陆的 18.6%。2019 年，香港 GDP 总量为 3583.06 亿美元（约为 25009.76 亿元人民币），人均 GDP 为 4.75 万美元（约为 33.16 万元人民币），GDP 增速为 –1.2%，仅占大陆的 2.55%。[①] 就业是最大的民生，而香港因为没能抓住新兴产业，年轻人缺乏上升空间。香港的贸易及物流、金融服务、专业服务及工商业支援服务、旅游四大产业中只有金融能提供高收入，但金融业能提供的就业岗位只占全港就业总人数的 5.5%。

---

①《中国、香港历年 GDP 数据比较》，快易理财网，2020 年 8 月 13 日。

所以年轻人看不到出路。比如2017年香港的一份报纸显示，当年六个区的高考状元就业志愿全部选择的是行医或牙医。长此以往，老百姓对生活的不满，最终通过另一个渠道发泄出来，比如通过反对政府，甚至是使用暴力。

3. 民主问题

许多香港居民一直在强调要拥有民主、自由的权利，言外之意回归后不民主、不自由了，而且时不时地将此作为反对政府、游行示威的口号。其实，香港历史上大部分时期居民都没有任何民主、自由的权利，香港的自由、民主的权利反而源自中国政府收回香港并行使主权。

香港地区在英国殖民统治时期除回归前外绝大部分时间没有民主、自由权利。1843年4月5—6日，维多利亚女皇相继颁发了《英皇制诰》与《皇室训令》两份诏书，把近乎封建皇帝才拥有的绝对权力授予香港总督，使他能够有效地控制这个新殖民地，把它变成英国在中国掠夺利益的大本营。港督这些权力遍及立法、行政、司法三大范畴，主要实现在操控立法与行政两局、任免各级法官、赦免或减免罪犯刑罚、决定官员的去留等方面。港督垄断了在殖民地内的所有权力（行政权力只是其中的一种），而且基本上不受任何内部制约。所以，港英政府实质上是一个借披英国民主外衣为名，暗行专权独裁统治的政府。1984年12月19日，中英两国在北京签署并发表联合声明，协议香港在1997年7月1日回归中国。声明中规定在过渡的13年期内，英国继续负责管理香港，中国则予以合作，以保持香港的繁荣稳定。英国在回归前的13年里，对香港的政治架构展开翻天覆地的破坏性改组。[①] 1991年9月15日，香港举行首次立法局直接选举，

---

① 曾财安：《以善名行恶事——英国在香港回归前疯狂改例》，载于铁血军事网，2016年6月7日。

选出18名议员。英国统治香港100多年，香港人没有选举权，快到1997年回归后的前几年，才将权利送给民众。香港总督在整个英国统治期间也没有一位是通过选举产生的，直到回归中国后，才有了第一届特首。早期的港英政府英国人占据了政府部门所有高级职位，华人基本没位置。对普通华人百姓限制也很多，比如华人无通行证晚间不准出门，不得举行或参加公共集会，高级酒店和私人会所不许进入，山顶一带的鬼佬住宿区也不允许华人居住等。到了临回归前，英国人开始大发善心，把行政权放到政务司，立法权放到独立于港府的立法会，开始分散权力。同时港英利用分散权力的机会在公务员系统内安插反对势力，并且在经济上挖坑埋雷，走之前拿香港人的钱收买人心，走后把挖的财政大坑抛给特区收场，比如大力提高社会福利，填海造机场等。这些造成现在特首想建立统一高效的管理、繁荣经济千难万难。

4. 教育和司法及舆论主导权问题

1997年以来，名义上香港回归了，实行“一国两制、港人治港、高度自治”的政治制度。但一方面由于中央政府要树立“一国两制”的样板给台湾，争取和平统一，就需要保持香港的繁荣稳定，另一方面中国经济还没有腾飞，国家和民族的自信心还不够，也没有管理资本主义世界的经验，造成除了军队进驻、国旗升起外，香港的社会治理方式几乎没有改变，在一定程度上淡化了香港居民对祖国的认同感。特别是教育、司法和舆论主导权没有被中央政府和香港特区控制，埋下了很大的隐患。

教育是思想和身份认知的基石。回归以来，鉴于高度自治承诺，我们对香港没进行彻底去殖民化教育，这是一个巨大的失误。香港的教育系统仅仅是去掉了女王头像，其他内容一概照搬过去教会学校和港英教育系统，对西方亦步亦趋。因其教育语言依旧为粤语和英语，“97后”的青年人没有熟练掌握普通话、接受中国文化，身份认同甚至不如台湾省和外国的新加坡、马来华人。据 BBC 报道，香港 19–29 岁青年认同自己是中国人的只占 4%。港岛通识教育错误百出、荒谬不已，令回归后的许多“港青”从小自我认知错乱。作为发达经济体，香港大部分青年受教育程度并不高，香港本地高中毕业生的大学入学率甚至不足 20%，远远低于其他类似经济体和大陆。大部分家庭觉得生活艰难，不如早日工作。因此，青年整体受教育程度不高，不具备理性思维能力，更容易被洗脑。香港教协，以及一部分大、中、小学教师，已经成了煽动学生闹事罢课的主力，成了乱港的一个主要群体。语言、教育不统一使香港成为乱中华文明的断层线地区。大部分香港学生因为思想根子和语言的差异，无法融入整个中国的发展和就业。讲国语的台湾青年在本地找不到工作时，因其语言和文化认同属于中华，很多选择来大陆发展，而香港教育体系下出来的学生，几乎无法融入，蜷缩在港岛发展机遇越来越少。因此，回归后一代“港青”反而成为动乱主力。①

司法方面，香港的司法界一直都是被外国人控制的（原因和英国殖民时期的历史有关），这一历史遗留问题直到现在都没能得到解决。香港的司法界长期被自由派法官所掌控，而且这些自由派法官大多有外国国籍。如 2016 年新一届香港终审法院的常任和非常任大法官任命中，17 位大法官中仅有 2 人为中国香港籍，其余均为外国国籍或双重国籍。外籍法官偏袒暴乱分子，重罪轻判，比如 2014 年“占中”事件中发生了颇受争议的“七警察事件”和 2019 年“反修例”引发的骚乱中杜启华袭警轻判保释案例。造成警方无法开展工作，让众多工作生活受到影响的民众寒心。港人治

---

① 微信文章：《香港危机：我们的经验、教训与收获》，公众号：强国学会，2019 年 8 月 8 日。

港，最终却由外国人审判和裁定，荒唐至极。这都直观地向我们表明，西方的司法制度，具有严重的两面性和双重标准，在权力分割的扯皮下，司法正义得不到伸张。

新闻舆论方面，在新闻自由的掩盖下，“文汇”“大公”等对中央政府和港府客观、公正报道的媒体在香港本地反而成了小众，而受境外反华势力支持，经常歪曲事实、抹黑中国的“苹果”“壹周刊”反而大行其道，宣传铺天盖地。

5. 外来势力的影响

国务院港澳办新闻发言人在 2019 年 8 月 6 日发布会上指出：“幕后怂恿、支持激进暴力分子的是香港内外的‘反中乱港’势力。”这里指的外部“反中乱港”势力主要指美国、英国和我国的台湾地区。

修订前的《逃犯条例》事实上让香港成为全世界范围内为数不多的国际司法管辖孤岛，除了成为国际逃犯的避难天堂外，还使香港成为国际情报自由港。香港一直以来都是国际情报活动中心，各国情报组织机构以及情报贩子可以在这里方便地进行情报活动，而不用担心因间谍罪等被引渡到已经与香港签署引渡条约的 20 个不包括中国大陆、中国台湾、中国澳门在内的国家和地区。同时，因为这 20 个已经签署引渡条约的国家和地区大部分隶属英美系国家，而香港政府司法系统同样是英系，导致英美澳等情报机构在香港具有天然的外交优势，即其他与英美关系不和国家的谍报人员一旦在香港被抓，因为不能引渡给中国大陆，就只能引渡给英美系国家，这天然限制了反美国家在港的情报活动，为中情局、军情六处等英美情报机构增加了优势。随着中国不断崛起，美国中情局为首的西方情报机构和中国台湾间谍组织不断加强对中国内地渗透，香港占中和本次暴动昭示，香港已经成为全球各种势力博弈的世界战场，中美则是这个战场上对决的双雄。[①]

冷战开始至中英开始香港问题谈判前，香港是美国在亚洲对华冷战和反共意识形态输出的桥头堡。冷战结束至香港回归，美国开始介入香港的“民主”问题。为表明对香港“民主发展”与“自治”的支持，美国开始不断地从政治、经济、文化、教育、舆论等方面加强对香港的影响和渗透，美国政界人物和新闻舆论对个别政治上活跃的香港“民主派”给予扶持。美国名义上声称保持香港稳定繁荣符合美国的长远利益，但实质上是美国希望像打“台湾牌”那样用“香港牌”来牵制中国，把它作为遏制中国的一个有效途径，香港问题成为影响中美关系的新的不稳定因素。香港回归后，美国取代英国，开始积极介入并干预香港的政治事务。美国对香港的政策目标重点从注重经济、安全利益、地缘政治利益日益转向政治性意识形态利益，政治性考量成为美国对香港政策追求的根本目标和核心。总体来看，国务院是美国香港政策的制定者，驻港总领馆是美国介入和干预香港事务的协调者，以国务卿为代表的国务院等行政部门官员主要作公开政治表态和政策阐释，驻港总领馆主要进行政策的组织协调并暗中行动。非政府组织是美国介入和干预香港事务的实施者。[②]

台湾蔡英文当局提供资金和其他支持的原因是试图通过制造香港的暴乱，破坏“一国两制”，让台湾民众不要相信中国大陆的“一国两制”宣传，让台湾人都害怕“一国两制”，从而刺激更多的人支持蔡英文和民进党，支持台独。[③]

---

① 微信文章：《暗战香港》，公众号：尘埃往事，2019年7月27日。

② 刘恩东：《1997年后美国对港民主输出政策与香港政制发展》，载于《探索》，2014年第6期。

③ 微信文章：《“港独”黑手已确定，重锤打击号角吹响！》，公众号：占豪，2019年8月6日。

英国主要是配合美国政府，一是香港是英国势力在远东的大本营，二是英国对香港还有“故主”情节，三是英国政府内部持亲美和脱欧立场的反华势力日渐增多，他们完全推翻了卡梅伦执政时期与中国建立中英关系黄金时代的政策，转而支持现任首相鲍里斯·约翰逊的政策，四是英国有追随美国的传统和情节。[①]

6. 新局面新未来

中国政府过去在处理香港问题上最大的失误在于畏首畏尾，过于迁就香港的反对声音和重视政府形象，唯恐香港社会混乱，不能维持繁荣稳定形象，一味强调重视“港人治港”，在香港没有进行去殖民化的实际动作，造成“两制”常在“一国”忽略，从而形成“港闹”不断、“港独”兴起、国家认同感减少，人民没有得实惠，与大陆离心离德。而特区政府不仅受制于来自内部的各种制约，更受制于外国势力通过“法治”给予的制约。导致特区政府软弱不堪，处于实际上的“无政府状态”。

香港骚乱愈演愈烈，反中乱港势力的猖獗和特区政府的无力应对，特别是中美关系的严重倒退终于使香港问题迎来了转机。2020 年 5 月在第十三届全国人民代表大会第三次会议上通过了《全国人民代表大会关于建立健全香港特别行政区维护国家安全的法律制度和执行机制的决定》。[②] 2020 年 6 月 30 日，十三届全国人大常委会第二十次会议举行第二次全体会议、第三次全体会议和闭幕会，会议表决通过了《中华人民共和国香港特别行政区维护国家安全法》，国家主席习近平签署第 49 号主席令予以公

---

① 微信文章：罗思义：《脱欧解释了为什么英国在香港问题上挑衅》，公众号：底线思维，2019 年 7 月 24 日。

② 全国人大常委会通过香港特别行政区维护国家安全法并决定列入香港基本法附件三，新华社－百家号，2020-06-30。

布。[①]2020 年 6 月 30 日，港区国安法刊宪生效；7 月 8 日，中央人民政府驻香港特别行政区维护国家安全公署正式揭牌成立。

从港区国安法落地，香港特区政府成立维护国家安全委员会、设立警务处国家安全处、律政司就国家安全犯罪案件设立专门检控科、行政长官依法指定国安案件审理法官，到中央设立驻港国安公署，这一连串的“组合拳”，标志着香港维护国家安全的执行机制已基本形成，香港已经告别国家安全“不设防”的历史。[②]通过国安法，中央政府正在针对“一国两制”实施过程中的问题和漏洞，在确保对香港拥有主权的同时，进一步将对香港的治权落到实处。香港国安法的本质是，大大加强了对行政权的掌控。通过要求公务员入职时宣誓，进一步提高了甄别门槛，挑选出真正“爱国爱港”人士担任各级重要行政职务。根据国安法的细则，特首的权力大大加强，特别是具有指定涉国安法案件法官的核心权力。这一规定将彻底扭转此前港警抓人、黄色法官放人的荒唐局面。以国安法为抓手，将逐步完成对香港教育体系和媒体的整顿，这才是“塑造民心”的关键。从这个角度来说，国安法是一个强有力的杠杆，通过这个杠杆，将撬动中央对香港治权的全面落实，最终将在行政、司法、教育和媒体等各个领域，将治权全面落实，这是香港二次回归的本质含义。[③]此外，国安法的推出，相当于釜底抽薪，打掉了美国利用中国香港打压、骚扰中国的一张牌，更重要的是，中国从维护国家主权的角度，在香港问题上对美国摆出了誓不退让的架势，重新改写了中美互动的基本原则。也正因为如此，美英等国几十年的投入功亏一篑，恼羞成怒，对中国内地和香港开始了一系列的制裁，

---

① 十三届全国人大常委会第二十次会议表决通过香港特别行政区维护国家安全法，习近平签署主席令予以公布，新华网，2020-06-30。

②《香港二次回归，任重道远……》，微信公众号：有理儿有面，2020 年 7 月 9 日。

③《中美香港交锋的结局》，微信公众号：大国统帅，2020 年 7 月 6 日。

如暂停引渡协议、取消香港的独立关税区地位、对多位中国政府涉港工作机构负责人和香港特区政府官员实施所谓制裁、将美国国会通过的所谓香港自治法案（法案）签署成为美国法律，以总统行政命令推出的一连串措施。2020年9月25日起，香港出口到美国货物必须标明来源地是“中国”，而不能再贴“香港制造”标签等。

应对香港今天错综复杂的局面，笔者认为香港反修订《逃犯条例》开始的长时间骚乱，让香港人民充分感受到了“港独”分子和外来势力的危害，港版国安法的出台后采取的一系列行动，港独势力明显土崩瓦解，香港人民也感受到了祖国的力量和安定环境的重要性。在香港国安法的保障下，一国两制得到真正的体现。一年以来，一系列的举措已经使香港局面大为好转：挫败了“揽炒派”危害国家安全和损害香港繁荣稳定的图谋，扭转了“港独”猖狂、“黑暴”肆虐的动荡局面。香港社会秩序良好，股市、楼市、汇市稳定，经济复苏和发展已见新机。[①] 在制度层面，2021年3月30日，十三届全国人大常委会第二十七次会议全票通过新修订的《中华人民共和国香港特别行政区基本法附件一香港特别行政区行政长官的产生办法》、新修订的《中华人民共和国香港特别行政区基本法附件二香港特别行政区立法会的产生办法和表决程序》，5月31日，香港特区立法会通过《2021年完善选举制度（综合修订）条例》刊宪生效，新的选举制度实施后，将与其他香港法例一起，保障香港管治权牢牢掌握在爱国者手中，筑牢一道“安全阀”，实现“爱国者治港”。执法层面，以《苹果日报》和黎智英、戴耀廷、周庭为首的乱港势力被清算，沉重打击了港独、乱港势力。教育层面，采取措施加强校园的管理，要求校内学生会及其成员遵守包括香港国安法在内的所有法律，修订教材，正视历史。社会治安层面，有效利用

①《时评：香港国安法“护航一年”已见成效》中新社，2021年7月1日

国安法，惩治了一批乱港黑暴势力，治安状况大为好转。

今后，一方面应该充分发挥祖国大陆的关怀和国家力量的强大，争取普通民众对香港特区改革的支持，最大限度地改革目前香港存在的不合理体制，将“港独”分子和外来反华势力尽量涤荡干净，还一个风清气正的香港；另一方面，在梳理后加大对普通民众的惠及力度，降低香港地区财阀的话语权，从住房、就业、收入水平等方面有明显改善。再者，抓住时机，继续大力开展去殖民化教育和建立中国人为主的司法体系。对经常抹黑中国，进行不实报道的新闻媒体如同对《苹果日报》一样进行惩罚打击，同普通民众而不是上流社会建立广泛密切联系，做好真正的群众工作，提高香港公民对祖国大陆的认同感和向心力。

二、南海问题

中国拥有 960 万平方公里的陆地面积和 300 万平方公里的海洋国土，大陆海岸线长达 1.8 万千米。根据《联合国海洋公约》，我国管辖海域面积约 300 万平方公里，海洋生物资源、旅游资源、矿产资源、空间资源及能源等十分丰富。

在人类对石油、天然气等不可再生资源的需求越来越大的情况下，海底石油、天然气成了海洋资源争夺的重点。1966 年联合国亚洲及远东经济委员会对包括钓鱼岛列岛在内的我国东部海底资源进行勘查，得出东海大陆架可能是世界上最丰富的油田之一，钓鱼岛附近水域可能成为“第二个中东”的结论。南海海域更是石油宝库，经初步估计，整个南海的石油地质储量大致在 230 亿至 300 亿吨之间，约占中国总资源量的 1/3，属于世界四大海洋油气聚集中心之一，有“第二个波斯湾”之称。渤海和黄海石油储量较少。

1. 中国与邻国海洋纷争

在中国四大近海中，渤海是中国的内海，不存在争议。其他 3 个海区至少有 100 多万平方公里海洋国土处于争议中。黄海位于中国大陆与朝鲜半岛之间，黄海海域的管辖争议包括中国与朝鲜、中国与韩国、韩国与朝鲜之间的领海基线专属经济区和大陆架的划定问题。中国、朝鲜、韩国之间虽然不存在岛屿主权争议，但对各自一些岛屿享有的效力存在着分歧，从而也影响到它们之间的划界。[①] 我国与朝鲜和韩国存在着 18 万平方公里的争议海区。东海涉及中韩日三国，三方争议面积很大。中韩方面，主要以苏岩礁问题为核心。目前韩国为避免过度刺激中国，暂不提出领土要求，但在苏岩礁上修建了一座钢筋建筑物，取名为“韩国离於岛综合海洋科学基地”。[②] 中国和日本在东海主要存在三个方面的争议：东海油气田、专属经济区和钓鱼岛主权归属。日本与我国有 16 万平方公里的争议地区。

最复杂的是南海。南海又称南中国海，遍布大小岛屿，包括东沙、西沙、中沙及南沙群岛，连接太平洋和印度洋，面积大约 350 多万平方公里。中国对南海诸岛的主权是在长期的历史发展过程中形成的。目前，南海四大群岛中，西沙、中沙群岛被中国大陆实际控制，东沙群岛由中国台湾控制。南沙群岛自然形成的陆地面积虽然只有 2 平方公里，但是整个海域面积达 82.3 万平方公里，而且地理位置非常重要。南沙群岛扼西太平洋至印度洋海上交通要冲，是东亚地区通往非洲和欧洲的咽喉要道。20 世纪 70 年代以来，有关国家对南沙群岛主权和相关海域管辖权提出争议，并侵占我岛礁，形成所谓南海问题。越南非法占据了南沙西部海域，菲律宾非法占据了南沙东北部海域，马来西亚非法占据南沙西南部海域。南海争端争

---

① 孙世民:《探究黄海海域争议的解决途径》，海南大学法学院。

② 中韩黄海划界问题—寒日的日志—网易博客。

执的焦点就在南沙群岛。目前南沙群岛越南派兵抢占29个岛屿，数量最多，其次是菲律宾8个，马来西亚5个，文莱2个，而我国（含台湾地方政权）只占9个。

2. 中国在海洋方面的主要威胁与应对

在事关中国主权和领土完整的重大原则问题上，我们不惹事，但也不怕事，坚决捍卫中国的正当合法权益。[①]——习近平

海洋是我们宝贵的蓝色国土。要坚持陆海统筹，全面实施海洋战略，发展海洋经济，保护海洋环境，坚决维护国家海洋权益，大力建设海洋强国。[②]——李克强

我国坚持通过对话谈判的方式和平解决与周边国家领土主权和海洋权益争议，在解决岛礁领土与海域划界争端问题上，中国一贯且明确主张在尊重历史事实和国际法基础上，与直接当事国通过谈判协商解决。与此同时，对侵犯我国领土主权和海洋权益的挑衅行为进行坚决斗争。目前的海洋问题，主要纷争在于与韩国、日本和南海诸国的划界和岛礁之争。比较复杂的是，美国的强行干预给解决南海问题带来很多阻力和变数。限于篇幅原因，本节仅以南海问题为例。

南海问题现在比较复杂，特别是自美国政府提出“亚太再平衡”“重返亚太”的战略之后，随着美国外交重点和武装力量的战略东移，中国周边险情不断。南海周边各国以越南、菲律宾为代表的与我国有领海纠纷国家乘机提出非分要求，使得南海局势更加波诡云谲。好在，在中国政府的多种渠道共同努力下，经过几年的艰苦斗争，南海形势已逐渐向着有利于

---

① 习近平：《我们不惹事但也不怕事 坚决捍卫权益》，http://news.ifeng.com/mil/2/detail_2014_03/30/35280323_0.shtml。

② 李克强：《2014年3月5日第十二届全国人民代表大会第二次会议〈政府工作报告〉》。

我国的方向发展。特别是菲律宾，自杜特尔特担任总统后，对现实和中美角力有着清醒的认识，菲律宾不再作为美国的马前卒和炮灰，中菲关系已大为缓和。但是，南海在今后相当长一段时间仍然是中美之间的角力场，与周边国家的主要协商区域，情况依旧会非常复杂。现在，中国南海的岛屿被侵占、海域被划分、资源被盗采的问题依旧，最集中的地区是南沙群岛。

南海目前东沙群岛为我国台湾地方政权占据；西沙群岛在历史上曾被南越政权部分占领，通过1974年西沙海战，目前全部被我国控制；中沙群岛唯一露出海平面的岛礁就是黄岩岛，被菲律宾长期觊觎，2012年4月抓扣我渔民渔船事件后，我方主动维权，现基本在我控制之下。南沙群岛情况最为复杂，在20世纪中叶之前，没有任何国家对中国拥有南沙主权提出任何质疑。第一次石油危机之后，南海由于蕴藏的丰富油气资源成为世界热点争议地区。介入南沙争端的几个国家对油气依赖程度都很大：越南强国梦的一大支柱就是南海的石油，菲律宾严重缺油，马来西亚、印尼、文莱都是石油生产和输出国。因此，几个国家纷纷对南海石油进行掠夺性开发。南海资源的开发利用，尤其是争议海域内的开发活动成为引发加剧南沙争端的重要因素。经济利益的驱使，使得这些国家对中国的共同开发建议根本“不搭理”。

1982年，联合国通过了一部新《国际海洋法公约》。公约规定，岛屿所属国可以由岛屿外划12海里领海和200海里的专属经济区，区域内可自由开采资源。这引发部分南海周边国家通过国内立法的形式，对部分南沙岛礁主权和海域管辖权提出要求。这些单方面的主张都与中国在南海地区享有的历史性权利产生了冲突和矛盾，导致了南沙争议目前格局的形成。[①]

---

① 中国国情—中国网：《南海主权争端成因》，guoqing.china.com.cn，2012年4月11日。

在南沙群岛主权争议方面，中国与越南均声称拥有该群岛完整的主权，菲律宾、马来西亚则宣称拥有部分岛屿的主权，且皆有部署军力在此地区确保自身的权益。而文莱与印度尼西亚则是宣称拥有此区海域的主权，进而间接包含了南沙群岛部分水域。

我国对南海问题的态度：

第一，维护周边安全稳定是维护我国战略机遇期的需要。我国一向主张在领土和资源开发方面“主权在我、搁置争议、共同开发”原则；在国际航道方面保证“南海航海自由和无害通过”。

第二，中国欢迎一切基于主权事实原则的双边对话和谈判。愿意以最大的诚意开辟谈判解决问题的空间。中国欢迎一切和平发展的努力，但也坚决反对侵犯中国主权和领土完整的行径。

第三，中国不好战，但决不怕战！针对越南以及美国等国家对我国南海赤裸裸的挑衅行为，我国采取了以下反制措施：一是增强了南海地区的行政管辖权，成立了地级海南省三沙市，将政府所在地设在了西沙永兴岛，一方面提高了南海地区的国防能力和经济开发利用能力，适应中国南海战略的发展，另一方面为突破美国围堵中国战略在南海的捣乱迈出了重要一步。二是从经济上、外交上进行了针锋相对的措施，如针对越南对我驻越企业的打砸抢行为进行的撤侨活动等有力地表达了我国坚决维护南海权益的态度。三是在军事方面进行了一些装备和武力运用的显示，如在南海进行夺岛演习等。四是海上执法队伍在相关海域坚决维权，如针对菲律宾的黄岩岛维权活动和针对越南对中国的钻井平台正常作业干扰进行的保护措施。五是从 2013 年年底开始大力改善南海驻军驻民的生活设施和环境，将一些岛礁通过填充升格为岛。六是中国海军和海警以及新填岛礁上部署的军事设施对美国太平洋舰队为首的域外势力以各种理由进行的挑衅行为进行了坚决回击和维权。

总之，通过一系列行之有效的措施极大地改善了我国在南海地区原来的被动局面，使事态向着有利于维护我国海洋权益的方向迈进。如2018年8月2日，在中国—东盟外长会上，东盟—中国关系协调国新加坡外交部长维文宣布中国与东盟成员国已经形成了“南海行为准则”的单一磋商文本草案。在新加坡出席会议的国务委员兼外交部长王毅也表示，事实将证明，中国和东盟国家有能力维护南海地区和平稳定，有能力通过协商和谈判达成未来共同遵守的地区规则共识。

3. 中美在南海的交锋

自2013年年底2014年年初开始，短短一年半左右时间，在中国南海的九段线之内中国大陆控制的几个岛礁周边，中国的远洋施工工程队伍填出了七个岛屿，造成1200公顷的陆地，完全改变了南沙的地缘状况。截止到2016年1月，南沙群岛中面积在0.01平方公里（1万平方米,15亩）以上的岛礁共有32个，其中人工岛20个，陆地总面积16.646平方公里，其中中国大陆占据7个，陆地面积13.949平方公里，占82.8%[①] 可以看出，如今在南沙洋面，在岛屿面积方面中国大陆已经具有了绝对优势。

中国在南沙地区改变地缘现状的原因跟美国亚太战略的调整有关。时任美国总统奥巴马2011年11月在亚太经合组织峰会高调亮出“转向亚洲”战略。2012年，随着美军在反恐战争中取得阶段性成果，奥巴马政府重提亚太再平衡战略。计划从2013年开始至2020年，将60%海军舰艇集中到

①《美国公布中国南沙第一大岛美济礁填海造陆照片》，引自中国网：中国南海专题，2016-01-18，原文为：1月15日，美国智库“战略与国际问题研究中心”(CSIS)公布中国南沙群岛目前第一大岛和第二大岛美济礁、渚碧礁的填海造陆照片。目前美济礁约6平方公里；渚碧礁约4.3平方公里；永暑礁约2.8平方公里，三岛总陆域面积达到13平方公里。而此前最大的岛屿太平岛只有0.51平方公里。

太平洋地区。美国的这一战略转变给了南海周边国家极大的刺激，在美国的纵容和怂恿之下，部分国家加快了在南海事实占领的步伐。

2012 年 4 月发生的黄岩岛事件可以说是“压倒骆驼的最后一根稻草”，突破了中国政策和忍耐的底限。[①]经过数月紧张的对峙，菲方船只才全部撤出黄岩岛潟湖。为防止菲律宾新的挑衅行为，以海监船（即现在的中国海警）为首的中国船只留守黄岩岛附近海域，开始实施实际管控。2013 年 1 月 22 日，菲律宾正式向联合国海洋法法庭提请针对中国的仲裁。此后发生的仁爱礁打桩事件和中建岛越南船只围堵中海油海上石油钻井平台事件进一步恶化了局势。可以说，在美国的干涉之下，中国的南海局势面临严重恶化的危险。

针对南沙整体形势的变化，并且为了彻底改善中国南沙岛礁民生、基本军事防御和维护主权权益的需要，中方于 2013 年年底在自己控守的岛礁上开始了扩建工程。2015 年 4 月 9 日，针对外界关切，中国外交部发言人华春莹在记者会上对有关工程做了详细说明，指出：中国政府对南沙部分驻守岛礁进行了相关建设和设施维护，主要是为了完善岛礁的相关功能，改善驻守人员的工作和生活条件，更好地维护国家领土主权和海洋权益，更好地履行中方在海上搜寻与救助、防灾减灾、海洋科研、气象观察、环境保护、航行安全、渔业生产服务等方面承担的国际责任和义务。有关建设是中方主权范围内的事情，不影响也不针对任何国家。[②]

中国的动作并没有得到周边国家的完全理解，引发了部分周边国家的担忧。以美国为首的域外大国，极力炒作南海问题，不断试图制造事端，

① 傅莹：《南海问题是如何走到今天这一步的？》，政治学与国际关系论坛，2016-05-13。

②《外交部：中国对南沙部分驻守岛礁的建设合情合理合法》，新华网，2015 年 4 月 9 日，http://news.xinhuanet.com/2015-04/09/c_1114920500.htm。

使得地区局势整体表现出“树欲静而风不止”的态势，加大对南海事务的介入力度，以中国岛礁扩建工程“规模过大、速度过快”“岛礁军事化”等话语，全面向中国施压，甚至采取了派军舰接近中国南沙和西沙岛礁的行动，被中方视为严重的军事和安全挑衅。①

中国政府也相应采取了一系列措施改善南海战略态势。

首先，从国家主席习近平到各类对外机构和发言人相继发表阐述中方立场言论，如国家主席习近平指出：“南海诸岛自古以来就是中国领土，这是老祖宗留下的。任何人要侵犯中国的主权和相关权益，中国人民都不会答应。中国在南海采取的有关行动，是维护自身领土主权的正当反应。对本国领土范围外的土地提出主权要求，那是扩张主义。中国从未那么做过，不应当受到怀疑和指责。”

再如外交部发言人华春莹回应美国国防部长涉南海言论强调中国六点主张：第一，中国在南海的主权和相关权利主张是在长期的历史过程中形成的，并为历代中国政府所长期坚持，有充分的历史和法理依据，无须通过岛礁建设来强化。第二，中方在南沙群岛部分驻守岛礁上的建设活动完全是中方主权范围内的事情，合法、合理、合情，不影响也不针对任何国家。第三，中方建设活动的规模、速度与在南海承担的海上搜救、防灾减灾、气象观测、生态环境保护、航行安全、渔业生产服务等方面的国际责任与义务相称。第四，中方的岛礁建设活动不仅不会减损各国在南海享有的航行和飞越自由，反而有利于共同应对海上挑战，为航行安全提供更多保障。第五，中国和东盟国家正在积极推进“南海行为准则”磋商进程，希望美国等域外国家不要给“准则”磋商进程增添复杂因素。第六，美国

① 傅莹：《南海问题是如何走到今天这一步的？》，政治学与国际关系论坛，2016-05-13。

不是南海问题当事国，南海问题不是也不应成为中美之间的问题。她说，南海航行和飞越自由问题是个伪命题，“希望个别国家停止借维护和行使所谓航行自由权利之名，行扰乱地区和平稳定之实”。中国作为南海最大沿岸国，维护南海航行和飞越自由，既是国际法的要求，也符合自身根本利益。中国将继续坚定不移地维护南海航行和飞越自由，确保南海航道畅通。

国防部方面，国防部新闻发言人杨宇军大校就南海问题阐明中国立场：“中国对南海诸岛及其附近海域拥有主权。我们一贯致力于同有关当事国在尊重历史事实和国际法的基础上，通过直接谈判和友好协商解决争端。但同时，我们坚决维护国家领土主权和海洋权益。至于个别域外国家，频繁在南海炫耀武力，这些才是对南海地区和平稳定的最大威胁。我们要求他们停止这种无事生非、挑拨离间的言行。保持南海地区的和平稳定，符合各方的共同利益。”

其次，从行政管理等方面采取措施加强南海管控，比如，2012 年成立地级三沙市，强化了南海诸岛的行政管理；加大海警船巡航力度，及时制止了诸如防止菲律宾故伎重演，拖走在南海五方礁故意搁浅船只事件等不法行为，有力维护了南海主权；加快岛礁基础建设、尽快将新建岛礁民用设施投入使用，一批为国际社会提供公益服务的灯塔、自动气象站、海洋观测中心、海洋科研设施顺利完工并陆续启用。自 2018 年 2 月 1 日起，中国海警船编队开赴南海北部、中部及南部海域，开启南海常态化巡航。

最后，适当增强南海国防军事力量的存在，加大南海的军事力量展示程度，比如在三沙市政府所在地西沙永兴岛布置歼 11 战机和红旗 9 防空导弹，在永暑礁、渚碧礁和美济礁上为移动式导弹发射器建成开合式掩护设施；在永暑礁上建成可容纳 24 架战机、3 架包括大型轰炸机在内的大型飞机的机库等。中国海军也在南海举行了多次联合作战和夺岛演习、对美国进入我国南海敏感区域的战舰和军机进行了监控、拦截和驱离。

同时，对过去一般不公开报道的内容适度进行宣传，利用媒体舆论影响加深世界人民认为南海是中国的印象。如海军高层对南沙岛礁的视察，民航客机降落南沙永暑礁新建机场，驻岛家属成为第一批乘客、海军巡逻机赴南沙永暑礁转运重病工人、军旅歌唱家率领海政文工团奔赴南沙岛礁慰问演出等。

在中国及南海周边各国的努力下，南海局势总体和平稳定并持续向好发展，相关国家加强南海行为准则磋商，不断呈现积极发展态势。如菲律宾自杜特尔特总统上台后由坚定的美国盟友转变为在美中之间保持更加独立和中立的立场，终止美菲《部队访问协定》(VFA)，着力发展对华友好关系，拒绝美国介入，探讨与中国合作开发石油资源和其他方面合作。越南虽仍在强调其在南海主权，反对中国填海变礁为岛，但中断了与外国在南海的石油勘探开发，与中国在控制海上争端和维护和平与稳定方面达成了共识，同时积极加强了有关海上问题的谈判机制。马来西亚则与中国在建设皇京港等方面开展了积极合作，其外长公开表态，希望美国尊重各国协商签约后的南海行为准则。

但自中美关系持续恶化以来，特别是新冠肺炎疫情暴发，美国急于向中国甩锅之后，以特朗普、蓬佩奥为首的美国政客全方位地对中国进行围堵和遏制，利用其反华行为来达到提升其大选获胜可能性的目的，其中就包括在南海和台湾方面的不断挑衅。在台湾方面主要从高级官员访台、对台军售和军机军舰抵近施压三个方面进行挑衅。南海方面也有三个主要动作：一是军舰侵入我岛礁附近及在南海海域进行军事演习试探我底线，美军航母和驱逐舰出现在南海次数明显增多；二是军机抵近侦察我军战备，中国外交部透露的数据显示，2020 年上半年以来，美军机在中国南部海域的活动次数已经达到了2000多次；三是高级官员直接发表干涉我南海主权言论，比如美国国务卿蓬佩奥在新闻发布会上公开发表声明，反对中国在南海的主权立场，谴责中国的南海主张“完全不合法”及“欺凌”他国。这份措辞强硬的声明标志着美国政策的重大转变。① 这些行为严重地挑衅了中国主权，也造成了部分周边国家首鼠两端。从南海周边国家来说，没有一个国家希望被拖入两个大国之间日益激烈的公开对抗。这只会意味着美中对抗的加剧，进一步破坏地区的稳定。对于中国来说，尽量保持地区稳定，见招拆招、多线应对、毫不示弱，在领土主权和海洋权益争端短时间难以彻底解决的情况下，搁置争议、推进合作是中国与其他声索国共同利益最大化的唯一选择。构建“和平之海、友谊之海、合作之海”是中国

① 当地时间2020年7月15日，美国国务卿迈克·蓬佩奥在华盛顿国务院举行的新闻发布会上发表讲话再次阐述对南海问题的政策调整变化。蓬佩奥记者会讲话中英文原文：“这不是中国的海上帝国。如果北京违反国际法而自由国家听之任之。那么历史表明，共产党将占领更多领土，上届政府就发生了。因此，我们将使用我们现有的所有工具。我们将支持那些认为中国违反其合法领土主张——也包括海洋主张——的世界各国。我们将为他们提供我们力所能及的援助，无论通过多边机构——比如通过东盟，还是通过法律渠道。我们将使用我们的所有工具。我认为这个地区发生了巨大的变化。我认为，你们看到亚洲各国，甚至东南亚和太平洋地区的国家都认识到，美国准备采取必要的行动，协助它们保护其有效的法律主张。”
It’s not China’s maritime empire. If Beijing violates international law and free Nations do noting then history shows that the CCP will take more territory that happened in the last administration. So we will then go use the tools that we have available. And we will support countries all across the world who recognize that China has violated their legal territorial claims as well-or maritime claims as well. We will go provide them the assistance we can, whether that’s in multilateral bodies, whether that’s in ASEAN, whether that’s through legal responses, we will use all the tools we can. I think things has shifted dramatically in the region. I think you are seeing countries all throughout Asia or indeed Southeast Asia and in the Pacific recognizing that the United States is prepared to do things necessary to assist them in protecting their valid legal claims."

的阳谋，为此中国在维护南海主权和权益方面始终保持着最大克制。[①]

南海问题背后深层次原因到底是什么呢？

如果从世界范围内的地缘政治和国际安全形势角度看，南海问题的本质，已经远远超越了领土主权与海洋权益的争执，变成了两种历史性力量的碰撞。这两种历史性力量，一是美国从第二次世界大战结束以来在西太平洋长久享有的、不受挑战的海空优势；二是中国立志成为“海洋强国”的战略进程。南海问题，现在已经很清晰地变成了这两种历史性力量交汇和碰撞的爆发点。[②] 比如，美国公然通过军机和军舰巡航来挑战中国在南中国海相关岛礁的主权和海洋权益，极力渲染南中国海的紧张气氛。随着中美双方挑衅和反制的逐步升级，中国和南中国海周边国家的海洋权益之争，已经超越国际法和地区邻国争端的范畴，已经演变为中美地缘政治之争，甚至还可能将东亚相关大国俄罗斯、日本裹挟进来，最终演变为中俄和美日两大集团在西太平洋的较量。[③] 从美国角度来讲，他可以接受一个陆上强国中国，而绝不允许一个海洋强国中国。中国在南中国海的填礁建岛，被美国视为中国向海洋扩张的实例，美国为此的强烈反应也不足为怪了。

三、中东问题

1. 中东的地缘位置

中东是一个欧洲中心论词汇，意指欧洲以东，并介于远东和近东之间

① 林杞：《南海局势继续发展，谁有可能成为赢家？》，中评社，2020 年 8 月 4 日。

②《专访朱锋：南海问题的本质是什么》，《第一财经日报》记者对南京大学中国南海研究协同创新中心执行主任、南京大学国际关系研究院院长朱锋教授的专访。载于《第一财经日报》，2016-05-25。

③《地缘政治背景下的南海问题》，来源：凤凰国际智库，2016 年 5 月 29 日。

的地区。具体是指地中海东部与南部区域，从地中海东部到波斯湾的大片地区。中东包含一湾两洋三洲五海，三洲指亚欧非三大洲，五海指里海、黑海、地中海、红海、阿拉伯海。中东是沟通大西洋和印度洋、连接西方和东方的要道，也是欧洲经北非到西亚的枢纽和咽喉。中东在世界政治、经济和军事上的重要地位，使其成为世界历史上列强逐鹿、兵家必争之地。按照美国前国家安全顾问布热津斯基的名著《大棋局：美国的首要地位及其地缘战略》一书中所描述，中东是世界岛的中心，土耳其和伊朗是重要的战略支点，而叙利亚则是中东的心脏地带，中东和叙利亚的战略地位可见一斑。

“冷战”以后，在中东主要博弈的是美国和苏联及它们身后的“北约”和“华约”组织。经过无数轮的博弈，美国和以色列因为四次中东战争的胜利占据了优势，并取得了欧佩克的石油美元定价机制。苏联和华约组织解体之后，美国通过海湾战争和伊拉克战争，逐渐掌握了中东地区的主导权。

按照美国政治家萨缪尔·亨廷顿的代表作《文明的冲突与世界秩序的重建》中所述，冷战后，世界格局的决定因素表现为七大或八大文明，即中华文明、日本文明、印度文明、伊斯兰文明、西方文明、东正教文明、拉美文明，还有可能存在的非洲文明。冷战后的世界，冲突的基本根源不再是意识形态，而是文化方面的差异，主宰全球的将是“文明的冲突”。在中东地区主要表现为伊斯兰文明和西方文明的冲突。

2. 中东乱局的内部因素

中东国家的危机首先是内部政治秩序危机。在历史上，这个地区的国家经历了很多不同形式的政治制度，包括宗教帝国、神权政治、军人政权和比较世俗的穆斯林宪政等。尽管中东国家一直在寻找比较能够符合其宗教文化需求的政体形式，但迄今为止似乎都没能被国内的大多数民众所接受而稳定下来。如果说近代以来的政治现代化是以欧洲产生的近代世俗主权国家为标本，那可以说中东伊斯兰国家几乎没有一个能够顺利适应这种世俗化为导向的政治变化。即使那些变得比较世俗化的国家，也是出于应对强势的西方国家的需要。就是说，政治变化的动力在于回应外部环境变迁，而不是出于内部的变革动力。

内部的宗教派系纠纷、部落争斗、对现代化的不适等因素，使得中东国家充满“内忧”，而包括国家之间宗教冲突，对建立在主权国家之上的区域和国际秩序不适等因素，也同样为这些国家制造很不稳定的外部环境。不过，从外部环境来看，主要的是大国之间的地缘政治竞争。

3. 美国与中东

输出西方普世价值观，使美国一直处于新价值体系的顶端，保持美国唯一超级大国地位长盛不衰，是美国的战略目的。现阶段的世界上能够对美国霸主地位形成挑战的只剩下中国和俄罗斯。按照布热津斯基的世界岛理论，世界的中心是亚欧大陆，亚欧大陆的心脏是中东，中东的两翼是伊朗和土耳其，心脏是叙利亚。美国想要控制世界，就必须控制中东，切断亚洲和欧洲之间的联系，否则亚欧大陆联合起来的力量就是其他四大洲联合起来也不可能是对手——不仅仅是为了控制中东的石油！[①] 对于美国来说，控制中东地区的关键在于能否控制叙利亚和伊朗。只有控制了中东地区，经济上美国的“石油美元”地位才会牢不可破；只有控制了中东地区，中国的“一带一路”才会被截断，中国的产业输出和石油能源进口都会出

① 天涯君:《美国为何退出“伊朗协议”? 这篇文章带你读懂背后的逻辑》，载于微信公众号：补二刀，2018 年 5 月 12 日。

现严重问题，中华民族的崛起，中国的复兴之路就不可能实现；只有控制了中东地区，俄罗斯南下之路才会被阻断，俄罗斯北有北冰洋、西有北约、东有中国，才会被封死。也就是说中东地区对于美国维持世界霸主地位至关重要。

针对中东地区，2004 年小布什政府推出了“大中东民主计划”，力图按照美国模式，从政治、经济、文化等方面对所谓“大中东地区”国家进行立体改造。这一计划，虽然明显地水土不服，特别是遭到了中东大部分国家首脑的抵制，但也为各国国内的民主派（反政府派）的崛起埋下了伏笔，提供了全方位的支持，给予了极大的信心。也就是说扰乱中东各国的“阿拉伯之春”没有以美国为首西方国家的支持是不会发展到如今的地步的。

美国深陷伊拉克、叙利亚、阿富汗等战争泥潭致使其国力大不如前。由于感受到中国崛起的威胁，自奥巴马总统开始，美国战略东移，将防备重点转向中国。因此，奥巴马快速地撤离伊拉克，签署伊朗核协议、疏远以色列、面对叙利亚乱局视而不见、设定了红线却不执行。特朗普上台后，美国政府的中东政策发生了改变，试图通过依靠盟友，尽快地从中东“甩包袱”，继续奥巴马的战略重心东移，转向“印太”。在其政府《国家安全战略》写道：“美国在中东地区的目标是不让该地区成为伊斯兰恐怖分子的‘天堂’和‘发源地’，不让任何敌视美国的大国统治该地区，同时使该地区为稳定的全球能源市场作出贡献。美国认识到，无论是推动中东国家实现民主转型或是脱离中东，都无法使美国彻底从中东乱局脱身。”[①] 特朗普的中东政策可概括为“一轴三径”，即以“联以、

---

① The White House,National Security Strategy of the United States of America, December,2017,p.48,https://www.whitehouse.gov/wp-content/uploads/2017/12/NSS-Final-12-18-2017-0905.pdf.（2018 年 8 月 11 日）。

联沙、依靠同盟”为主轴，同时在遏制伊朗、反恐、推出“世纪协议”三条路径上发力，以实现上述目标。其有两项重大举措：一是承认耶路撒冷为以色列首都，并将美国驻以色列大使馆迁往耶路撒冷，二是退出奥巴马付出诸多外交努力的《联合行动计划》（JCPOA，简称“伊核协议”）。美国在特朗普治下加速放弃自己领导角色，退出伊核协议等主张不仅破坏国际社会规则、蔑视国际法、打破脆弱的平衡、扰乱秩序等，还对核不扩散体系造成负面影响。特朗普所奉行的“交易外交”在商业上或许有效，但在外交上却过分注重自身利益和政策构想，未考虑片面行动可能给盟友及其他国家造成的影响，对手也可能对此做出过激反应，使危机升级。①

4. 俄罗斯与中东

彼得大帝曾经说过：“当俄国可以自由进入印度洋的时候，它就能在全世界建立起自己的军事和政治统治。”基于这种理念，在俄罗斯的对外关系史上，中东地区一直是其南下战略的桥头堡。到了冷战时期，由于战略安全和经济利益的要求，美苏两霸在中东地区曾经展开了全面争夺。苏联解体之后，俄罗斯继承了主要遗产，其在中东地区的利益成了俄罗斯的重要国家利益之一。俄罗斯领导人多次强调，中东地区是大国在世界多极化过程中确立自身地位的必争之地，俄罗斯在中东地区有着至关重要的战略利益。而现今的俄罗斯，北方是北冰洋，没有拓展空间，东方是中国，是全面战略协作伙伴关系，而且中国已经有了“一带一路”计划；西方是欧盟，因“北约东扩”和“乌克兰”问题僵持不下；南方则是中东，是唯一能够有所作为的战略空间。所以俄罗斯对伊斯兰世界中的伊朗、伊拉克、

① 王锦：《特朗普的中东政策及其前景》，载于《现代国际关系》，2018年第8期。

叙利亚等的什叶派政府、黎巴嫩真主党、也门胡塞族等什叶派武装组成的“什叶派之弧”给予重大的战略合作和极大的支持，来对抗美国、以色列和亲西方的沙特等国家。叙利亚一直以反以色列著称，一直是俄罗斯在中东地区的战略盟友。俄罗斯在苏联领土范围之外的唯一的海外军事基地就在叙利亚的塔尔图斯港。在利比亚内战中，俄罗斯支持国民军也是为了保持在此地区的话语权，削弱了土耳其和美国的影响力。

5. 叙利亚乱局

叙利亚的内战开始于2011年年初的反政府示威活动。2011年3月15日，大马士革、哈塞克、德拉市等叙利亚城市爆发了大规模的街头反政府示威活动。2011年下半年，国际社会的干预增多，叙利亚反对派逐渐兴盛。包括全国委员会、革命委员会和自由叙利亚军等在内的叙利亚反对派结盟。与此同时，反政府示威活动演变成武装冲突。在叙利亚政府军与反对派的武装冲突中，不少地区出现权力真空，AQI（“伊拉克伊斯兰国”组织）趁乱进入叙利亚并不断壮大。2013年4月，叙利亚胜利阵线和AQI两个组织合并，称为“伊拉克及沙姆伊斯兰国”（ISIS）。2014年，ISIS更名为“伊斯兰国”（IS）。“伊斯兰国”在叙利亚境内攻城拔寨，迅速扩散到叙利亚北部和东部的多个省份，以极其残暴的“统治”，加剧了叙利亚的动荡局势，叙利亚难民数量开始成倍激增。①

在叙利亚境内，既有俄罗斯、伊朗和伊拉克组成的“什叶派之弧”支持的巴沙尔政府军，又有美国、以色列、沙特或明或暗支持的反政府武装、库尔德武装、ISIS武装，还有土耳其政府军及其支持的反政府武装在混战。六年混战，如今的叙利亚，虽然俄罗斯和伊朗支持的

①《难民之源：动荡难解的叙利亚困局》，2015年9月13日02:42，《新京报》。

政府军几乎控制了全境，ISIS恐怖组织组成的反政府武装也基本被消灭，但美国支持的部分反政府武装和土耳其支持的库尔德武装依然占据着部分地区，土耳其政府军也在叙土边境占据部分城镇。长期拉锯式的内战，使得大量城市和乡镇变为废墟，大量的平民成为流民。部分流民通过土耳其和希腊逃亡欧洲，形成了欧洲难民潮，严重干扰了欧洲各国的社会秩序。

6. 伊朗问题的凸显

伊朗就是中国古代史中的波斯、黑衣大食。波斯帝国的最后一个王朝萨珊王朝被阿拉伯人征服后，波斯人为了不被阿拉伯人同化，固执地选择了伊斯兰教中的少数派——什叶派，以保证自己文化上的独立性。伊朗也是一个有着称霸中东野心的国家，要实现波斯的复兴，取得中东其他国家的认同只能以宗教的名义才有可能成功。这也是伊朗通过“伊叶派之弧”联合伊拉克、黎巴嫩支持叙利亚的原因。以色列是美国打进阿拉伯地区的一个钉子，是为了控制阿拉伯国家的需要，伊朗必须以宗教的身份才能实现复兴，而实现复兴就必须要替阿拉伯人出头，所以伊朗想要实现“伟大复兴”就必须站在美国的对立面——这个矛盾是不可调和的！

在实力对比悬殊的情况下，伊朗保障自己安全的重要手段就是拥有核武器。为了限制伊朗成为有核国家，才有了六方伊核谈判。因为美国一度有信心控制叙利亚，认为如果美国赢得叙利亚战争，那么俄罗斯将无法在中东再有影响力，以色列的安全也有了保证（伊朗不可能跳过叙利亚挑衅以色列），以色列安全了，那么美国制衡沙特、埃及等石油美元的支柱就还在，所以美国在《伊朗核协议》上签了字。这时伊朗的石油依旧可以到达欧洲，不过那时的叙利亚在美国的控制下必然不会让伊朗的管线穿过叙利亚，那样欧洲就还在美国的控制下。现在美国丢了叙利亚，以色列就极度不安全，这个时候美国必须要切断欧洲和伊朗的联系。[①] 另外伊朗的石油出口收入在伊朗财政收入和外汇收入中的占比很高，经济容易受到制裁打击和影响，而且伊朗经济发展水平不足以长期支撑其大投入扩大地区影响力的地区外交战略。[②]

此外，制裁伊朗可以加大“石油美元”的影响力，打击中国经济，限制它最担心的国家——中国的崛起，因而退出伊核协议，围堵和制裁伊朗成为特朗普政府的有效运用手段。

7. 土耳其的大国梦

土耳其与伊朗一样都坐落于中东北部的高原地带，地跨欧亚大陆，扼守土耳其海峡的战略要冲，它的重要性不言而喻。土耳其拥有比伊朗更完备的军队和工业体系。虽然土耳其没有丰富的油气资源，但是它掌握着两河流域的水资源。土耳其历史上曾经辉煌无比，国土面积达到550万平方公里，横跨亚欧非三大陆，现在的埃及、利比亚、叙利亚、伊拉克、阿尔及利亚、摩洛哥、突尼斯、巴勒斯坦及巴尔干半岛国家都曾全部或部分属于土耳其。一战由于站错队，领土被肢解，剩下如今规模。土耳其曾经想加入欧盟，因希腊阻挠未果。现任总统埃尔多安是一个原教旨主义者，也是一个民族主义者，总是试图恢复奥斯曼土耳其帝国时期的辉煌。其一方面举起泛突厥主义的旗帜，要当所有突厥民族的领导，成果并不理想。另一方面想当伊斯兰世界的领导者，所以定了两个策略，一是南下叙利亚，踏入中东，建立自己的影响力，二是西进现在已经乱成一锅粥的利比亚，在非洲建立自己的根据地，毕竟，利比亚原来也是奥斯曼

---

① 天涯君：《美国为何退出“伊朗协议”？这篇文章带你读懂背后的逻辑》，载于微信公众号：补二刀，2018年5月12日。

②《是伊朗问题，非伊朗核问题》，《世界知识杂志》，2019年第16期。

帝国的地盘。[①]

8. 对中国的影响及应对

中东是中国战略大周边，是“一带一路”倡议实施的节点地区，攸关多重利益。中国沉着冷静应对中东乱局，有效维护了在中东的战略、发展和安全利益，走出了一条有别于其他大国的中国特色中东外交之路。首先，积极劝和促谈，推动热点问题政治解决，倡导和平的中东，比如为伊核问题、巴以冲突等问题积极贡献中国方案。其次，以构建“一带一路”为主线，开展务实合作，倡导发展的中东。

中东是现阶段实施“一带一路”倡议的重要地区，日益紧密的经贸联系推动双边关系深入发展，而发展本身就是对国际合作以及全球经济治理新模式的积极探索。一方面，外向型经济发展模式急剧提升了中国对中东油气资源的依赖，提高了中国商品在中东市场的占有率，能源合作与经贸联系是中国与中东关系稳步发展的基石和条件。另一方面，多数中东国家，无论是传统强国伊朗、土耳其、埃及，还是百废待兴的伊拉克、阿富汗、苏丹，都把推动基础设施建设作为振兴经济的重要出路，这与以互联互通为主要内容的“一带一路”倡议高度契合，因之深化的经贸联系是中国中东外交创新发展的压力、动力和前提。[②]

特朗普退出伊核协议对伊朗进行制裁及威胁入侵也与遏制中国有关。伊朗既是重要的石油产油国，同时也控制着中国从中东购买石油的重要运输通道——霍尔木兹海峡。对于中国而言，若美国在插手中亚、控制阿富汗及伊拉克之后再拿下伊朗，则不仅意味着美军从此可以在中东地区横行

---

①《中国人如何看待土耳其？》，微信公众号：一个坏土豆，2020 年 7 月 13 日。

② 王猛：《“一带一路”视域下的中国中东外交：传承与担当》，搜狐网，2018 年 7 月 30 日。

无忌，更彻底阻断了中国与中东之间的陆上通道；更为严峻的是，美国在打通从波斯湾至中亚的战略通道后，下一步必然加强控制中亚诸国，利用各种政治及经济手段分化、瓦解上合组织，并转而鼓动、支持各种“疆独”分离势力渗透我国西北地区，大搞分裂中国的各种政治及恐怖暴乱活动。届时，我国的西部安全环境必将遭受严重冲击。同时，伊朗是中国在西亚北非地区的第三大贸易伙伴。目前，中伊两国的经贸合作项目已经遍布伊朗许多重要的经济部门，诸多领域。如果美国入侵伊朗得逞，中国的经贸利益尤其是油气能源进口势必遭到难以承受的重大损失。①

项庄舞剑，意在沛公，美国制裁伊朗的目的之一是中国。中华民族的伟大复兴和中国的崛起是任何敌对势力也阻止不了的。出于中国的国家利益需要，中国需要在几个方面进行考虑：在政治层面，明确坚持“核不扩散原则”，做好欧盟“统战”工作，积极游说伊朗放弃开发核武器，同时明确给予保障其国家安全的政治承诺。在军事层面，考虑帮助伊朗加强常规防御力量。在区域合作层面，发挥上合组织的战略作用，做通俄罗斯工作，将伊朗正式纳入“上合”框架之内。在外交层面，加强双边关系，给予伊朗支持和信心。中国也用实际行动亮明了自己的观点：2019 年 2 月 20 日，习近平主席在会见伊朗议长拉里贾尼的时候表示，无论国际和地区形势如何变化，中方同伊朗发展全面战略伙伴关系的决心不会改变。② 2019 年 5 月 17 日，国务委员兼外交部长王毅在北京会见扎里夫时也表示，中方坚决反对美国实施单边制裁和所谓“长臂管辖”，理解伊方目前的处境和关切，支持伊方维护自身正当权益。中方坚定维护伊核问题全面协议，

① 郭海强：《伊核战略博弈：中国的“务虚”与“务实”作为》，载于微信公众号：王道观，2018 年 1 月 3 日。

② 时政要闻：《习近平会见伊朗伊斯兰议会议长强调中伊友好源远流长　双方互信和友谊久经考验》，载于《人民日报》，2019 年 2 月 21 日第 1 版。

维护联合国权威和国际关系的基本准则。[①]2021 年 3 月 27 日，国务委员兼外长王毅在德黑兰同伊朗外长扎里夫举行会谈，会后，中国和伊朗正式签署一项为期 25 年的协议，其中包括政治、战略和经济合作。[②]

---

① 新华社北京 5 月 17 日电:《国务委员兼外交部长王毅 17 日在北京见伊朗外长扎里夫》，新华网，山东大学 2019 年 5 月 17 日。

②《中伊全面合作！双方签署为期 25 年的协议，王毅提出 3 点：是时候反思外部干涉造成的恶果》，新民周刊，2021 年 3 月 28 日。

参考文献

1. 谢伏瞻主编:《2020 年中国经济形势分析与预测》，社会科学文献出版社 2020 年版。

2. 于水鹏:《中国文化建设面临的问题与解决路径》，大连海事大学硕士学位论文，2014 年。

3. 倪咸林:《转型时期基层社会治理的问题与对策》,《社会治理》2020 年第 6 期。

4. 孙志华:《问题与对策：健全和完善我国基本公共服务体系的探讨》,《山东大学学报（哲学社会科学版）》2014 年第 6 期。

5. 朱晓瑾:《传统文化如何实现现代转型》,《人民论坛》2017 年第 26 期。

6. 李屹:《坚持以人民为中心，大力推动新时代文艺事业繁荣发展》,《人民论坛》2020 年第 1 期。

7. 刘志昌:《加快推进社会治理体系和治理能力现代化——以防控新冠肺炎疫情为例》,《中国井冈山干部学院学报》2020 年第 2 期。

8. 郝志强:《重大疫情应对中构建新时代社会治理体系的有效路径》,《大连干部学刊》2020 年第 6 期。

9. 闵仕君、邵东亮:《全面贯彻党对军队绝对领导的根本原则和制度》,《解放军报》2018 年 5 月 25 日。

10. 赵剑:《让垃圾分类真正落地生根》,《人民政协报》2020 年 7 月 16 日。

11. 曹俊:《绿色民法典，绿色分量有多重？——浅析民法典绿色条款的时代精神和立法智慧》,《中国生态文明》2020 年第 3 期。

12. [德] 劳克斯・施瓦布:《第四次工业革命：转型的力量》，中信出版集团，2016 年。

13. 池志培:《美国对华科技遏制战略的实施与制约》,《太平洋学报》2020 年第 6 期。

14. 美国国防部国防创新小组:《为中美“超级大国马拉松”做准备报告》，2020 年 6 月。

15. 李昕蕾:《步入“新危机时代”的全球气候治理：趋势、困境与路径》,《当代世界》2020 年第 6 期，第 62 页。

16. 联合国:《2020 年世界经济形势与展望报告》(中文版)，2020 年。

17. 李伟建:《中东安全形势新变化及中国参与地区安全治理探析》,《西亚北非》2019 年第 6 期。

18. 孙德刚、吴思科:《新时代中国参与中东安全事务：理念主张与实践探索》,《国际问题研究》2020 年第 4 期。

19. 刘得手:《“美国优先”加剧了西方的安全忧虑》,《人民论坛・学术前沿》2020 年第 6 期。

20. 宋芳:《“北约过时论”的历史演变与现实意涵》,《国际观察》2020 年第 3 期。

21. 冯存万:《北约战略扩张新态势及欧盟的反应》,《现代国际关系》2020 年第 2 期。

22. 赵怀普:《从“欧洲优先”到“美国优先”：美国战略重心转移对大西洋联盟的影响》,《国际论坛》2020 年第 3 期。

23. 闫伟:《美俄博弈下的叙利亚问题及其前景》,《国际政治》2020 年第 4 期。

24. 张慧智、安那莹:《“美国优先”原则下美韩同盟的挑战与未来》,《美国问题研究》2020 年第 1 期。

25. United States: World Economic Situation and Prospects as of mid–2020, 2020.

26. World Economic Forum:World Economic Forum White Paper: Outbreak Readiness and Business Impact Protecting Lives and Livelihoods Across the Global Economy, 2019.

27. Forrest Morgan, Raphael Cohen: Military Trends and the Future of Warfare, 2020.

28. 刘刚:《美国发现中国——对早期中美交流中(1784—1844)美国商人活动的考察 》,《重庆科技学院学报(社会科学版)》2012 年第 1 8 期。

29. 陈才俊:《〈天津条约〉前美国人关于台湾的几种主张》,《中山大学学报(社会科学版)》2009 年第 5 期第 49 卷(总第 221 期)。

30. 李建国:《美国退还庚子赔款目的评析》,《贵州师范大学学报(社会科学版)》1993 年第 1 期(总第 74 期)。

31. 崔志海:《美国政府与中日甲午战争》,《历史研究》2011 年第 2 期。

32. 乌鸦校尉:《美国驻华使馆又献丑了,让我们对美国雇佣兵感恩?!》,公众号:政委灿荣。

33. 傅莹:《新冠疫情后的中美关系》,《中国新闻周刊》2020 年 6 月 22 日总第 952 期。

34. 王毅:《守正不移,与时俱进:维护中美关系的正确方向》,《环球时报》2020 年 7 月 10 日第 14 版,国际论坛。

35. 梁云祥、杨美姣:《从中日四个政治文件探析两国关系发展轨迹及未来趋势》,东北亚论坛 2020 年第 3 期,总第 149 期。

36. 梁云祥:《新中国成立以来的中日关系研究》,《中共中央党校(国家行政学院）学报》，第24卷第2期，2020年4月。

37. 马立诚：《对日关系新思维——中日民间之忧》，《战略与管理》2002年第6期。

38. 人民网财经频道：《贸易机构称中日贸易额连续两年下滑》，网址http://finance.people.com.cn/n/2014/0218/c1004-24397493.html。

39. 马晓霖：《安倍访华：中日告别折腾重塑战略关系的新机遇》，《华夏时报》2018年10月29日。

40. 蔡亮：《亚太三元结构下日本的角色定位与对华政策》，《日本学刊》，网络首发地址 https://kns.cnki.net/kcms/detail/11.2747.D.20200706.1601.010.html

41. 谢韫：《新时代中日关系的未来》，《唯实》2019年第1期。

42. 陈鸿斌：《安倍访华与中日关系新动向》，搜狐新闻频道，网址https://www.sohu.com/a/275993969_761681。

43. 陈景彦：《中日之间的历史认识问题与日本政府的历史观》，《现代日本经济》2005年第4期 。

44. 吴怀中：《日本战略调整释放令人担忧信息》，《环球时报》2020年6月30日第14版，国际论坛。

45. 单天雷：《中日关系转圜的背景分析及前景研判》，《现代商贸工业》2020年第9期。

46. 张蕴岭：《百年大变局下的中日关系》，《亚太安全与海洋研究》2019年第1期。

47. 张弛、郑永年：《新冠疫情、全球化与国际秩序演变》，《当代世界》2020年7月。

48. 杨宏：《2012年以来中日关系新变化探析》，吉林大学硕士学位论文，2015年4月。

49. 野亚鹏：《抗战期间美国援华体系的建立》，海南师范大学硕士学位论文，2014 年 3 月。

50. 孙吉胜：《理论、机制、能力：加强中国外交研究的思考》，《太平洋学报》，2020 年第 5 期。

51. 人民日报闻言：努力开创中国特色大国外交新局面，澎湃新闻；2020-01-06，https://www.sohu.com/a/364945465_260616。

52. http://news.163.com/20/0624/12/FFSTRJH3000189FH.html，论述中欧关系，习近平用三组对比词。

53. http://news.youth.cn/gn/202006/t20200625_12383581.htm；人民日报和音：推动中欧关系更加稳健成熟。

54. 赵柯、李刚：《“再平衡”与中欧经贸关系的深化》，中国社会科学网—中国社会科学报。

55. 张蕴岭：《中国与周边国家》，社会科学文献出版社 2008 年版。

56. 林民旺：《中印战略合作基础的弱化与重构》，《外交评论》2019 年第 1 期。

57. 马晓霖：《中印理应超越加勒万河谷风波维护关系大局》，《华夏时报》2020 年 6 月 22 日第 15 版。

58. 林民旺：《南亚的地缘政治博弈及其战略格局的演进》，《云大地区研究》2019 年第 2 期。

59. 邱永辉：《从亚洲世纪到全球治理：文化视角下的中印关系》，《中国战略》2019 年第 5 期。

60. 人民日报：《中华人民共和国和巴基斯坦伊斯兰共和国关于深化中巴全天候战略合作伙伴关系的联合声明》，2020 年 3 月 18 日第 3 版。

61. 蔡恩泽：《中巴经济走廊树起一带一路样板》，《中华工商时报》2017 年 1 月 6 日第 3 版。

62. 张耀铭：《中巴经济走廊建设：成果、风险与对策》，《西北大学学报》2019 年第 7 期。

63. 李成日:《中国对朝鲜半岛政策与新时代中韩关系的发展》,《当代韩国》2018 年第 1 期。

64. 李成日:《新时代的中朝关系:变化、动因及影响》,《现代国际关系》2019 年第 12 期。

65. 马晓霖:《习近平首访朝鲜　固双边扯动多边》,《华夏时报》2019 年 6 月 24 日第 31 版。

66 张蕴岭:《新时代的中韩相处之道》,《世界知识》2020 年 4 月。

67. 朴光姬:《中国与朝鲜经贸关系转型中的困境及对策》, 东北亚论坛 2012 年第 3 期。

68. 郭锐:《新时期推动中韩关系发展的思路探讨》,《东北亚学刊》2019 年第 1 期。

69. 王晓玲:《病毒、选举与中韩关系》,《中国周边》2020 年第 11 期。

70. 寇佳丽:《东盟数字经济合作未来可期》,《经济》2020 年 4 月。

71. 田原:《中国东盟经贸关系迈上新台阶》,《经济日报》2020 年 7 月 24 日 第 8 版。

72. 李晨阳:《对冷战后中国与东盟关系的反思》,《外交评论》2012 年第 4 期。

73. 卢光盛、聂姣:《中美贸易战背景下的中国–东盟关系:影响、风险与应对》,《南洋问题研究》2019 年第 1 期。

74. 第 17 届中国—东盟博览会将延期举办,《南国早报》2020 年 7 月 24 日要闻 A102 版。

75. 巴基斯坦总统阿尔维:中巴经济走廊促进巴经济发展 [OL].https://baijiahao.baidu.com/s?id=1673059593232012194&wfr=spider&for=pc 2020–7–24。

76. 人民日报评论员文章:《发展经济改善民生是香港社会之本》,

2019 年 8 月 11 日。

77. 人民日报:《2017 年中国经济对世界经济增长的贡献率 34% 左右》, 2018 年 4 月 13 日。

78. IMF（国际货币基金组织）2019 年 4 月份数据。

79. 外汇局:《4 月中国外储规模 30950 亿美元》，中国政府网，2019 年 5 月 8 日。

80. 新京报:《难民之源：动荡难解的叙利亚困局》，2015 年 9 月 13 日。

81. 第一财经日报:《专访朱锋：南海问题的本质是什么》，2016 年 5 月 25 日。

82. 徐蓝:《中国与战后国际秩序的关系演变 : 回看历史 启示未来》,《近代史研究》2013 年第 6 期。

83. 中国网:《美国公布中国南沙第一大岛美济礁填海造陆照片》，中国南海专题，2016–01–18。

84. 中国网：董利民《美国炒作南海军事化意欲何为？》，2019 年 2 月 20 日。

85. 中国国情—中国网:《南海主权争端成因》，guoqing.china.com.cn 2012 年 4 月 11 日。

86. 刘恩东:《1997 年后美国对港民主输出政策与香港政制发展》，载于《探索》2014 年第 6 期。

87. 孙世民:《探究黄海海域争议的解决途径》, 海南大学法学院。

88. 傅莹:《南海问题是如何走到今天这一步的？》，政治学与国际关系论坛 2016–05–13。

89. 凤凰国际智库:《地缘政治背景下的南海问题》，2016 年 5 月 29 日。

90. 世界知识杂志:《是伊朗问题，非伊朗核问题》2019 年第 16 期。

91. 中共中央政治局 7 月 30 日下午就加强国防和军队现代化建设举行

第二十二次集体学习。新华网 2020 年 8 月 1 日。

92.《财富》2020 年世界 500 强榜单，2020 年 8 月 10 日。

93. 哈佛大学在 2020 年 7 月发布的一份报告《理解中国共产党的韧性：中国民意长期调查》。

94. 美国 国家政府债务 1969–2020 CEIC，数据来源于 Bureau of the Fiscal Service，数据归类于世界趋势数据库的全球经济数据。

95. 华为发布 2020 上半年业绩，华为官网，2020 年 7 月 13 日。

96.《中华人民共和国香港特别行政区维护国家安全法》，2020 年 6 月 30 日第十三届全国人民代表大会常务委员会第二十次会议通过。

97.《中国、香港历年 GDP 数据比较》，快易理财网，2020 年 8 月 13 日。

98.《时评：香港国安法“护航一年”已见成效》，中新社，2021 年 7 月 1 日

99. 美国时间 2020 年 7 月 15 日，美国国务卿迈克·蓬佩奥在华盛顿国务院举行的新闻发布会上发表讲话。

100. 林杞：《南海局势继续发展，谁有可能成为赢家？》，中评社 2020 年 8 月 4 日。

101. The White House,National Security Strategy of the United States of America,December,2017,p.48,https://www.whitehouse.gov/wp-content/uploads/2017/12/NSS-Final-12-18-2017-0905.pdf.（2018 年 8 月 11 日）

102. 王锦：《特朗普的中东政策及其前景》，《现代国际关系》2018 年第 8 期。

103. 王猛：《“一带一路”视域下的中国中东外交：传承与担当》，搜狐网，2018 年 7 月 30 日。

104.《中伊全面合作！双方签署为期 25 年的协议，王毅提出 3 点：是时候反思外部干涉造成的恶果》，新民周刊，2021 年 3 月 28 日 。

后　记

这本教材在北京服装学院校领导的高度重视和思想政治理论课教学部广大教师共同努力下，付梓出版了。张红玲、闫东负责书稿的总体设计与组织安排、修改、统稿，思政课专兼职教师参与撰写，最终呈现出来的是集体讨论、紧密合作与分工负责的成果。

专题一：王晓娜、王敬礼、杨卫红

专题二：倪赛力、闫东、王晓娜、付婉莹、王玉泉

专题三：闫东

专题四：瞿琼

专题五：姬立玲、寻梁、张红玲

专题六：潘琪

专题七：杨卫红

本部教材的编写组是一个极具凝聚力的团队，大家在承担繁重的教学任务、管理工作的同时，投入了大量时间和精力，查阅资料，参考、借鉴学术界的相关研究成果，执笔撰写、几经修改补充，最终定稿。在此，为我们这个团队感到骄傲。此外，本部教材作为校级教学改革重点项目得到了教务处等相关部门的大力支持，在此一并致谢。由于编者学识有限，书中难免有不足之处或者值得商榷的观点，请广大读者不吝批评指正，我们会虚心接受，以期再版时进一步修订。